統計學

林哲彥
李英豪
朱蘊鑛

東華書局

國家圖書館出版品預行編目資料

統計學／林哲彥, 李英豪, 朱蘊鑛著.--
初版.--臺北市：臺灣東華, 民94
　　面；　　公分
含索引

ISBN 957-483-313-5（平裝）

1. 統計學

510　　　　　　　　　　　94006125

版權所有・翻印必究

中華民國九十四年四月初版
中華民國九十五年九月初版(二刷)

統計學

定價　新臺幣肆佰元整
（外埠酌加運費匯費）

著　者	林哲彥 ◆ 李英豪 ◆ 朱蘊鑛
發行人	卓　　　劉　　　慶　　　弟
出版者	臺灣東華書局股份有限公司
	臺北市重慶南路一段一四七號三樓
	電話：（02）2311-4027
	傳真：（02）2311-6615
	郵撥：0 0 0 6 4 8 1 3
	網址：http://www.bookcake.com.tw
印刷者	儀　力　印　刷　廠

行政院新聞局登記證　局版臺業字第零柒貳伍號

序 言

　　統計學可說是處理數據的一門科學。現在是資訊爆炸的時代，我們每天都會接觸許多各式各樣的資訊，舉凡國際要聞、政治、國防、社會、家庭、民生、交通、教育、理財、流行時尚、民意調查等等方面，皆有日新月異的資訊出現。面對這些隨機的 (不確定的) 資訊，不管是個人或團體如要做有效的管理與應用，都必須利用統計科學與方法加以整理分析與摘要結論，才能達到事半功倍，控制風險並且減少損失之目的。所以做為一個當代的世界公民如果不學習統計學就落伍了，就會跟不上時代演變的腳步。每個人不管現在或將來從事那個行業，如果在學校沒學過或沒學好統計學這門課，則在瞬息萬變的現今世界，做錯決策而蒙受損失的機會將會相當高。因此，為了推廣統計學並且提供一本學習教材，我

們特別撰寫了本書 —— 統計學。期望透過學校老師的教授與同學的自修，能學會統計學的基本概念與方法及其應用程序。

本書分為四部分，第一部分為敘述統計，第二部分為機率與隨機變數，第三部分為基本統計之推論方法，第四部分為基本統計之應用方法，共計十二章。本書章節分明，內容精彩豐富，簡潔而不囉嗦，本書有詳細解說的基本觀念與定理，正確演算的各種範例，增進理解各個主題之彩繪圖形 (利用統計軟體 Excel 製作之個案分析與應用)，以及加強學習效果的各類習題等等。

對於使用本書的同學來說，課前預習，課堂聽講與課後複習皆有相當的助益。而對於使用本書的教師而言，這本教科書較具彈性，不必因為忙著趕進度而忽略學生的理解吸收成效，所以使用本書對於教師與學生而言可說是雙贏。本書適合大專院校上下學期各兩學分的統計學課程或是一學期三學分的統計學課程。其中某些章節可列為彈性教學進度，例如第五章第七節之幾何與負二項隨機變數，或是第十章第四節之雙因子變異數分析。

關於本書的撰寫與出版，我們要特別感謝台灣東華書局創辦人卓鑫淼先生。卓先生從事教育文化服務工作長達六十年，為人誠信，熱心服務，由於他不斷的鼓勵與大力的支持，本書才得以順利的出版。最後感謝對本書之撰寫、出版與行

銷有貢獻的所有師長朋友們。

　　本書必有錯誤疏漏的地方，敬請各位先進專家指正並提供改進意見，以便再版時修正，使本書更臻完備。

林指彥

李英豪

朱蘊鑛

寫於台中

二〇〇五年　春天

目　錄

第一部分　敘述統計　　1

第一章　統計學概論 ... 3

1.1　何謂統計 ... 3

1.2　統計基本術語之簡介 ... 5

1.3　資料之收集 ... 9

1.4　統計與科技 ... 13

本章習題 ... 15

第二章　單變量資料之敘述性分析與展示 ... 17

2.1　圓餅圖、長條圖、柏拉圖與莖葉展示 . 17

2.2 次數分配與直方圖 24

2.3 集中趨勢的測度 30

2.4 離勢的測度 32

2.5 次數分配的平均數與標準差 34

2.6 位置的測度 37

個案分析與 Excel 應用 42

本章習題 51

第三章 雙變量資料之敘述性分析與展示 55

3.1 雙變量資料 55

3.2 線性相關 61

個案分析與 Excel 應用 65

本章習題 74

第二部分 機率與隨機變數   79

第四章 機 率 81

4.1 排 列 81

4.2 組 合 85

4.3 隨機實驗與樣本空間 88

4.4　事件之機率 90

4.5　機率之性質 91

4.6　機率之法則 93

4.7　條件機率與獨立性 95

4.8　貝氏定理 101

附　錄 105

本章習題 108

第五章　離散隨機變數及其機率分配 111

5.1　隨機變數 111

5.2　離散隨機變數之機率分配 114

5.3　離散隨機變數之平均數與變異數 116

5.4　離散均勻隨機變數 119

5.5　柏努利與二項隨機變數 121

5.6　卜瓦松隨機變數 123

5.7　幾何與負二項隨機變數 125

5.8　超幾何隨機變數 128

個案分析與 Excel 應用 130

附　錄 132

本章習題 137

第六章　連續隨機變數及其機率分配 139

- 6.1　連續隨機變數及其機率分配 139
- 6.2　連續隨機變數之平均數與變異數 143
- 6.3　均勻隨機變數 145
- 6.4　常態隨機變數 147
- 6.5　指數隨機變數 153
- 6.6　卡方分配、t 分配與 F 分配 156
- 6.7　二項分配之常態逼近 163
- 個案分析與 Excel 應用 166
- 附　錄 168
- 本章習題 173

第七章　簡單隨機抽樣與抽樣分配 177

- 7.1　簡單隨機抽樣 177
- 7.2　母體參數與樣本統計量 179
- 7.3　中央極限定理及其應用 181
- 7.4　大數法則 186
- 本章習題 190

第三部分　基本統計之推論方法　　193

第八章　統計推論概說 ………………… 195

8.1　點估計 ………………………………… 195

8.2　區間估計 ……………………………… 200

8.3　假設檢定 ……………………………… 203

個案分析與 Excel 應用 …………………… 208

附　錄 ……………………………………… 212

本章習題 …………………………………… 214

第九章　單一母體之統計推論 …………… 217

9.1　母體平均數之點估計 ………………… 217

9.2　母體平均數之區間估計 ……………… 218

9.3　母體平均數之假設檢定 ……………… 220

9.4　母體變異數之點估計 ………………… 223

9.5　母體變異數之區間估計 ……………… 225

9.6　母體變異數之假設檢定 ……………… 226

9.7　母體比例之統計推論 ………………… 228

個案分析與 Excel 應用 …………………… 231

附　錄 ……………………………………… 235

本章習題 238

第四部分　基本統計之應用方法　　　　243

第十章　變異數分析 245

10.1　多個母體平均數相等之假設檢定 245

10.2　單因子變異數分析 —— 完全隨機設計 250

10.3　單因子變異數分析 —— 隨機區集設計 255

10.4　雙因子變異數分析 261

個案分析與 Excel 應用 267

本章習題 273

第十一章　簡單迴歸分析與相關分析 279

11.1　簡單迴歸分析 279

11.2　相關分析 286

11.3　相關分析與迴歸分析之關係 289

個案分析與 Excel 應用 291

附　　錄 295

本章習題 298

第十二章　卡方檢定 303

12.1　類別資料之整理 303

12.2　適合度檢定 305

12.3　獨立性檢定 308

12.4　齊一性檢定 312

個案分析與 Excel 應用 314

本章習題 319

附　表 323

索　引 349

PART 1

敘述統計

第一章	統計學概論
第二章	單變量資料之敘述性分析與展示
第三章	雙變量資料之敘述性分析與展示

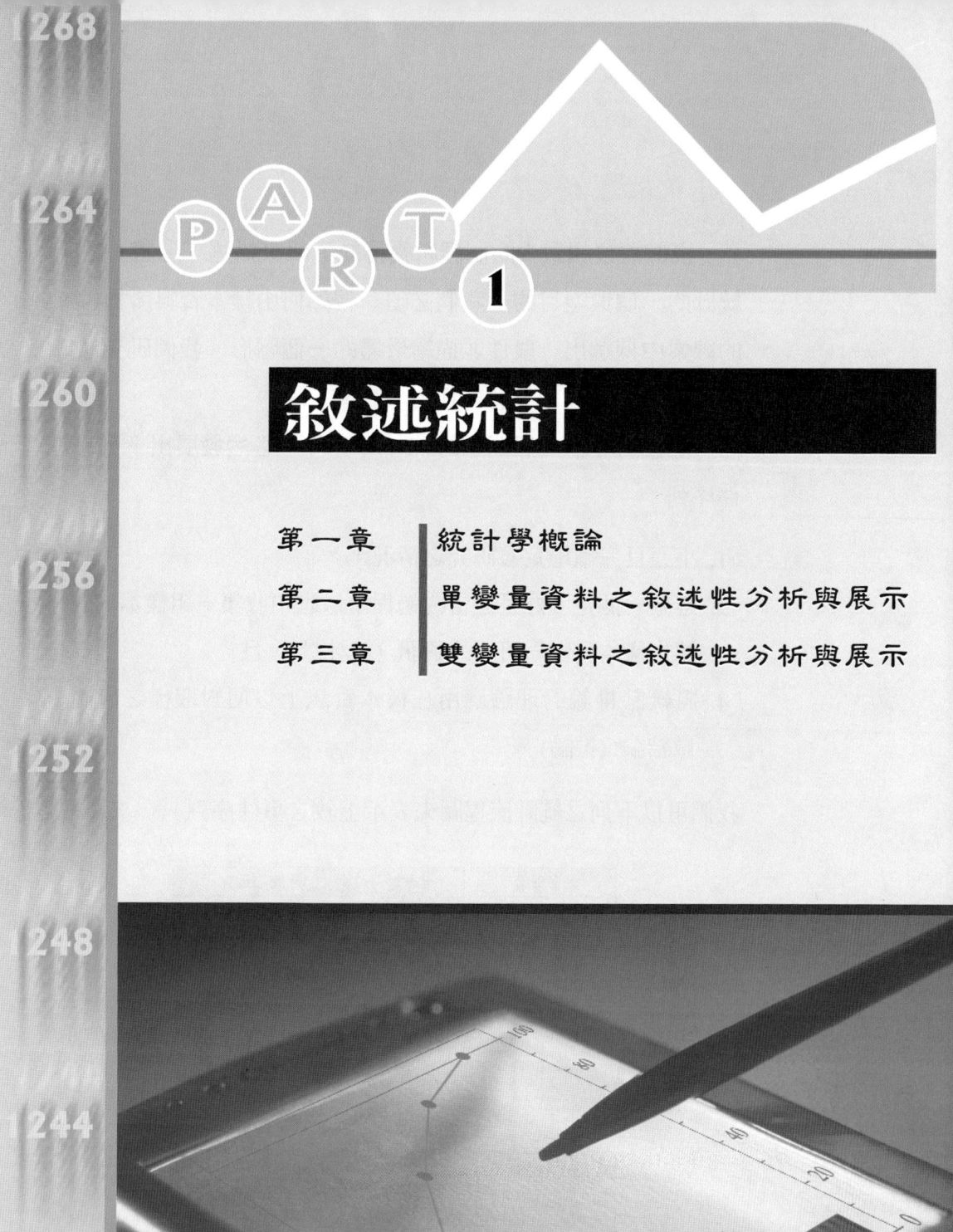

根據觀察相對少的個體所獲得的資訊來描述「母體」是統計的一個典型目的。我們必須學習如何由樣本資料所提供的線索中揀選出一般性並描繪母體的一個圖形。我們研究樣本，但是它是我們最感興趣的母體。

當我們尋求某個問題的統計解答時，必然發展出下列事件序列：

1. 小心且完備地定義研究之情況，
2. 遵循一個建立好且適當的過程由母體中收集一組樣本，
3. 轉化樣本資料為可用的資訊 (統計量)，且
4. 將統計推論的理論應用在樣本資訊上以便對取樣之母體做結論 (推論)。

我們可以下列之統計流程圖來表示上敘之事件序列。

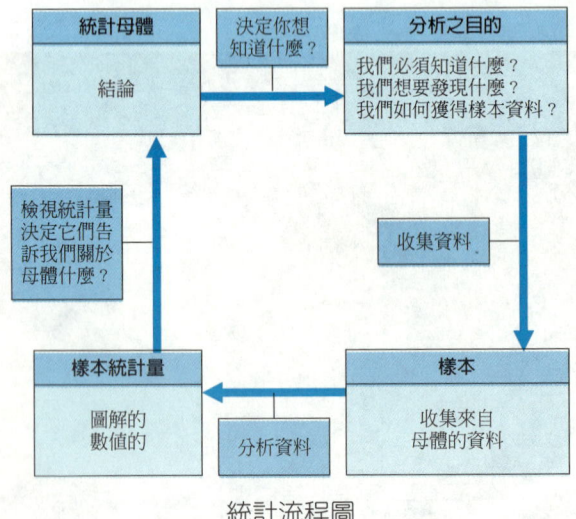

統計流程圖

第一章　統計學概論

1.1 何謂統計

1.2 統計基本術語之簡介

1.3 資料之收集

1.4 統計與科技

1.1 何謂統計

　　統計 (Statistics) 乃科學之通用語言。要成為統計的將來使用者，我們必須精通正確使用統計方法之科學與藝術。謹慎使用統計方法將可幫助我們由資料中獲取精確的資訊。這些方法包括：(1) 小心地定義情況，(2) 收集資料，(3) 精確地摘要整理資料，且 (4) 推得與傳遞有意義的結論。

統計學包括資訊、數字與可見的圖形、整理這些資訊，與它們的解釋。對於不同背景與興趣的人而言統計一詞具有不同的意義。對於某些人它是一個人嘗試利用錯誤資訊與結論來壓制其它人的一種戲法。對其它人而言它是收集與展示資訊的一個方法。而對於另一群人而言它是面對不確定情況做決策的一個方法。在適當的遠景下，以上每個觀點皆是正確的。

統計學可概分為**敘述統計** (Descriptive Statistics) 與**推論統計** (Inferential Statistics) 兩個部分。敘述統計是大多數人聽到統計一詞時所認為的統計，它包含樣本資料的收集、呈現與描述。而推論統計意指解釋關於母體之描述技巧，決策與結論所引起之價值的技巧方法。

統計不僅是數目：它是資料，為資料做什麼，由資料得知什麼，以及產生結論。就讓我們使用下列之定義：

定義 1.1　統計

統計是收集、整理、描述、分析推論與解釋資料，並提供統計決策的一門科學。

1.2 統計基本術語之簡介

首先我們必須定義一些基本術語以便開始我們的統計研究。

定義 1.2　母體 (Population)

其性質被分析的個體、事物或事件的一個集合稱為一個**母體**。

定義 1.3　樣本 (Sample)

母體的一個子集合稱為一個**樣本**。

定義 1.4　變數 (Variable)

關於一個母體或樣本之元素的一個興趣之特徵稱為一個**變數**。

定義 1.5　單一資料

母體或樣本中的一個元素所結合之變數的值稱為**單一資料**。變數的值可能是一個數、一個字或一個符號。

定義 1.6 複合資料

樣本中的每個元素所結合之變數的值所成之集合稱為一個**複合資料**。

定義 1.7 實驗 (Experiment)

其結果產生一組資料的一個有計畫的活動稱為一個**實驗**。

定義 1.8 參數 (Parameter)

總結摘要一個母體之所有資料的一個數值稱為一個**參數**。

定義 1.9 統計量 (Statistic)

總結摘要樣本資料的一個數值稱為一個**統計量**。

以上所定義的 8 個統計術語皆可由下列之範例來確認。

範例 1.1

一位統計課學生對於逢甲大學全體教職員工之汽車的平均價格感到興趣。在做統計研究之前這位學生先確認了 8 個基本的統計術語。

1. 母體為逢甲大學全體教職員工所擁有的汽車所成之集合。
2. 該母體的任一子集合為一個樣本。例如，應數系教職員工

所擁有的汽車所成之集合將會是一個樣本。

3. 母體中每部汽車之價格即為變數。
4. 單一資料是某一部汽車之價格。例如,張老師之汽車價格為 560000 元。
5. 一組資料是某一個樣本所對應之汽車價格。例如,(380000,560000,470000,…)。
6. 一個實驗是選擇汽車組成一個樣本以及決定該樣本中的汽車價格之方法。它可能是對應數系的每位教職員工做問卷調查,或是以其它方式執行。
7. 母體中所有汽車的平均價格即為我們想要探求訊息之參數。
8. 應數系 (一個樣本) 教職員工的汽車平均價格即為一個統計量。 ▶▶

接著我們再來定義一些基本的統計術語。

定義 1.10　屬性或類別變數 (Categorical Variable)

描述或分類母體中之元素的變數稱為**屬性變數**或**類別變數**。

定義 1.11　數量或數值變數 (Quantitative Variable)

母體中之元素所結合之數量化變數稱為**數量變數**或**數值變數**。

定義 1.12　名目變數

將母體中的元素分類 (或描述、或命名) 的一個屬性變數稱為一個**名目變數**。對此種變數所引起的資料做算術運算或排序皆是無意義的。

定義 1.13　順序變數

一個結合有序位置的屬性變數稱為一個**順序變數**。

定義 1.14　離散變數 (Discrete Variable)

一個數量變數若只能設定可數多個數值稱為一個**離散變數**。

定義 1.15　連續變數 (Continuous Variable)

一個數量變數若其可能值為一個區間或數個區間之聯集稱為一個**連續變數**。

我們可藉下圖來理解以上定義。

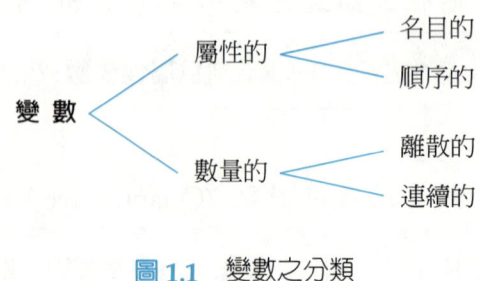

圖 1.1　變數之分類

第一章 統計學概論 9

資料之收集

一位統計工作者面對的首要問題之一就是獲得資料的問題。資料不僅出現而已；資料必須被收集。因為最後所做的推論是根據由資料所得之統計量，所以獲得良好的資料是重要的。這些推論可能只與資料一樣好。

雖然定義良好的資料為該資料能精確地代表其來自之母體是相對容易的，但是保證一個特別的抽樣方法將會產生良好的資料並不容易。我們想要使用不偏的**抽樣** (收集資料)**方法** (Sampling Method)。

定義 1.16　偏誤的抽樣方法

> 一個抽樣方法產生的資料值若系統性相異於取樣之母體資料值稱為一個**偏誤的抽樣方法**。一個抽樣方法若不是偏誤的，則稱為一個**不偏的抽樣方法**。

收集資料以便做統計分析是一個複雜的過程且包含下列之步驟：

1. 定義調查或實驗之目的。
2. 定義有興趣之變數與母體。

3. 定義收集資料與測量資料之方案。
4. 決定適當的敘述性或推論性的資料分析技巧。

當我們選取一個樣本來做一個調查時,製造一個抽樣底冊是有必要的。

定義 1.17　抽樣底冊

一份供取樣的母體中元素之清單稱為一個**抽樣底冊**。

理想地來說,抽樣底冊應該全等於該母體中每個元素恰列冊一次之母體。然而一份百分之百的抽樣底冊並不容易獲得。有登記的選民清單或電話簿有時被當做是一般大眾的抽樣底冊。根據欲求資訊的性質,上述之抽樣底冊也許是一份不偏的抽樣底冊。由於抽樣底冊中的元素才有機會被選為樣本的一份子,所以抽樣底冊具有母體代表性是很重要的。

一旦一份代表性抽樣底冊被建立好了,我們就可由抽樣底冊來選取樣本元素。這種選取過程稱為**抽樣設計** (Sampling Design)。雖然存在有許多相異的抽樣設計,但它們皆可歸為兩類:判斷樣本與機率樣本。

定義 1.18　判斷樣本

依據典型的元素來選樣稱為**判斷樣本**。

當一個判斷樣本被取樣時，取樣者認為樣本中的元素是母體的代表性元素。而一個判斷樣本所產生的效力反映了取樣者的判斷之公正性。

定義 1.19　機率樣本

假設母體中的每個元素被選為樣本中的元素之機率是已知的，則按照此種機率取樣而得之樣本稱為**機率樣本**。

簡單隨機抽樣是收集資料最普遍使用的方法之一。

定義 1.20　簡單隨機樣本

假設母體中每個元素被取樣之機率均等，則依此隨機抽樣而得之樣本稱為**簡單隨機樣本**。

存在有許多方法來逼近隨機抽樣；我們簡介其中 4 個方法如下。

定義 1.21　系統樣本

由抽樣底冊隨機選取第一個元素，之後每隔 k 個抽樣而成之樣本稱為**系統樣本**。

定義 1.22　分層隨機樣本

將抽樣底冊分層，然後每層中以簡單隨機抽樣方法選取固定數目之元素所形成之樣本稱為**分層隨機樣本**。

定義 1.23　分層比例樣本

將抽樣底冊分層，然後以簡單隨機抽樣方法自每層中抽取一定比例數目的元素所形成之樣本稱為**分層比例樣本**。

定義 1.24　集群樣本

將抽樣底冊劃分為若干個自然形成的部落或根據某一特性形成的部落，使得抽樣底冊中每個元素恰屬於其中的一個部落，然後再從這些部落中隨機抽取部落，並對抽出的部落進行普查所形成的樣本稱為**集群樣本**。上述之部落亦稱為群或叢聚。

接著我們來看 4 個相關的範例。

範例 1.2：系統樣本

自公賣局米酒生產線上每隔 5 分鐘抽取一瓶米酒，則連續抽了 20 瓶米酒所形成的樣本為一組系統樣本。

範例 1.3：分層隨機樣本

分別由逢甲大學大一、大二、大三、大四每一年級的學生中隨機選取 20 個學生，這 80 個被選取的學生即形成一組分層隨機樣本。

範例 1.4：分層比例樣本

自逢甲大學每個年級的學生中隨機選取百分之二的學生即形成一組比例樣本。

範例 1.5：集群樣本

假設我們想要調查台中縣的農家所得。首先我們隨機抽取台中縣的十個鄉鎮，再普查被抽中的鄉鎮之農家所得，即可形成一組集群樣本。

1.4 統計與科技

近年來，電子科技在生活的各個層面產生了巨大的影響，統計這個層面亦不例外。就如同你將會見到的，統計這個領域使用了許多在本質上重複的技巧：數值統計的計算，

建造資料圖形展示的程序，以及利用公式表示統計推論的程序。

電腦與計算機在執行這些有時是冗長的運算上是非常好用的。假如你的電腦安裝有一套標準的統計軟體或是你有一個統計用計算機，這將使你的統計分析易於執行。在這整本教科書中，當我們研究統計程序時，你將會找到需要有一部電腦使用 EXCEL 軟體來完成相同程序的資訊。你所就讀的學校之電腦中心或可提供一份適合你用的統計軟體清單。某些較易使用的統計套裝軟體為 EXCEL、MINITAB、SAS 與 SPSS 等。

總之，利用電子科技與統計套裝軟體可以更有效率地執行統計分析，使統計成為一門有用的工具與學問。

本章習題

1. 病人服用某種特別藥物所引起的副作用嚴重程度以下列等級來測度：沒有，輕微，普通，嚴重，非常嚴重。
   (1) 命名有興趣的變數。
   (2) 確認變數之種類。

2. 調查學生上課時所帶書本與用品之重量。
   (1) 命名有興趣的變數。
   (2) 確認變數之種類。
   (3) 列出一個樣本中可能出現的數值。

3. 一個品管師由一條裝配線上選擇裝配的零件並記錄了下列關於每個零件的資訊：

   A：良品或不良品
   B：裝配該零件的員工之職員證號
   C：該零件之重量

   (1) 母體為何？
   (2) 母體是有限的或無限的？
   (3) 樣本為何？
   (4) 分類這三個變數為屬性的或數量的。

4. 由你就讀的大學中隨機選取 10 個已註冊的學生，並針對下列三個變數收集資料：

　　　　X：修課科目數

　　　　Y：所修科目之教科書與配件的總費用

　　　　Z：以上費用的付費方式

(1) 母體為何？

(2) 母體是有限的或無限的？

(3) 樣本為何？

(4) 分類 X、Y、Z 三個變數為名目的、順序的、離散的，或連續的。

5. 在一個大都會區的一個食品批發商相要測試某項新食品的需求量。他透過 5 家大型的超級市場連鎖店批發食品。該批發商選擇了一組樣本商店，這些商店位於那些他相信購物者樂於嘗試新食品的地區。這樣做代表了何種選樣呢？

6. 請詳述你如何在一個就近的大都市選擇一個 4% 成人的系統樣本以便完成一項關於一個政治議題的意見調查。

7. 假設你已受僱於一個體育電台團體要決定他們的聽眾之年齡分配情況。請詳述你如何從 35 個可收聽到的地區選擇一個 2,500 人的樣本。

8. 電話簿也許不是一個具代表性的抽樣底冊。請解釋為什麼。

9. 電腦是如何給予如研究者，分析資料的公務員，統計顧問等工作者增加統計的實用性呢？

10. 電腦如何在統計方面幫助你呢？

第二章 單變量資料之敘述性分析與展示

2.1 圓餅圖、長條圖、柏拉圖與莖葉展示
2.2 次數分配與直方圖
2.3 集中趨勢的測度
2.4 離勢的測度
2.5 次數分配的平均數與標準差
2.6 位置的測度
個案分析與 Excel 應用

圓餅圖、長條圖、柏拉圖與莖葉展示

當收集好一組樣本資料後,我們必須進一步熟悉它們。而要熟悉資料的最有用的方法之一就是使用能產生繪圖般的資料展示之原始探索式的資料整理與分析技巧。這種展示將可視覺化顯現研究中的變數之行為。存在有許多描述資料的繪圖

法,而資料的種類與呈現的想法決定了那個方法被採用。通常分析師的判斷與問題的周圍環境在資料繪圖展示的發展上扮演了主要的角色。

屬性資料通常可用圓餅圖、長條圖與柏拉圖來做圖形展示。請看下列之定義與範例。

定義 2.1　圓餅圖 (Pie Diagram)

圓餅圖是一種被分割成若干個扇形的圓形圖,每個扇形的面積與它所代表的那個屬性項目的次數或數量成比例。

範例 2.1

某飲料公司每年花費 6000 萬台幣做廣告,這筆廣告費用的分配如下:

電視廣告	3000 萬台幣
贊助體育活動	1500 萬台幣
報紙廣告	1000 萬台幣
海報廣告	500 萬台幣

要畫成圓餅圖,應使廣告費用總數

6000 萬台幣 = 360°

1000 萬台幣 = 60°

於是得出各類廣告費用所對應的圓心角如下：

電視廣告：$3 \times 60° = 180°$

贊助體育活動：$1.5 \times 60° = 90°$

報紙廣告：$1 \times 60° = 60°$

海報廣告：$0.5 \times 60° = 30°$

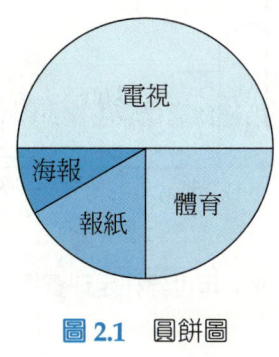

圖 2.1　圓餅圖

定義 2.2　長條圖 (Bar Chart)

長條圖是一種用許多寬度相同，長度與類別資料之數量成比例的長方形顯示類別資料的統計圖。

　　長條圖有若干種畫法，例如，長方形可以垂直放置，也可以水平放置 (有時又稱之為**橫條圖**)；而相鄰兩個長方形可以緊密相連，也可以留一定空隙。

範例 2.2

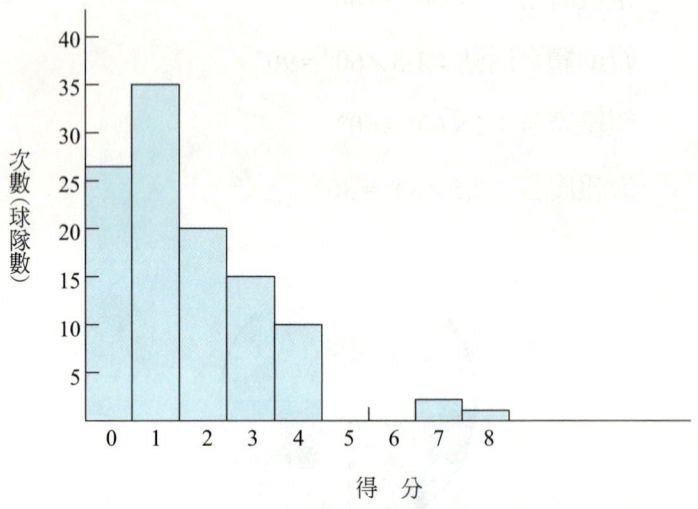

圖 2.2　1986 年世界杯足球賽得分長條圖

範例 2.3

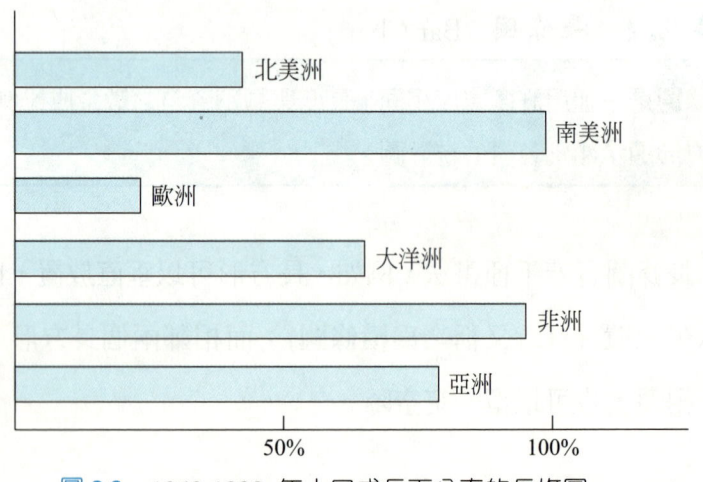

圖 2.3　1960-1990 年人口成長百分率的長條圖

定義 2.3　柏拉圖 (Pareto Diagram)

一個長條圖由左至右按各類別項目之長方形由高至低排列並且包含一個線段圖用以表示長方形所代表次數之累積百分比的統計圖，稱之為**柏拉圖**。

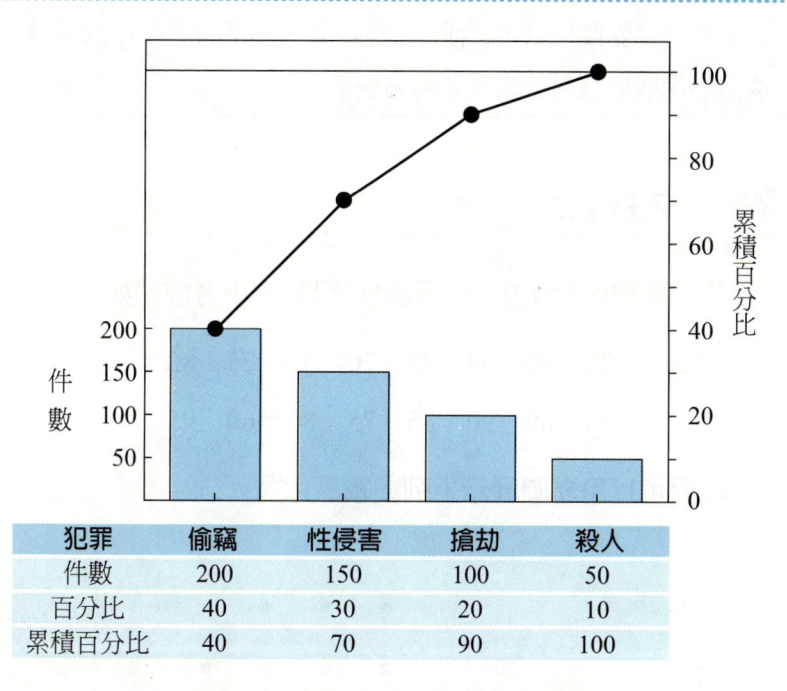

範例 2.4

犯罪	偷竊	性侵害	搶劫	殺人
件數	200	150	100	50
百分比	40	30	20	10
累積百分比	40	70	90	100

圖 2.4　某城市在西元 2000 年之犯罪案件的柏拉圖

　　要製造屬量的資料之統計圖的一個主要理由就是要展示它的分配，而用來展示分配的最簡單圖形之一就是點圖。請看下列之定義與範例。

定義 2.4　分配 (Distribution)

由一組屬量的變數資料所展示的變異性模樣稱為一個**分配**。一個分配展示了該變數的每個值發生之次數。

定義 2.5　點圖展示 (Dotplot Display)

沿著一條尺度軸以實心點置於其上來代表每個資料之樣本資料展示圖稱為**點圖展示**。該種尺度軸不是垂直的就是水平的，而每個值的次數沿著另一條尺寸軸來表示。

範例 2.5

某校數學所碩士班分析數學課程某次小考成績如下：

75　80　65　85　70　55　75　85
90　80　90　85　75　80　60　95

我們可以用點圖展示上列成績。

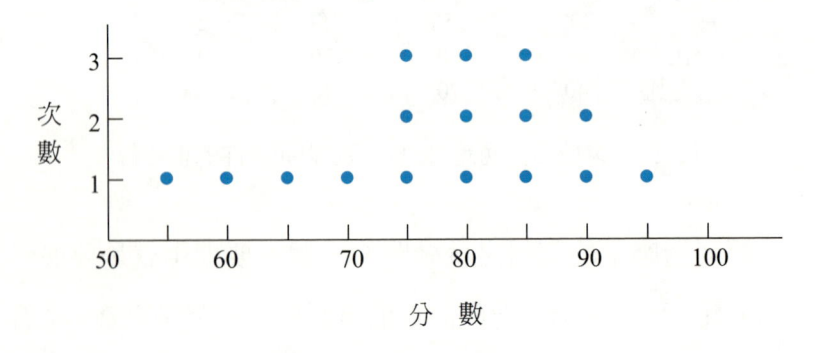

圖 2.5　16 個考試成績之點圖展示

近年來所謂的莖葉展示技巧已成為用來概述數值資料的非常受歡迎的技巧之一。此法乃是一個圖形技巧與分類技巧的組合。此種展示圖很容易製作與使用，而且非常適合於電腦應用。請看下列之定義與範例。

定義 2.6　莖葉展示 (Stem and Leaf Displays)

> 使用構成資料數值的真正位數來展示一個樣本的資料之統計圖稱為**莖葉展示**。每個數值資料分為兩部分：領導位數成為莖，而跟隨位數做為葉。莖沿著主要的軸定位置，而每個資料以一片葉子代表用以展示資料的分布情況。

範例 2.6

某高一班級 30 位學生某次數學考試成績如下：

75	88	51	62	48	65	92	77	64	56
38	73	45	83	62	95	57	78	61	85
75	68	50	80	74	67	82	73	69	53

我們可以利用莖葉圖來展示上述成績資料。

莖	葉	次數
3	8	1
4	5 8	2
5	0 1 3 6 7	5
6	1 2 2 4 5 7 8 9	8
7	3 3 4 5 5 7 8	7
8	0 2 3 5 8	5
9	2 5	2

圖 2.6　數學考試成績之莖葉展示

註：葉之單位 = 1.0

2.2 次數分配與直方圖

大的資料集之陳列通常不以圖表示。有時我們欲將資料簡縮為更易管理的形式，這可以藉由次數分配來完成。請看下列之定義與範例。

定義 2.7　次數分配表 (Frequency Distribution Table)

將一個變數的每個值與其出現次數做成數對並表列展示稱為一個次數分配表。

範例 2.7

假設丟一個骰子 30 次所得之點數 x 如下：

3 5 4 1 6 3 2 4 5 1 6 5 4 3 3

2 4 6 1 1 5 3 4 6 2 1 3 4 5 5

我們可藉以下之次數分配表來展示上列資料。

表 2.1　骰子點數之次數分配

點數 x	次數 f	相對次數
1	5	5/30 = 0.17
2	3	3/30 = 0.10
3	6	6/30 = 0.20
4	6	6/30 = 0.20
5	6	6/30 = 0.20
6	4	4/30 = 0.13
小　計	30	1.0

當一個大的資料集有許多不同的變數 x 值時，我們可以將變數 x 值分組來製造所謂的分組次數分配表。

範例 2.8

我們可將範例 2.6 之資料集以分組的次數分配表展示如下：

表 2.2　數學考試成績之分組次數分配

組別	組界	次數	相對次數
1	$35 \leq x < 45$	1	0.033
2	$45 \leq x < 55$	5	0.167
3	$55 \leq x < 65$	6	0.200
4	$65 \leq x < 75$	7	0.233
5	$75 \leq x < 85$	7	0.233
6	$85 \leq x < 95$	3	0.100
7	$95 \leq x < 105$	1	0.033
小　計		30	

我們亦可將分組的次數分配表以直方圖來展示。請看下列之定義與範例。

定義 2.8　直方圖 (Histogram)

直方圖是一種用來展示分組數據的圖，圖中每個長方形的寬度比例於組區間，而面積則比例於它所代表的次數。

範例 2.9

我們可以將表 2.2 以直方圖展示如下：

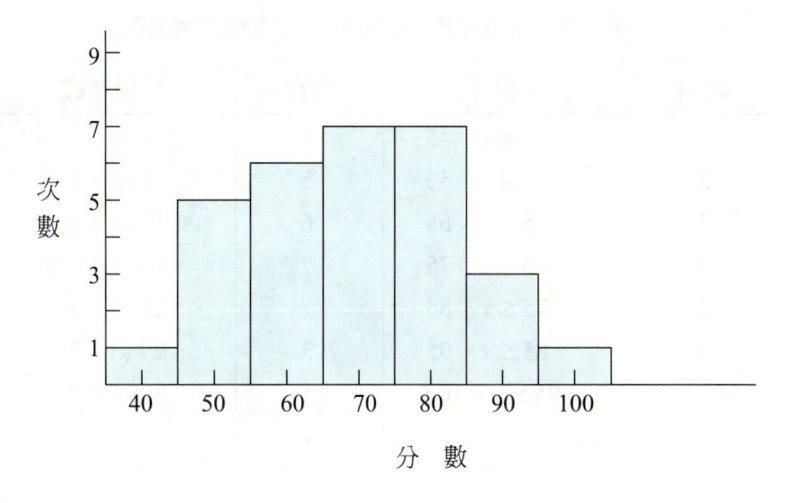

第二章　單變量資料之敘述性分析與展示　27

圖 2.7　數學考試成績之分組次數直方圖

表示次數分配的另一個方法就是使用累積次數分配。請看下列之定義與範例。

定義 2.9　累積次數分配 (Cumulative Frequency Distribution)

> 變數值小於或等於某一特定值的次數稱為該特定值的**累積次數**。而在分組的次數分配中，某一組的累積次數等於該組次數與所有具有更小值的組別之次數的總和。**累積次數分配**即為以變數值及其累積次數為數對所展示之次數分配。

範例 2.10

我們可由表 2.2 推得數學考試成績的累積次數分配。

表 2.3　利用次數分配形成一個累積次數分配

組別	組界	次數	累積次數
1	$35 \leq x < 45$	1	1
2	$45 \leq x < 55$	5	6 (5 + 1)
3	$55 \leq x < 65$	6	12 (6 + 6)
4	$65 \leq x < 75$	7	19 (7 + 12)
5	$75 \leq x < 85$	7	26 (7 + 19)
6	$85 \leq x < 95$	3	29 (3 + 26)
7	$95 \leq x < 105$	1	30 (1 + 29)
小　計		30	

累積次數分配的訊息亦可由累積相對次數分配來表現，這種表現結合了累積次數與相對次數概念。請看下列之範例。

範例 2.11

我們可由表 2.3 得到數學考試成績的累積相對次數分配。

表 2.4　分組的數學考試成績之累積相對次數分配

組別	組界	累積次數	累積相對次數
1	$35 \leq x < 45$	1	1/30 或 0.03
2	$45 \leq x < 55$	6	6/30 或 0.20
3	$55 \leq x < 65$	12	12/30 或 0.40
4	$65 \leq x < 75$	19	19/30 或 0.63
5	$75 \leq x < 85$	26	26/30 或 0.86
6	$85 \leq x < 95$	29	29/30 或 0.96
7	$95 \leq x < 105$	30	30/30 或 1.00

我們亦可利用所謂的肩形曲線來表現累積相對次數分配。請看下列之定義與範例。

定義 2.10　肩形曲線 (Ogive Curve)

將分組資料中的第一組的組界左端點與 0 作成數對，再將每個組界的右端點與其累積相對次數作成數對，接著將這些數對畫在坐標平面上，而以線段連接這些數對點所成之統計圖稱為**肩形曲線**。

範例 2.12

我們可以將表 2.4 的累積相對次數以肩形曲線表示如下：

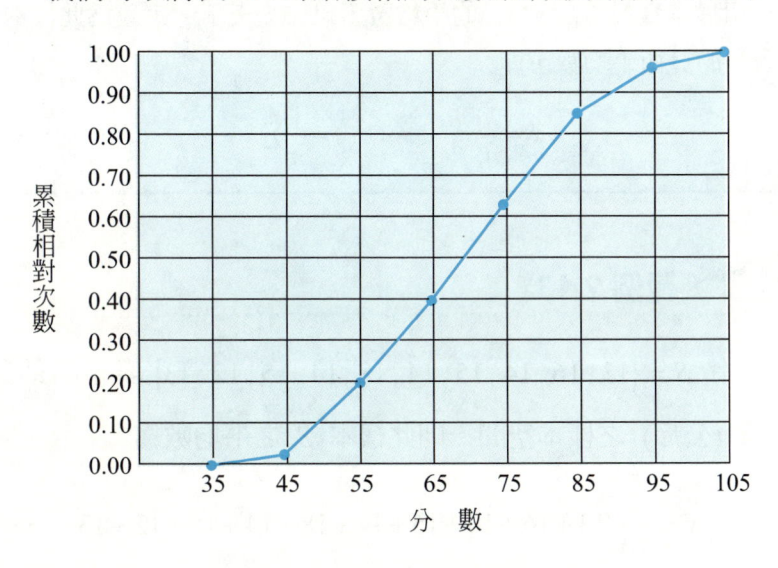

圖 2.8　累積相對次數之肩形曲線

2.3 集中趨勢的測度

集中趨勢 (Central Tendency) 是表示一組資料的中心位置或共同趨勢的數值。用來表示集中趨勢的測量數主要有四種：**平均數** (Mean)、**中位數** (Median)、**眾數** (Mode) 及**半全距** (Midrange)，它們具有代表性與綜合性。請看下列之定義與範例。

定義 2.11　平均數

> 一組樣本資料 $x_1, \cdots, x_n$ 的**平均數**，以 $\bar{x}$ 表示，定義為此樣本資料的算術平均數，即
>
> $$\bar{x} = \frac{1}{n}(x_1 + \cdots + x_n) = \frac{1}{n}\sum_{i=1}^{n} x_i$$

範例 2.13

令 $S = \{13, 16, 14, 15, 14, 18, 14, 15, 12, 13\}$ 表十名幼兒體重 (公斤) 之樣本空間。則此樣本 S 之平均數為

$$\bar{x} = \frac{1}{10}(13 + 16 + 14 + 15 + 14 + 18 + 14 + 15 + 12 + 13)$$

$$= \frac{1}{10} \cdot 144 = 14.4 \text{ 公斤}$$

定義 2.12　中位數

將一組樣本數據由小排到大，而排在中間位置的數據即為此樣本之**中位數**。若樣本之數據為偶數個，則其中位數為排在中間的兩個數據之平均值。樣本中位數通常以 Me 表示。

範例 2.14

已知某次韻律體操比賽共有七名選手之成績為 8，9，7，8，6，8，10 (分)。則此樣本之中位數為 Me = 8 (分)。

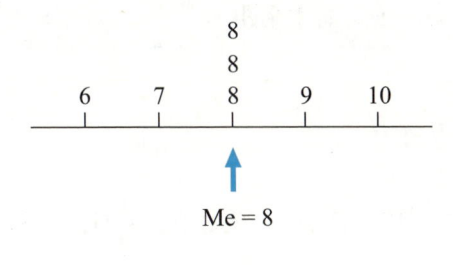

圖 2.9　樣本之中位數

範例 2.15

範例 2.13 的樣本可表為 (按大小排列)

$$S = \{12, 13, 13, 14, 14, 14, 15, 15, 16, 18\}。$$

而排在第 5 和第 6 的兩個數據皆為 14，所以 S 之中位數為 Me = (14+14)/2 = 14 (公斤)

定義 2.13　眾數

一個樣本中出現次數最多的變數值稱為**眾數**。

範例 2.16

範例 2.13 中的樣本 S 之眾數為 14 (公斤)。

定義 2.14　半全距

一個樣本中的**最小值** (Min) 與**最大值** (Max) 的平均數稱為此樣本之範圍中央值，又稱**半全距**。

範例 2.17

範例 2.13 中的 S 之半全距為 $\frac{1}{2}(12+18) = 15$ (公斤)。

2.4 離勢的測度

除了集中趨勢的測度之外，我們亦可藉由**離勢** (Dispersion) 的測度來從樣本資料中獲得更多訊息。離勢的測度主要包括全距、變異數與標準差，它們描述了樣本資料分散

第二章　單變量資料之敘述性分析與展示　　33

的程度與變異的大小。請看下列之定義與範例。

定義 2.15　全距 (Range)

> 一組樣本資料中的最大值與最小值的差稱為此樣本之**全距**。

範例 2.18

範例 2.13 中的 S 之全距為 $18 - 12 = 6$ (公斤)。

定義 2.16　樣本變異數 (Sample Variance)

> 令樣本 $S = \{x_1, \cdots, x_n\}$，則其變異數，以 s^2 表示，定義為
>
> $$s^2 = \frac{1}{n-1} \sum_{i=1}^{n} (x_i - \bar{x})^2$$
>
> 其中 $\bar{x} = \frac{1}{n} \sum_{i=1}^{n} x_i$ 為**樣本平均數** (Sample Mean)。

範例 2.19

範例 2.13 中的 S 之變異數為

$$s^2 = \frac{1}{9}[(13-14.4)^2 + (16-14.4)^2 + \cdots + (13-14.4)^2]$$

$$= \frac{1}{9} \times 26.4 = 2.93$$

定義 2.17　樣本標準差 (Sample Standard Deviation)

樣本變異數的正平方根 $s = \sqrt{s^2}$ 稱為樣本標準差。

範例 2.20

範例 2.13 中的 S 之標準差為

$$s = \sqrt{s^2} = \frac{1}{3}\sqrt{26.4} = 1.71$$

定理 2.1　平方和公式

$$S_x^2 = SS(x) = \sum_{i=1}^{n}(x_i - \overline{x})^2 = \sum_{i=1}^{n} x_i^2 - \frac{1}{n}\left(\sum_{i=1}^{n} x_i\right)^2$$

有的時候我們採用上列公式來計算變異數會比較快速且順手，樣本變異數可運用平方和公式計算，亦即

$$s^2 = \frac{1}{n-1}SS(x) = \frac{1}{9}\left(9744 - \frac{1}{10}(144)^2\right) = 2.93$$

2.5 次數分配的平均數與標準差

當樣本資料以次數分配呈現時，我們只要稍微修改定義 2.10 集中趨勢的測度與定義 2.15 中離勢的測度公式即可計算

得該樣本之平均數、變異數與標準差。請看下列之定理與範例。

定理 2.2　次數分配的平均數、變異數與標準差

令樣本資料的次數分配為

變數值 x	次數 f
x_1	f_1
$\vdots$	$\vdots$
x_n	f_n

且令樣本數 $N = \sum_{i=1}^{n} f_i$，則此樣本之平均數、變異數與標準差分別為

(1) $\bar{x} = \dfrac{1}{N} \sum_{i=1}^{n} x_i f_i$

(2) $s^2 = \left[\sum_{i=1}^{n} x_i^2 f_i - \dfrac{1}{N} (\sum_{i=1}^{n} x_i f_i)^2 \right] \Big/ (N-1)$

(3) $s = \sqrt{s^2}$

範例 2.21

範例 2.13 中的樣本之次數分配為

x	f
12	1
13	2
14	3
15	2
16	1
18	1

為了計算 $\bar{x}$、s^2 與 s，我們可依上表推算得下表：

表 2.5　幼兒體重次數分配之 $\bar{x}$ 與 s^2 推算表

x	f	xf	x^2f
12	1	12	144
13	2	26	338
14	3	42	588
15	2	30	450
16	1	16	256
18	1	18	324
	$\sum f = 10$	$\sum xf = 144$	$\sum x^2 f = 2100$

則依上表吾人可得

(1) $\bar{x} = 144/10 = 14.4$

(2) $s^2 = (2100 - 144^2/10)/9 = 26.4/9 = 2.93$

(3) $s = \sqrt{2.93} = 1.71$

　　針對分組的樣本次數分配，我們可將各組的變數值以該組的組中點代表，再依定理 2.2 的公式計算即可得分組的次數分配之 $\bar{x}$、s^2 與 s。請看下列之範例。

範例 2.22

　　我們想要求得範例 2.6 中數學考試成績的平均數、變異數與標準差。則依表 2.3 吾人可推算得下表：

表 2.6　數學考試成績之 $\bar{x}$ 及 s^2 推算表

組別	組中點 x	f	xf	x^2f
1	40	1	40	1600
2	50	5	250	12500
3	60	6	360	21600
4	70	7	490	34300
5	80	7	560	44800
6	90	3	270	24300
7	100	1	100	10000
		$\sum f = 30$	$\sum xf = 2070$	$\sum x^2 f = 149100$

依上表吾人可推算得數學考試成績之分組次數分配的 $\bar{x}$、s^2 與 s 如下：

(1)　$\bar{x} = 2070 / 30 = 69$

(2)　$s^2 = (149100 - 2070^2 / 30)/(30 - 1) = 6270 / 29 = 216.20$

(3)　$s = \sqrt{216.20} = 14.70$

2.6 位置的測度

　　位置 (Position) 的測度是用來描述一組樣本中某個特別的資料所佔的位置與其它資料的關係。而四分位數與百分位數是兩個最受歡迎的位置測度。請看下列之定義與範例。

定義 2.18 四分位數 (Quartiles)

將一組有序的數據分割為四等分的變數值稱為四分位數；每組樣本數據皆有三個四分位數。第一四分位數 Q_1 就是一個數據使得最多 25% 的數據小於它且最多 75% 的數據大於它。第二四分位數 Q_2 就是中位數。第三四分位數 Q_3 就是一個數據使得最多 75% 的數據小於它且最多 25% 的數據大於它。(請參見圖 2.10)

25%	25%	25%	25%

圖 2.10 遞增的有序樣本之四分位數

範例 2.23

延續範例 2.6，因為 $30 \cdot \frac{1}{4} = 7.5$，$30 \cdot \frac{2}{4} = 15$，$30 \cdot \frac{3}{4} = 22.5$，所以就圖 2.6 所展示的 30 個數學考試成績而言，其四分位數為

$Q_1 =$ 第 8 個成績 (由上而下數) 葉子 $= 57$，

$Q_2 =$ 第 15 個與第 16 個成績之平均 $= \frac{1}{2}(68 + 69) = 68.5$，

$Q_3 =$ 第 23 個成績葉子 $= 78$。

定義 2.19 百分位數 (Percentiles)

將一組遞增有序樣本數據分割為 100 個等分之變數值稱為**百分位數**。而第 k 個百分位數 P_k 就是一個變數值使得最多 k% 的數據小於它且最多 $(100 - k)$% 的數據大於它。(請參見圖 2.11)

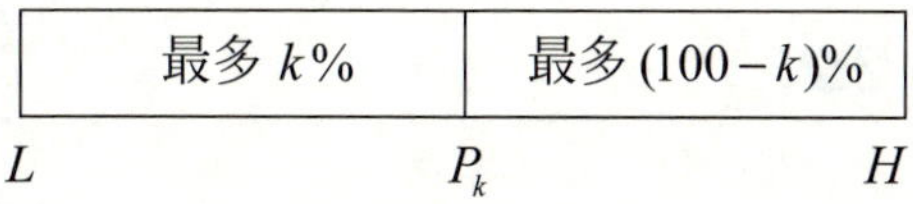

最多 k%	最多 $(100-k)$%
L　　　　　　　P_k	H

圖 2.11　遞增的有序樣本之第 k 個百分位數

由以上之定義可知　$Q_1 = P_{25}$，$Q_3 = P_{75}$，$\text{Me} = Q_2 = P_{50}$。

範例 2.24

因為 $30 \cdot \dfrac{10}{100} = 3$，$30 \cdot \dfrac{85}{100} = 25.5$，所以就圖 2.6 所展示的 30 個數學考試成績而言，其第 10 個和第 85 個百分位數分別為

$$P_{10} = \frac{1}{2}(\text{第 3 個} + \text{第 4 個})\text{成績葉子} = \frac{1}{2}(48+50) = 49,$$

$$P_{85} = \text{第 26 個成績葉子} = 83。$$

利用四分位數，我們可以定義一組樣本的另一個集中趨勢測度，叫做中四分位數。請看下列之定義與範例。

定義 2.20　中四分位數 (Midquartile)

第一四分位數與第三四分位數的中點 $\dfrac{1}{2}(Q_1 + Q_3)$ 稱為**中四分位數**。

範例 2.25

就圖 2.6 所展示的 30 個數學考試成績而言，其中四分位數為

$$\frac{1}{2}(Q_1 + Q_3) = \frac{1}{2}(57 + 78)$$
$$= 67.5$$

我們亦可利用四分位數來定義另一個離勢測度。

定義 2.21　四分位距 (Interquartile Range)

$Q_3 - Q_1$ 稱為**四分位距**，即為一組樣本資料的中間 50% 的範圍距離。

範例 2.26

就圖 2.6 所展示的 30 個數學考試成績而言，其四分位距為

$$Q_3 - Q_1 = 78 - 57$$
$$= 21$$

綜合來說，五數摘要在描述資料集是很有效的，它是易於獲得且含有許多訊息的五個數。請看下列之定義與範例。

定義 2.22 五數摘要 (5-Number Summary)

一個樣本資料集的**五數摘要**彙總由下列五個數組成：
(1) Min，資料集內的最小值；
(2) Q_1，第一四分位數；
(3) Me，中位數；
(4) Q_3，第三四分位數；
(5) Max，資料集內的最大值。

範例 2.27

就圖 2.6 所展示的資料集而言，其五數摘要為

38	57	68.5	78	95
Min	Q_1	Me	Q_3	Max

當五數摘要被展示在一個尺寸圖上時，它就具有更多的資訊。能夠完成這項工作的電腦製圖展示之一就是所謂的盒形圖展示。請看下列之定義與範例。

定義 2.23 盒形圖展示 (Boxplot Display)

盒形圖展示是五數摘要的一種圖形表現。它由一個盒形圖和兩條鬚狀線組成，盒形圖畫在上下兩個四分位數之間，盒內還有一條代表中位數的線，兩條鬚狀線分別從代表兩個極端值的點伸展到上下四分位數。

範例 2.28

我們可將圖 2.6 的資料之五數摘要以盒形圖展示如下：

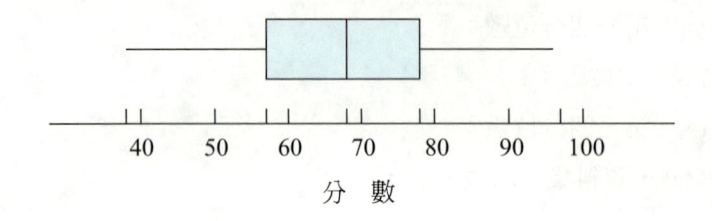

圖 2.12　五數摘要之盒形圖展示

個案分析與 Excel 應用

ch2a 屬性資料的次數分配表與直線圖

為瞭解學生對體適能訓練的興趣程度 (INT)，在調查 34 位學生對參加體適能訓練課程的興趣程度，以 1 表示最不同意、5 表示最同意的型式填答問卷。

(一) 製作興趣程度的次數分配表。

(二) 製作興趣程度的次數直條圖。

獲得結果如下：

第二章　單變量資料之敘述性分析與展示　　43

ID	1	2	3	4	5	6	7	8	9	10	11	12
INT	3	2	4	2	1	3	2	3	5	4	3	2
ID	13	14	15	16	17	18	19	20	21	22	23	24
INT	1	2	3	3	4	5	4	3	5	5	3	2
ID	25	26	27	28	29	30	31	32	33	34		
INT	5	1	5	2	3	2	2	2	4	3		

步驟一：製作興趣程度的次數分配表，建立 ch2a 資料集，見圖 ch2.1~2。

1. 設定興趣的組別 INTclass 為 1、2、3、4、5。
2. 在 D2 欄位計算等級 1 的次數，
    → 點選插入函數 f_x，
    → 選取統計函數中的條件計數函數 COUNTIF。
3. 設定函數引數，
    → 設定計算區域 B2：B35，
    → 設定興趣組別條件為 1，即欄位 C2。
4. 複製 D2 到其它組別 D3：D6。
5. 完成存檔。

步驟二：製作興趣組別 (INTclass) 的直條圖，見圖 ch2.3~4。

1. 點選圖表精靈。
2. 選取直條圖，設定次數的資料範圍 D2：D6。

3. 設定圖表選項，

   → 在標題填入抬頭，X 軸填入 INTclass，Y 軸填入 Freg。

4. 依個人需求選擇圖表位置。

5. 完成存檔。

圖 ch2.1

圖 ch2.2

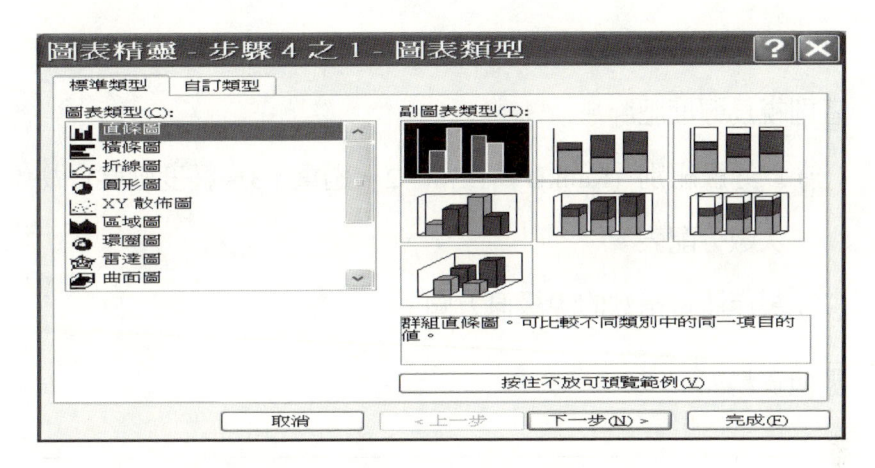

圖 ch2.3

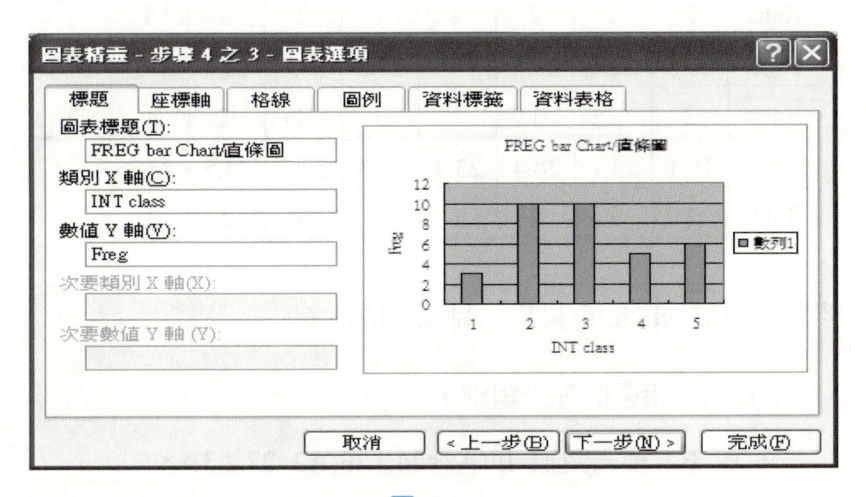

圖 ch2.4

ch2b 量化資料分組的次數分配表與直方圖

在一組 25 位男性學生的體質指數 (BMI)，依據衛生署的分類等級，若體質指數小於 24 者為正常，若當 BMI 大於 24

且小於 27 者則體質視為過重,當 BMI 高於 27 且小於 30 者則視為輕度肥胖。

(一) 以等級組別 (Rank:1 = 正常,2 = 過重,3 = 輕度肥胖) 做次數分配表。

(二) 製作體質指數的等級直方圖。

數據資料如下:

BMI	24.8	23.4	24.8	25.1	23.4	24.8	28.4	27.8	22.8
Rank	2	1	2	2	1	2	3	3	1
BMI	26.8	24.5	23.0	24.8	27.5	26.6	22.4	23.0	26.9
Rank	2	2	1	2	3	2	1	1	2
BMI	19.1	23.1	24.4	23.9	24.3	29.7	24.5	27.2	
Rank	1	1	2	1	2	3	2	3	

步驟:建立 ch2b 資料集,見圖 ch2.5~6。

1. 計算體質指數的等級組別,
    → 在 B2 插入函數 IF(A2<24,1,IF(A2<27,2,3)),
    → 複製 B2 到 B3:B26。
2. 依照 ch2a 的步驟製作次數分配表與直條圖,並修改為直方圖,
    → 在直條圖中,以滑鼠右鍵點選任一直條做修正,
    → 在資料點格式中,點選「選項」並設定類別間距為 0。

第二章　單變量資料之敘述性分析與展示　　47

圖 ch2.5

圖 ch2.6

ch2c　量化資料的摘要統計

製造商為瞭解某特定產品包裝時間是否達穩定狀況，現由包裝員中隨機抽樣 16 位員工，獲得包裝的**時間** (time) 如下：

　　75　　88　　51　　62　　48　　65　　92　　77

　　64　　56　　38　　73　　45　　83　　62　　95

(一) 求包裝時間的平均數、標準差、最小值與最大值等摘要統計。

(二) 計算包裝時間的五數摘要。

步驟一：摘要統計，建立 ch2c 資料集，見圖 ch2.7~9。

1. 工具 → 資料分析 → 敘述統計。
2. 方塊中，設定時間的輸入範圍 A2 : A17，
   → 勾選標記在第一列，→ 勾選摘要統計。
   → 設定輸出範圍於 D2。
3. 完成存檔。

步驟二：五數摘要，見圖 ch2.7 與圖 ch2.10~11。

1. 在 H2 中，計算最小值，點選插入函數 f_x。
2. 選取統計函數中的 QUARTILE。
3. 函數引數中，設定向量範圍 A2 : A17，並在 Quart 中輸 0。
4. 複製到 H3 至 H6，分別在 Quart 輸入 1、2、3、4 即可得到五數摘要。
5. 完成存檔。

說明：若無資料分析功能，則須先在工具中執行「增益集」勾選「分析工具箱」。

第二章　單變量資料之敘述性分析與展示　49

圖 ch2.7

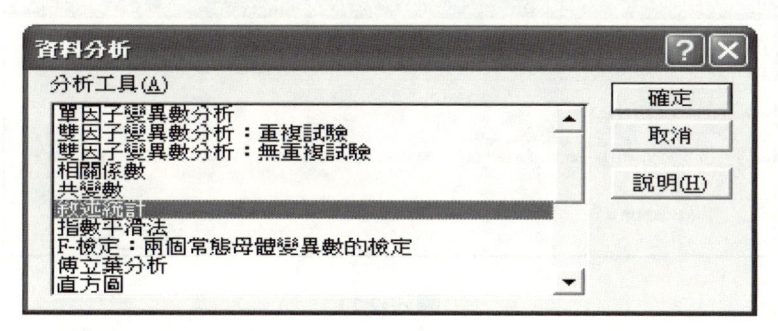

圖 ch2.8

圖 ch2.9

圖 ch2.10

圖 ch2.11

本章習題

1. 一組學生所擁有的通用汽車公司的汽車樣本被確認了並且記錄其中每部汽車之商標。所得之樣本如下所示 (Ch＝Chevrolet，P＝Pontiac，O = Oldsmobil，B = Buick，Ca = Cadillac)：

Ch	B	Ch	P	Ch	O	B	Ch	Ca	Ch
B	Ca	P	O	P	P	Ch	P	O	O
Ch	B	Ch	B	Ch	P	O	Ca	P	Ch
O	Ch	Ch	B	P	Ch	Ca	O	Ch	B
B	O	Ch	Ch	O	Ch	Ca	B	Ch	B

   (1) 求樣本中每個汽車商標之數目。
   (2) 求樣本中每個汽車商標所佔之百分比。
   (3) 畫一長條圖展示 (2) 中所求得之百分比。

2. 下列資料是美國某快遞公司在某日運送 40 個小包裹之費用 (單位：美元)。

4.03	3.56	3.10	6.04	5.62	3.16	2.93	3.82	4.30	3.86
4.57	3.59	4.57	6.16	2.88	5.03	5.46	3.87	6.81	4.91
3.62	3.62	3.80	3.70	4.15	2.07	3.77	5.77	7.86	4.63
4.81	2.86	5.02	5.24	4.02	5.44	4.65	3.89	4.00	2.99

   請就上列資料製作一個莖葉展示。

3. 某次女子高爾夫錦標賽第一回合各選手之成績如下所示：

```
69  73  72  74  77  80  75  74  72  83  68  73
75  78  76  74  73  68  71  72  75  79  74  75
74  74  68  79  75  76  75  77  74  74  75  75
72  73  73  72  72  71  71  70  82  77  76  73
72  72  72  75  75  74  74  74  76  76  74  73
74  73  72  72  74  71  72  73  72  72  74  74
67  69  71  70  72  74  76  75  75  74  73  74
74  78  77  81  73  73  74  68  71  74  78  70
68  71  72  72  75  74  76  77  74  74  73  73
70  68  69  71  77  78  68  72  73  78  77  79
79  77  75  75  74  73  73  72  71  68  70  71
78  78  76  74  75  72  72  72  75  74  76  77
78  78
```

(1) 製作以上資料的一個不分組之次數分配表。

(2) 利用 (1) 中之次數分配表畫一個直方圖。

4. (1) 將第 2 題中的資料分類為分組的次數分配表，例如分為 5 組且組寬為 1.2。

(2) 依 (1) 中之分配表製作一個相對次數直方圖。

5. 隨機抽樣 15 個大學生昨晚睡眠時數，所得資料為 5，6，6，8，7，7，9，5，4，8，11，6，7，8，7。求下列各數：

(1) 平均數 $\bar{x}$

(2) 中位數 Me

(3) 眾數

(4) 半全距

6. 求第 5 題樣本資料的變異數 s^2 與標準差 s。

7. 某一所警察專科學校的新生被要求參加一項體能測驗。20 個新生的測驗成績 (以分鐘計) 如下所列：

    25 27 30 33 30 32 30 34 30 27
    26 25 29 31 31 32 34 32 33 30

(1) 描繪上列資料的一個點圖。

(2) 求平均數。

(3) 求全距。

(4) 求變異數。

(5) 求標準差。

(6) 利用 (1) 中之點圖畫一條線段代表全距並且在平均數的位置畫一條線段使其長度代表標準差。

(7) 描述資料的分配，全距與標準差是如何相關的。

8. 一項關於醫師的調查詢問樣本中每位醫師已生育的小孩數目。調查結果如下列次數分配表：

小孩數目	0	1	2	3	4	6
醫師數目	15	12	26	14	4	2

求樣本平均數，變異數與標準差。

9. 一項手的靈巧之研究包含了決定完成一項工作的時間 (以分鐘計)。40 個殘障者完成該項工作的時間由少到多記錄如下：

    7.1   7.2   7.2   7.6   7.6   7.9   8.1   8.1   8.1   8.3
    8.3   8.4   8.4   8.9   9.0   9.0   9.1   9.1   9.1   9.1
    9.4   9.6   9.9 10.1 10.1 10.1 10.2 10.3 10.5 10.7
  11.0 11.1 11.2 11.2 11.2 12.0 13.6 14.7 14.9 15.5

求：

(1) Q_1　　　　　　　(2) Q_2　　　　　　　(3) Q_3

(4) P_{95}　　　　　　(5) 五數摘要　　　　　(6) 描繪盒形圖

10. 考慮下列針對某種合成布料記錄其燃燒時間 (以秒鐘計) 所得之資料集。

30.1　30.1　30.2　30.5　31.0　31.1　31.2　31.3　31.3　31.4
31.5　31.6　31.6　32.0　32.4　32.5　33.0　33.0　33.0　33.5
34.0　34.5　34.5　35.0　35.0　35.6　36.0　36.5　36.9　37.0
37.5　37.5　37.6　38.0　39.5

求：

(1) 中位數　　　　　　(2) 範圍中央值　　　　(3) 中四分位數

(4) 五數摘要　　　　　(5) 描繪盒形圖

第三章 雙變量資料之敘述性分析與展示

3.1 雙變量資料

3.2 線性相關

個案分析與 Excel 應用

3.1 雙變量資料

定義 3.1 雙變量資料 (Bivariate Data)

由同一個母體元素所得之兩個相異變數的值稱為**雙變量資料**。

上列定義中的兩個相異變數中的每一個變數在本質上不是屬性的就是屬量的。因此,變數種類的三種組合可構成雙變

量資料：

1. 兩個變數皆為屬性的。
2. 一個屬性的且另一個是屬量的。
3. 兩個變數皆為屬量的。

本節將以表列法與圖形法來展示上列三種雙變量資料的組合中的每一種。

兩個屬性變數

當雙變量資料來自於兩個屬性變數時，這種資料通常被排列在一個交叉表或列聯表上。請看下列之定義與範例。

定義 3.2　列聯表 (Contingency Table)

> 把資料依屬性 A 區分為 r 種，且依屬性 B 區分為 c 種，一種具有 r 列與 c 行，$r,c \geq 2$，用以表示雙變量資料次數分配表，稱之為**列聯表**。但此表亦可應用在屬量的雙變量資料上。

範例 3.1

由某工商技術學院隨機選取 100 個學生，再依性別與主修學院將資料分類可得以下列聯表：

表 3.1　性別與主修之次數分配列聯表

		主　修		列　和
		工學院	商學院	
性別	男	45	15	60
	女	5	35	40
行　和		50	50	100

我們可由上表得到相對次數分配列聯表。

表 3.2　性別與主修之相對次數分配列聯表

		主　修		列　和
		工學院	商學院	
性別	男	45%	15%	60%
	女	5%	35%	40%
行　和		50%	50%	100%

我們可用長條圖來表示列聯表 3.2。

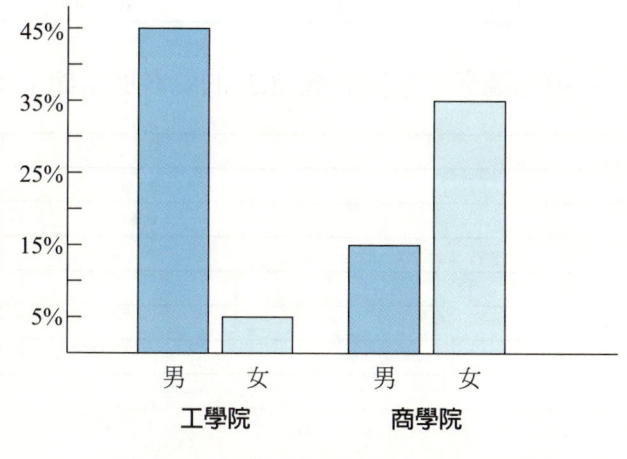

圖 3.1　性別與主修之相對次數長條圖

一個屬性變數與一個屬量變數

當雙變量資料來自於一個屬性變數與一個屬量變數時，依屬性變數之類別將資料之數值分割為若干個樣本，再利用第二章之技巧描述每個樣本，且將結果並列展示以便做簡易比較。請看下列之範例。

範例 3.2

由 3 所國中各挑選 6 名學生參加拼圖比賽，下表是完成拼圖之時間 (分) 資料：

表 3.3　3 所國中之拼圖比賽所用時間

國中 A (n = 6)	國中 B (n = 6)	國中 C (n = 6)
37　36	33　35	40　39
34　40	34　42	41　41
38　32	38　34	40　43

我們可用點圖與盒形圖將表 3.3 的資料展示如下：

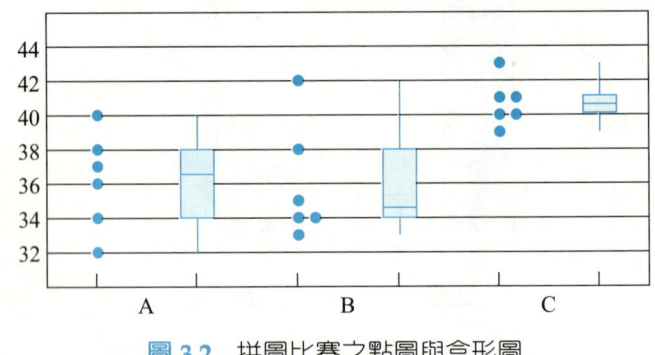

圖 3.2　拼圖比賽之點圖與盒形圖

而表 3.3 之資料的 5 數摘要可表示如下：

表 3.4　拼圖比賽資料之五數摘要

	國中 A	國中 B	國中 C
Max	40	42	43
Q_3	38	38	41
Me	36.5	34.5	40.5
Q_1	34	34	40
Min	32	33	39

最後我們可將每個國中之拼圖比賽時間的平均數與標準差表列如下：

表 3.5　拼圖比賽時間之平均數與標準差

	國中 A	國中 B	國中 C
$\bar{x}$	36.2	36.0	40.7
s	2.9	3.4	1.4

兩個屬量變數

當雙變量資料來自於兩個屬量變數時，通常以數學方式將資料表為有序數對 (x, y)，其中 x 稱為自變數，而 y 稱為應變數。例如，若 x 是身高且 y 是體重，則每個人都可記錄一個數對 (x, y)。

在處理兩個屬量變數的資料時，我們通常將資料以散布圖的方式呈現。請看下列之定義與範例。

定義 3.3　散布圖 (Scatter Plot)

散布圖是將雙變量資料的所有數對 (x, y) 畫在一個直角坐標平面上的一種點圖。散布圖只畫數據點，點與點之間並不連接。

範例 3.3

由某個減肥訓練班隨機選取 10 個學員測驗其伏地挺身與仰臥起坐之成績如下表：

表 3.6　伏地挺身與仰臥起坐之資料表

學員	1	2	3	4	5	6	7	8	9	10
伏地挺身 (x)	27	22	15	35	30	52	35	55	40	40
仰臥起坐 (y)	30	26	25	42	38	40	32	54	50	43

我們可將上列樣本資料以散布圖表示如下：

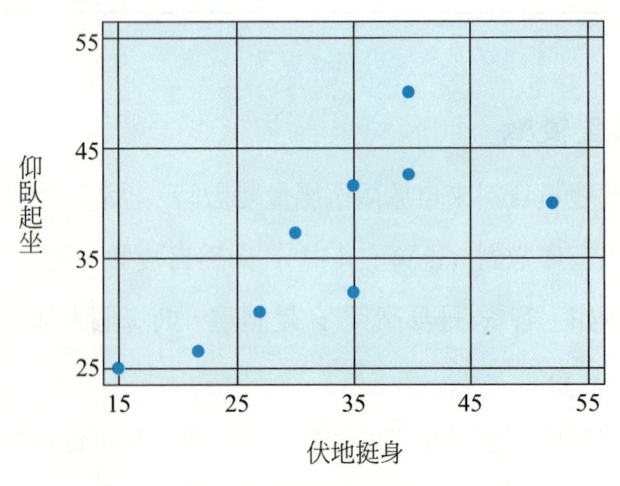

圖 3.3　伏地挺身與仰臥起坐之散布圖

3.2 線性相關

線性相關 (Linear Correlation) 分析的主要目的是測量兩個屬量變數之間線性關係的強度。讓我們來檢視自變數 x 與應變數 y 之間具不同關係的一些散布圖。若當 x 遞增時，y 值無確定移動方向，我們稱 x 與 y 是無關的。若當 x 遞增時，y 值亦趨向遞增，我們說 x 與 y 是正相關的。若當 x 遞增時，y 值趨向遞減，我們說 x 與 y 是負相關的。圖 3.4 中的散布圖說明了以上這些概念。

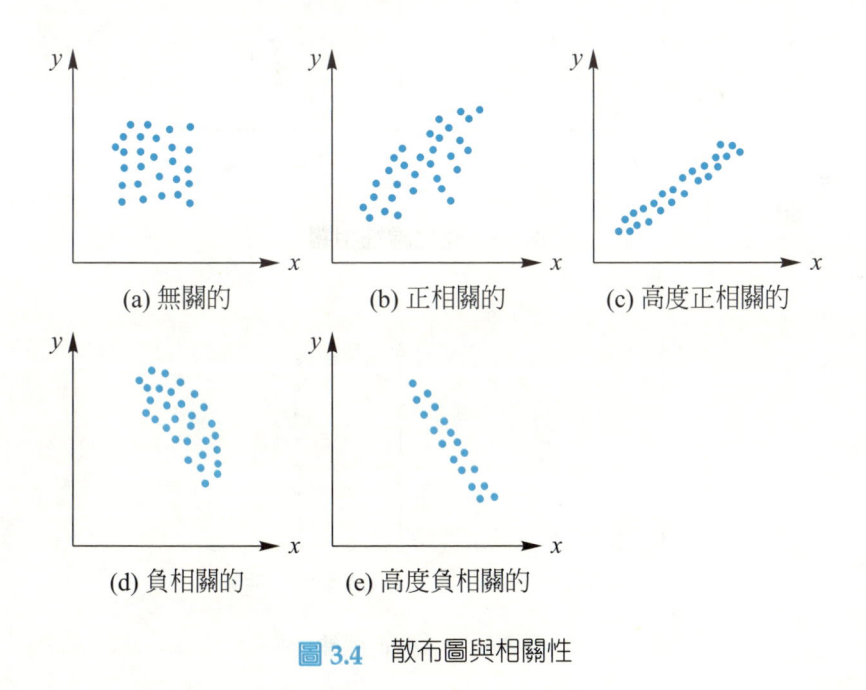

(a) 無關的　　(b) 正相關的　　(c) 高度正相關的

(d) 負相關的　　(e) 高度負相關的

圖 3.4　散布圖與相關性

完全線性相關發生於當所有的資料點恰好沿著一條直線散布時，如圖 3.5 所示。這不是正的就是負的，依據 y 隨著 x 的增加而呈現不是遞增就是遞減。而若資料形成一條水平直線或垂直直線，則 x 與 y 無關，如圖 3.6 所示。

我們不能僅憑散布圖就斷定兩個屬量變數之間線性關係的強弱程度，而必須以數量的方法來表示這兩個屬量變數間線性相關強度的指標。而所謂線性相關係數正是一個可以反應兩個屬量變數間線性關係強度的數值指標。皮耳森相關係數 r

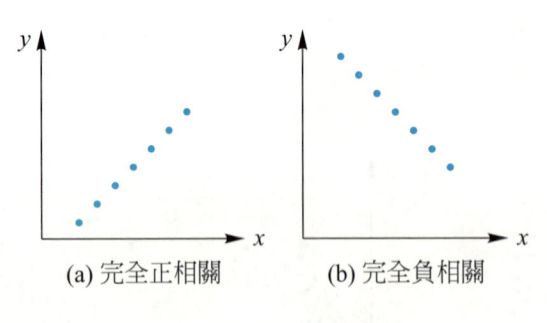

(a) 完全正相關　　(b) 完全負相關

圖 3.5　完全線性相關

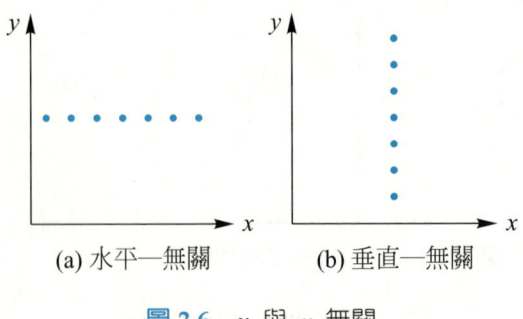

(a) 水平—無關　　(b) 垂直—無關

圖 3.6　x 與 y 無關

是統計上最常用的線性相關強度指標,請看下列之定義與範例。

定義 3.4　皮耳森相關係數 (Pearson's Correlation Coefficient)

皮耳森相關係數 由一組樣本資料 (x_1, y_1),…, (x_n, y_n) 依下列公式計算之係數:

$$r = \frac{S_{xy}}{s_x s_y} = \frac{\sum_{i=1}^{n}(x_i - \overline{x})(y_i - \overline{y})}{\sqrt{\sum_{i=1}^{n}(x_i - \overline{x})^2 \cdot \sum_{i=1}^{n}(y_i - \overline{y})^2}} = \frac{SCP}{s_x s_y}$$

其中 S_{xy} 稱為變數 x 與 y 的樣本共變異數,即

$$S_{xy} = \frac{1}{n-1}\sum_{i=1}^{n}(x_i - \overline{x})(y_i - \overline{y}) = \frac{1}{n-1}\left(\sum_{i=1}^{n} x_i y_i - n\overline{x}\,\overline{y}\right)$$

而 s_x 與 s_y 分別代表變數 x 與 y 的樣本標準差。並且此係數的值介於 -1 與 1 之間,係數 -1 表示完全負相關,而 1 表示完全正相關。

範例 3.4

　　鹿谷鄉有一位凍頂烏龍茶的茶農想知道三月份的降雨量與春茶最終收成量之間是否線性相關。他連續 5 年記錄了三月份降雨量和每年的春茶收成量,結果如下表所示:

表 3.7 三月份降雨量與春茶收成量之資料表

年　份	1996	1997	1998	1999	2000
x (降雨量，公分)	28	32	29	41	30
y (收成量，公斤)	134	142	136	168	150

由上表我們可得以下試算表

表 3.8 一階動差與二階動差表

x	y	$(x-\bar{x})$	$(y-\bar{y})$	$(x-\bar{x})^2$	$(y-\bar{y})^2$	$(x-\bar{x})(y-\bar{y})$
28	134	−4	−12	16	144	48
32	142	0	−4	0	16	0
29	136	−3	−10	9	100	30
41	168	9	22	81	484	198
30	150	−2	4	4	16	−8
160	730			110	760	268

由表 3.8 可知 $\bar{x}=32$，$\bar{y}=146$，

$$4SCP = \sum_{i=1}^{5}(x_i-\bar{x})(y_i-\bar{y}) = 268，$$

$$4S_x^2 = \sum_{i=1}^{5}(x_i-\bar{x})^2 = 110，$$

$$4S_y^2 = \sum_{i=1}^{5}(y_i-\bar{y})^2 = 760，$$

所以皮耳森相關係數為

$$r = \frac{268}{\sqrt{110}\sqrt{760}} = 0.927$$

由此相關係數的值可推斷三月份降雨量 x 與春茶收成量 y 有很強的線性相關。

個案分析與 Excel 應用

ch3a 雙屬性資料的交叉表

為瞭解學生對體適能課程的興趣 (INT) 程度與性別 (GENDER) 間的資訊，在調查的 34 位學生，登錄學生的性別 (0 = 女性，1 = 男性)，和參加體適能訓練課程的興趣，以 1 至 5 分表示程度由低至高。資料如下，製作性別與興趣的交叉表。

性別	1	1	1	1	1	0	1	1	1	1	0	1	1	0	0	1
興趣	3	2	4	2	1	3	2	3	5	4	3	2	1	2	3	4
性別	1	1	0	1	1	0	1	0	1	1	1	1	1	0	1	1
興趣	5	4	3	5	5	3	2	5	1	5	2	3	2	2	4	3

步驟：建立 ch3a 資料集，見圖 ch3.1~5。

1. 在「資料」中點選「樞紐分析表及圖報表」。
2. 依步驟設定資料範圍為 A1 : C35 (亦可用滑鼠選定範圍)。

3. 報表置放在已經存在的工作表位置 E1。
4. 將欄位清單中的變數移至行列的位置，

   → 興趣移至列區，→ 性別移至欄區，→ ID 移至資料區。
5. 點選左上角 ID，修正摘要方式為「項目個數」。
6. 完成存檔。

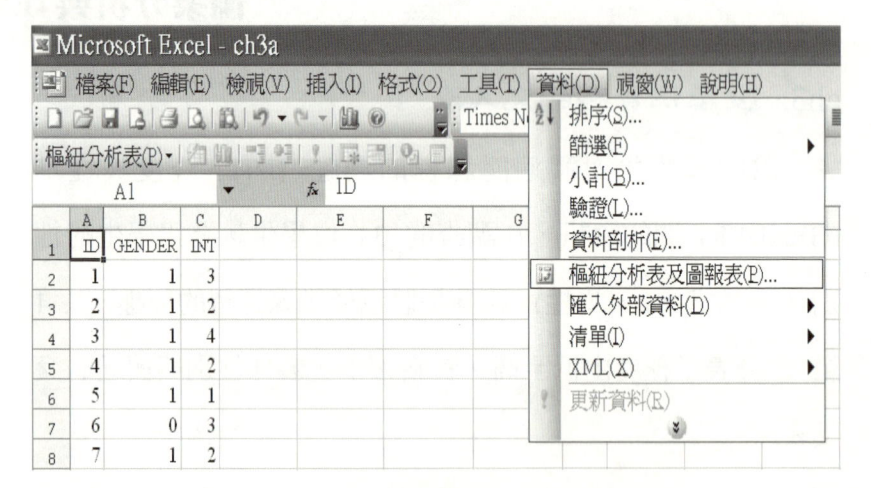

圖 ch3.1

圖 ch3.2

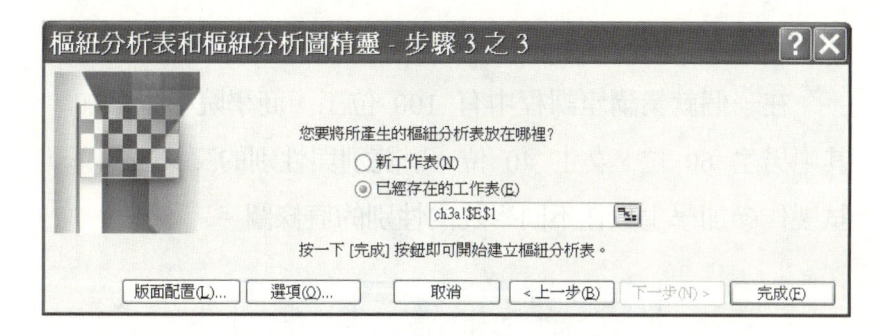

第三章　雙變量資料之敘述性分析與展示　67

圖 ch3.3

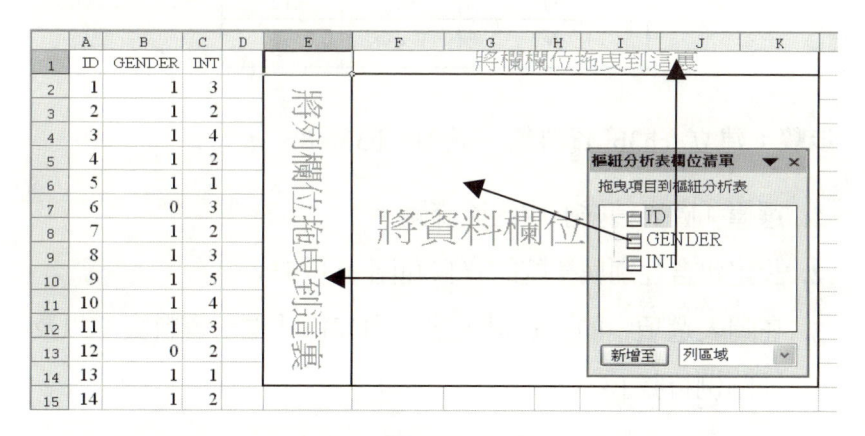

圖 ch3.4

圖 ch3.5

ch3b 雙屬性資料的直條圖

在一個就業講座課程中有 100 位工、商學院學生參加，其中男生 60 位、女生 40 位，學院別與性別的交叉表如下，試製作參加學生數在不同學院內性別的直條圖。

性別＼學院	工	商
男	45	15
女	5	35

步驟：建立 ch3b 資料集，見圖 ch3.6~8。

1. 選擇「圖表精靈」中的直條圖。
2. 設定包含性別與學院的資料範圍 A1：D4。
3. 在圖表選項中的「資料表格」內勾選「顯示資料表」以及「圖例符號」。

圖 ch3.6

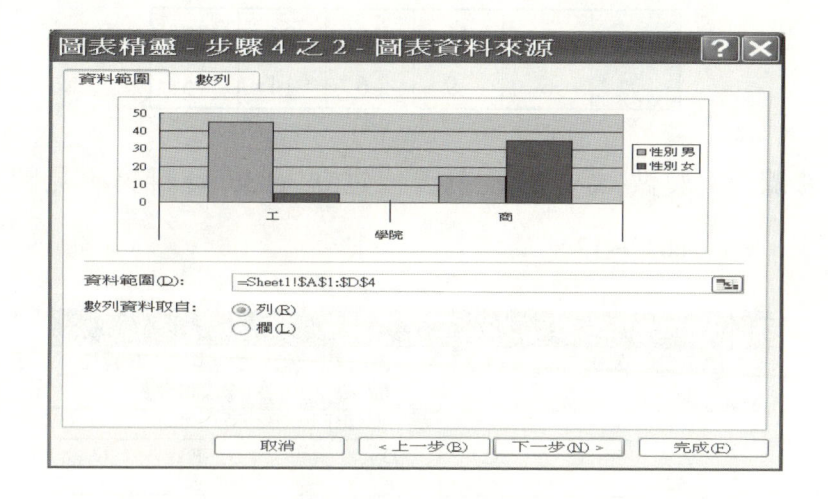

圖 ch3.7

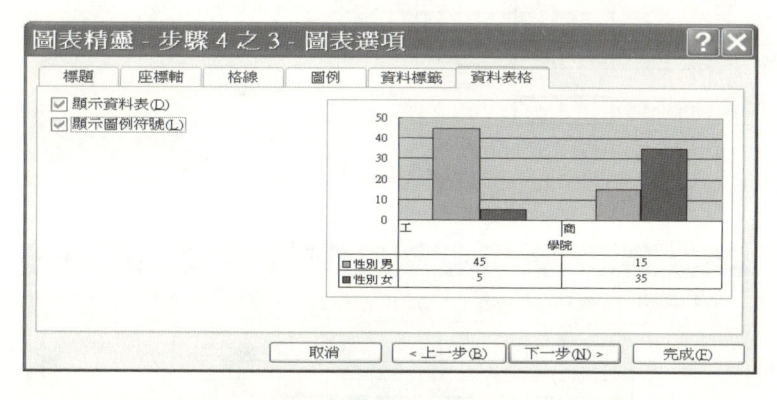

圖 ch3.8

ch3c 雙屬量資料的散布圖與相關係數

　　給予五筆配對資料 (x, y) 如下，製做 x-y 的散布圖，並計算 x 與 y 的相關係數。

x	6	11	15	21	27
y	6	9	6	14	15

步驟一：製做 x-y 的散布圖，建立 ch3c 資料集，見圖 ch3.9~12。

圖 ch3.9

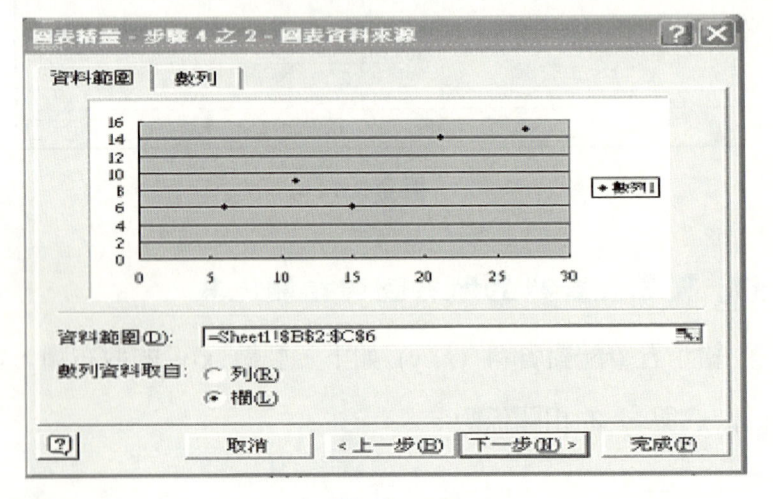

圖 ch3.10

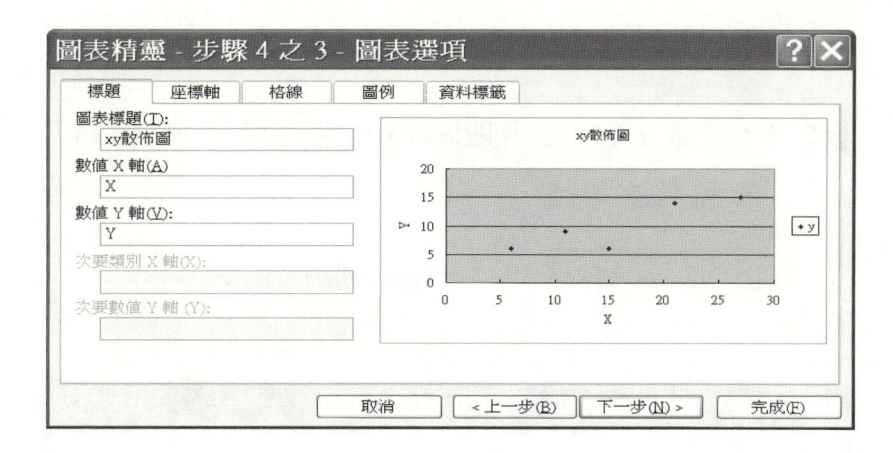

圖 ch3.11

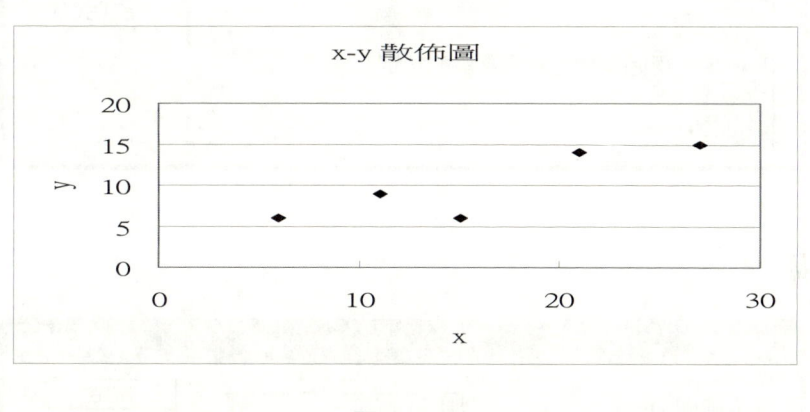

圖 ch3.12

1. 選取圖表精靈中的 XY 散布圖。

2. 圖表資料來源方塊中，設定資料範圍 B2：C6。

3. 圖表選項方塊中，

　　→ 在標題填入抬頭，→ 填入 X 軸與 Y 軸的名稱。

4. 完成存檔。

步驟二： 計算 x 與 y 的相關係數，見圖 ch3.9 和圖 ch3.13~14。

1. 選取工具 → 資料分析 → 相關係數，

圖 ch3.13

圖 ch3.14

2. 方塊中，→ 選取輸入範圍 B1：C6，→ 勾選類別軸標記在第一列。

3. 設定輸出範圍於 E1，完成存檔。

說明：相關係數也可由插入函數的 CORREL 直接計算。

本章習題

1. 一個全州的民意調查欲探討 4 家電視台 ABC, CBS, NBC, PBS 的新聞節目之偏愛觀眾與其政黨黨籍之間的關係。調查結果如下表所示:

	ABC	CBS	NBC	PBS
民主黨	200	200	250	150
共和黨	450	350	500	200
其它小黨	150	400	100	50

(1) 有多少觀眾接受該項民意調查呢？
(2) 為何這是雙變量資料？每一個變數屬何種變數？
(3) 偏愛收看 CBS 的有多少人？
(4) 民調中共和黨人之百分比為何？
(5) 民主黨人中偏愛收看 ABC 之百分比為何？

2. 考慮下面之列聯表，它展示了一項關於中國石油公司顧客付款方式之民意調查的結果:

偏愛之付款方式	去年在中油加油站加油之次數					和
	0-4	5-9	10-14	15-19	20 及以上	
現金	150	100	25	0	0	275
中油卡	50	35	115	80	70	350
銀行信用卡	50	60	65	45	5	225
和	250	195	205	125	75	850

(1) 有多少顧客接受民意調查呢？

(2) 為何這是一份雙變量資料？每一個變數屬何種變數？

(3) 有多少顧客偏好使用中油卡呢？

(4) 去年有多少顧客做了 20 次或更多次的加油呢？

(5) 去年有多少顧客只加油 5 次至 9 次且偏愛使用中油卡付費？

(6) 列聯表中第 2 列第 4 格中的 80 代表意義為何？

3. 一個女人的身高可由其母親的身高來預測嗎？下表展示了一些母女身高數對資料 (單位為英寸)；x 為母親身高，而 y 表女兒身高。

x	63	63	67	65	61	63	61	64	62	63
y	63	65	65	65	64	64	63	62	63	64

x	63	64	64	63	67	61	65	64	65	66	64
y	64	65	65	62	66	62	63	66	66	65	64

(1) 描繪兩個點圖顯示上列兩個資料集。

(2) 由上列並肩顯示的兩個點圖能看出什麼結論嗎？

(3) 針對所有的身高數對描繪一個點圖。

(4) 由 (3) 中之點圖能看出什麼結論呢？請解釋。

4. 考慮下列關於 10 輛不同汽車的資料，其中 x 表重量 (單位：千磅)，而 y 表每加侖汽油之哩數。

x	2.5	3.0	4.0	3.5	2.7	4.5	3.8	2.9	5.0	2.2
y	40	43	30	35	42	19	32	39	15	44

求 (1) S_x^2，(2) S_y^2，(3) S_{xy}，(4) 皮耳森相關係數 r。

5. 某公司希望決定商業廣告的數目是否與其產品銷售量成線性相關。下表為由各個城市所得之資料。

城 市	A	B	C	D	E	F	G	H	I	J
商業廣告數目 (x)	12	6	9	15	11	15	8	16	12	6
銷售量 (y)	7	5	10	14	12	9	6	11	11	8

(1) 描繪一個散布圖。
(2) 計算 r。

6. 下表展示了 7 個會計師的資料，其中 x 表工作滿意度分數，而 y 表辭職傾向度分數。

x	12	24	17	28	24	36	20
y	44	36	25	23	32	17	24

(1) 求 x 與 y 之線性相關係數。
(2) 此相關係數的值似乎告訴我們什麼呢？請解釋。

7. 一家百貨公司的每部收銀機的維修費用被記錄了。下表展示了其中 14 部收銀機的相關資料：

年齡 x (單位：年)	維修費用 y (單位：美元)	年齡 x (年)	維修費用 y (美元)
6	142	2	99
7	231	1	114
1	73	9	191
3	90	3	160
6	176	8	155
4	132	9	231
5	167	8	202

(1) 描繪一個散布圖來顯示上列資料。

(2) 求 x 與 y 之線性相關係數。

8. 下表顯示了 8 個家庭主婦的相關資料，其中 x 表受教育年數，而 y 表家庭年收入 (單位：千美元)：

x	12	13	10	14	11	14	16	16
y	34	45	36	47	43	35	50	42

(1) 求 x 與 y 之線性相關係數。

(2) 此相關係數的值告訴我們什麼呢？請解釋。

9. 台中市衛生局檢驗了 10 項速食品中的卡路里含量 x 與脂肪含量 y，得到資料如下：

卡路里 x	270	420	210	450	130	310	290	450	446	640
脂肪 y	9	20	10	22	6	25	7	20	20	38

(1) 求 x 與 y 之線性相關係數。

(2) 試由此相關係數的值做出適當之結論。

10. 由一篇關於某種錦鯉魚的研究報告，我們得到下列資料表，其中 x 表魚的最接近年紀，而 y 表魚的體長。

x	0	3	2	2	1	3	2	4	1	1
y	25	80	45	40	36	75	50	95	30	15

(1) 描繪一個點圖來顯示這些資料。

(2) 求 x 與 y 之線性相關係數。

(3) 試由此相關係數的值做出適當之結論。

PART 2 機率與隨機變數

第四章	機　率
第五章	離散隨機變數及其機率分配
第六章	連續隨機變數及其機率分配
第七章	簡單隨機抽樣與抽樣分配

在繼續我們的統計學研讀之前,讓我們繞個小彎來研讀一些初等機率論。機率通常被稱為統計的交通工具;也就是說,**機率 (Probability)** 是統計的基礎理論。機率可視為描述當我們自已知母體取出一組樣本時將會發生什麼的一門科學。而統計則被視為取樣並對取樣的未知母體做推論的一門科學。而要做這些統計推論,我們必須研究來自於已知母體的樣本,以便我們將可瞭解機會發生的行為。

　　本書第二部分將介紹機率的基礎理論 (第四章),離散隨機變數的機率分配 (第五章),連續隨機變數的機率分配 (第六章),以及抽樣分配理論 (第七章)。而在這簡短的機率研讀之後,我們將在第三部分研讀推論統計的技巧。

第四章 機 率

4.1 排　列
4.2 組　合
4.3 隨機實驗與樣本空間
4.4 事件之機率
4.5 機率之性質
4.6 機率之法則
4.7 條件機率與獨立性
4.8 貝氏定理
附　錄

4.1 排 列

　　排列 (Permutation) 的意義就是從 n 件事物中，選取 m 件，並排定次序。排列常因問題本質上的不同，而有各種不同的型態。在介紹各種不同型態的排列之前，我們先介紹一個重要的原則，即基本計數原則，也叫做乘法原理。請看下列之定

理與範例。

定理 4.1　乘法原理 (The Principle of Multiplication)

如果做某件事要經 k 個步驟，且
第 1 個步驟有 m_1 種方法可做，
第 2 個步驟有 m_2 種方法可做，
$\vdots$
第 k 個步驟有 m_k 種方法可做，
則完成這件事的方法共有 $m_1 \cdot m_2 \cdots\cdots m_k$ 種。

範例 4.1

甲班有 40 位同學，乙班有 45 位同學，丙班有 50 位同學。若從各班選派一人籌辦文藝展覽會，則共有 $40 \cdot 45 \cdot 50 = 90{,}000$ 種選派法。

瞭解乘法原理之後，接著我們來看各種不同型態的排列法與範例。

定理 4.2　直線排列

由 n 件不同的事物中，任選 m 件 $(m \leq n)$ 的排列總數為
$$P_m^n = n(n-1)\cdots(n-m+1) = \frac{n!}{(n-m)!}。$$

範例 4.2

有六位歌星組成勞軍團，若這六位歌星每日以不同之次序出場一次，則需要

$$P^6_6 = \frac{6!}{0!} = 6! = 720 \text{ 日}$$

才能出現所有可能的出場次序。

定理 4.3　相同事物之直線排列

設有 n 件物品，共有 k 種不同種類，第 1 類有 m_1 個，…，第 k 類有 m_k 個 (此處 $n = m_1 + \cdots + m_k$)，則將此 n 件物品排成一列，共有 $\dfrac{n!}{m_1! \cdots m_k!}$ 種方法，以符號 $\begin{pmatrix} n \\ m_1, \cdots, m_k \end{pmatrix}$ 表示。

範例 4.3

相同的原子筆 3 枝與相同的鉛筆 2 枝分給 5 個小孩。若每人各得 1 枝，則共有分法

$$\frac{5!}{3!2!} = \frac{120}{6 \cdot 2} = 10 \text{ 種}。$$

由 n 個不同的物件中任選出 m 個，可以重複選取，排成一列，叫做 n 中取 m 的重複排列。它也是排列的一種。

定理 4.4　重複排列

n 中取 m 的重複排列總數為 n^m。

範例 4.4

由 5，6，7，8 四個數字所構成的三位數共有 $4^3 = 64$ 個。

以上所講的都是排成一列的情形，現在要介紹的是另一形式的排列。我們將 n 個不同的物件沿著一個圓周而排列，這樣叫做環狀排列。這種排列只考慮這 n 個物件的相關位置，而不計較各物件所在的實際位置；也就是說，如果將所排成的某一環形任意轉動，所得到的結果仍視為同一環狀排列。

定理 4.5　環狀排列

n 個不同物件的環狀排列總數為 $\dfrac{P_n^n}{n} = (n-1)!$。

範例 4.5

七位同學在操場手拉手圍成一個圓圈，共有 $(7-1)! = 6! = 720$ 種不同的排法。

4.2 組　合

從 n 個不同物件中，每次取 m 個不同物件為一組 ($m \leq n$)，同一組內的物件若不計其前後順序，就叫做 n 中取 m 的組合。其中每一組稱為一種**組合** (Combination)，所有組合的總數稱為組合數，以符號 C_m^n 或 $\binom{n}{m}$ 表示。

定理 4.6　組合

自 n 個不同物件中，每次不重複地取 m 個為一組，則其組合數為

$$C_m^n = \frac{P_m^n}{m!} = \frac{n!}{m!(n-m)!} 。$$

範例 4.6

由 9 個運動員中選派 5 人參加比賽，共有 $\dfrac{9!}{5!4!} = 126$ 種選派法。

從 n 種不同的物件中，每次取 m 個為一組，若各組中，每種物件可以重複選取 2 次，3 次，…，或 m 次，則此種

組合稱為 n 中取 m 的重複組合。在重複組合中,每種物件可重複選取,故 m 之數值可大於 n,而 n 中取 m 的重複組合總數常以 H_m^n 表示。

定理 4.7　重複組合

> n 中取 m 的重複組合總數為 $H_m^n = C_m^{n+m-1}$。

範例 4.7

將 10 個相同的球放進 4 個不同的箱子,每箱球數不限,則共有

$$H_{10}^4 = C_{10}^{13} = C_3^{13} = 286$$

種放法。

在 n 中取 m 的重複組合中,如果規定每一類至少要取一次 (此時 $m \geq n$),則組合總數為 $H_{m-n}^n = C_{m-n}^{m-1}$。

範例 4.8

將 10 個相同的球放進 4 個不同的箱子,如果每個箱子至少放一個,則共有

$$H_{10-4}^4 = H_6^4 = C_6^9 = C_3^9 = 84$$

種放法。

組合數 C_k^n 在二項式定理中扮演了係數的角色，又稱為**二項係數**。請看下列之定理與範例。

定理 4.8　二項式定理 (Binomial Theorem)

對於任意正整數 n，我們有下列的二項展開式：

$$(x+y)^n = C_0^n x^n + C_1^n x^{n-1} y + \cdots + C_k^n x^{n-k} y^k + \cdots + C_{n-1}^n xy^{n-1} + C_n^n y^n$$
$$= \sum_{k=0}^{n} C_k^n x^{n-k} y^k$$

範例 4.9

將 $x = y = 1$ 代入二項式定理可得

$$2^n = (1+1)^n$$
$$= C_0^n + C_1^n + \cdots + C_n^n$$

範例 4.10

擲硬幣 10 次，得到 7 次正面與 3 次反面的情形共有

$$C_7^{10} = C_3^{10}$$
$$= \frac{10 \cdot 9 \cdot 8}{3 \cdot 2 \cdot 1}$$
$$= 120 \text{ 種。}$$

4.3 隨機實驗與樣本空間

機率是用來衡量一件事可能發生的程度,而機率所面對的又是一些不確定性的現象,那麼該如何求得一件事可能發生的機率呢?首先讓我們來瞭解機率理論中的一些基本名詞。

定義 4.1 隨機實驗 (Random Experiment)

在不確定的現象上求出一個結果的過程叫做一個隨機實驗;換句話說,一個實驗的可能結果不是唯一的,我們就稱之為一個**隨機實驗**。

定義 4.2 樣本空間 (Sample Space)

一個隨機實驗的所有可能結果所形成之集合稱為這個隨機實驗的樣本空間,通常以 S 表示。

定義 4.3 樣本點與事件 (Sample Point and Event)

樣本空間 S 的每一元素稱為一個**樣本點**或簡稱為**樣本**。S 的任一子集合都叫做一個**事件**。只有一個樣本點的事件稱為**基本事件**。若 E 為 S 的一個子集且隨機實驗的結果屬於 E,則我們稱**事件 E 發生**。S 稱為必然事件,而空集合叫做**不可能事件** (或空事件)。

定義 4.4　聯集事件、交集事件、餘事件與互斥事件

> $A \cup B$ 表示由事件 A 和事件 B 的所有樣本所構成的事件，叫做 A 和 B 的**聯集事件**。$A \cap B$ 表示由事件 A 和事件 B 所共有的樣本所構成的事件，叫做 A 和 B 的**交集事件**。A' 表示不在 A 中的樣本所構成的事件，叫做 A 的**餘事件**。如果 $A \cap B = \phi$，則稱 A、B 二事件互斥或稱 A、B 為**互斥事件**，也就是說事件 A 和事件 B 不可能同時發生。

範例 4.11

擲一粒骰子一次，觀察其出現的點數，則其樣本空間為 $S = \{1, 2, 3, 4, 5, 6\}$。

令 $A = \{1, 3, 5\}$，$B = \{1\}$，$C = \{2, 4, 6\}$ 為三事件，則

$$A \cup B = \{1, 3, 5\} = A，$$

$$A \cup C = S。$$

A 的餘事件為 $A' = \{2, 4, 6\} = C$。

B 的餘事件為 $B' = \{2, 3, 4, 5, 6\}$。

$B' \cap A = \{3, 5\}$，即 B' 和 A 的聯集事件為 $\{3, 5\}$。

A 和 C 為互斥事件，因為 $A \cap C = \phi$。

4.4 事件之機率

機率理論今日已成為數學中重要的一支,且為統計學的基礎。雖然機率的應用已深入自然科學和社會科學各部門,但它初期的發展不太引人注意。到了十八世紀才由法國數學家**拉普拉斯** (Lapalace) 定義出事件 A 發生的機率,請看下列之定義與範例。

定義 4.5　事件發生的機率

> 若一事件 A 有 m 個元素,而樣本空間 S 有 n 個元素,且每個樣本點出現的機會均等,則此事件 A 發生的機率就是 $\dfrac{m}{n}$,寫成
> $$P(A) = \frac{n(A)}{n(S)} = \frac{m}{n},$$
> 其中 $P(A)$ 唸成**事件 A 發生的機率**。

範例 4.12

擲一粒均勻的骰子 (即各點出現的機會均等),則樣本空間為 $S = \{1, 2, 3, 4, 5, 6\}$。令 $B = \{2, 4, 6\}$,則事件 B 發生的機率,即出現偶數點的機率為

$$P(B) = \frac{n(B)}{n(S)} = \frac{3}{6} = \frac{1}{2} = 0.5$$

4.5 機率之性質

由拉普拉斯古典機率的定義可以得到下列機率性質，它是由二十世紀俄國數學家**柯莫果夫** (Komogorov) 所提出的。請看下列之定理與範例。

定理 4.9　機率之性質 (The Properties of Probability)

1. **非負數**：每一個事件發生的機率必在 0 與 1 之間，即 A 為任一事件，則

    $$0 \leq P(A) \leq 1。$$

2. **標準化**：必然發生事件的機率為 1，即

    $$P(S) = 1。$$

3. **可加性**：令 A，B 為互斥事件，則 A，B 之和事件發生的機率，等於各個事件發生之機率的和，即

    $$P(A \cup B) = P(A) + P(B)。$$

由定理 4.9 可推得下列定理。

定理 4.10　虛無事件、餘事件與單調性

1. 虛無事件之機率：$P(\phi) = 0$
2. 餘事件之機率：事件 A 的餘事件 A' 之機率為 $P(A') = 1 - P(A)$。
3. 機率之單調性：若 A，B 為二事件且 $A \subset B$，則 $P(A) \leq P(B)$。

範例 4.13

假設袋中有編號 1 到 10 的整數號碼球 10 個，小明同學從袋中取一球觀察其號碼，則樣本空間 $S = \{1, 2, 3, 4, 5, 6, 7, 8, 9, 10\}$。令 $A = \{3, 6, 9\}$，$B = \{5, 10\}$。則

(1) 小明取到的球號是 3 的倍數之機率為

$$P(A) = \frac{3}{10} = 0.3 \text{。}$$

(2) 小明取到的球號是 5 的倍數之機率為

$$P(B) = \frac{2}{10} = 0.2 \text{。}$$

(3) 小明取到的球號既是 3 的倍數也是 5 的倍數之機率為

$$P(A \cap B) = P(\phi) = 0 \text{。}$$

(4) 小明取到的球號是 3 的倍數或是 5 的倍數之機率為 (A，B 為互斥事件)

$$P(A \cup B) = P(A) + P(B)$$
$$= 0.3 + 0.2 = 0.5$$

4.6 機率之法則

由上節所介紹之機率性質我們可推得下列計算機率之法則。

定理 4.11 互斥事件之和法則

若 $A_1, \cdots, A_n$ 為 n 個互斥事件,即滿足條件 $\forall i \neq j : A_i \cap A_j = \phi$ 的 n 個事件,則

$$P(\bigcup_{k=1}^{n} A_k) = P(A_1) + \cdots + P(A_n)$$
$$= \sum_{k=1}^{n} P(A_k) \text{。}$$

定理 4.12 機率之排容原理

1. 若 A, B 為任意兩事件,則

$$P(A \cup B) = P(A) + P(B) - P(A \cap B) \text{。}$$

2. 若 A, B, C 為任意三事件,則

$$P(A \cup B \cup C) = P(A) + P(B) + P(C)$$
$$- [P(A \cap B) + P(A \cap C) + P(B \cap C)]$$
$$+ P(A \cap B \cap C) \text{。}$$

範例 4.14

若 A, B 為兩個事件且 $P(A) = \dfrac{1}{2}$, $P(B) = \dfrac{1}{3}$, $P(A \cap B) = \dfrac{1}{10}$, 則 A, B 至少有一個發生的機率為

$$P(A \cup B) = P(A) + P(B) - P(A \cap B)$$
$$= \dfrac{1}{2} + \dfrac{1}{3} - \dfrac{1}{10}$$
$$= \dfrac{11}{15}$$

範例 4.15

設有 A_1, A_2, A_3 三個事件，其發生的機率都是 $\dfrac{1}{2}$，任意兩事件同時發生的機率為 $\dfrac{1}{4}$，三事件同時發生的機率為 $\dfrac{1}{16}$。則三個事件中至少有一個發生的機率為

$$P(A_1 \cup A_2 \cup A_3) = P(A_1) + P(A_2) + P(A_3)$$
$$- [P(A_1 \cap A_2) + P(A_1 \cap A_3) + P(A_2 \cap A_3)]$$
$$+ P(A_1 \cap A_2 \cap A_3)$$
$$= \left(\dfrac{1}{2} + \dfrac{1}{2} + \dfrac{1}{2}\right) - \left(\dfrac{1}{4} + \dfrac{1}{4} + \dfrac{1}{4}\right) - \dfrac{1}{16}$$
$$= \dfrac{13}{16}$$

4.7 條件機率與獨立性

一個事件發生的機率常因另一事件的發生與否而有所改變。例如求一事件 A 發生的機率，我們總是以為樣本空間 S 一定會發生，再去求 $P(A)$；換句話說，我們是假設 S 已發生 (因隨機實驗的結果一定在 S 中) 的條件下，去求事件 A 發生的機率，此即條件機率的概念。現在若已知 S 中的某一事件 B 已發生，而要求得事件 A 發生的機率，這種機率稱為事件 A 的條件機率，以符號 $P(A|B)$ 表示。此條件機率表示在獲得實驗結果之部分情報 (已知事件 B 發生) 後，重新估算另一事件發生的機率，請看下列之定義與範例。

定義 4.6 條件機率 (Conditional Probability)

設 A，B 為樣本空間 S 中的任二事件，且設 $P(B) > 0$。在假設事件 B 發生的情況下，事件 A 的條件機率，以 $P(A|B)$ 表示，定義為

$$P(A|B) = \frac{P(A \cap B)}{P(B)}$$

$P(A|B)$ 讀作 "在 B 發生的情況下，A 發生的機率"。

範例 4.16

從一副撲克牌中任抽一張牌,則

(1) 此張牌是紅心的機率為 $\dfrac{13}{52} = \dfrac{1}{4}$。

(2) 若已知此張牌為紅色 (紅心或方塊),則其為紅心的機率為 $\dfrac{13}{26} = \dfrac{1}{2}$。

設 A,B 為任意二事件,若 $P(A) > 0$,$P(B) > 0$,則

$$P(A \cap B) = P(A) \cdot P(B \mid A) = P(B) \cdot P(A \mid B)$$

這個式子叫做**條件機率的乘積法則**。它告訴我們如何利用條件機率求 A 和 B 同時發生的機率。一般而言,我們有如下的結果。

定理 4.13　條件機率之乘積法則

> 設 $A_1, A_2, \cdots, A_n$ 為 n 個事件,若 $P(A_1 \cap A_2 \cap \cdots \cap A_{n-1}) > 0$,則
>
> $$P(A_1 \cap A_2 \cap \cdots \cap A_n) = P(A_1) P(A_2 \mid A_1) P(A_3 \mid A_1 \cap A_2)$$
> $$\cdots P(A_n \mid A_1 \cap A_2 \cap \cdots \cap A_{n-1})。$$

範例 4.17

一個袋中有 5 個白球和 8 個黑球。從袋中連續取出 3 個球,取出之球不再放回袋中。求依序取出白球、黑球、白球

的機率。令

  A 表示第一次取出者為白球的事件，

  B 表示第二次取出者為黑球的事件，

  C 表示第三次取出者為白球的事件。

則所求為 A, B, C 三事件同時發生的機率，即 $P(A \cap B \cap C)$。
而由條件機率之乘積法則得

$$P(A \cap B \cap C) = P(A)P(B|A)P(C|A \cap B)$$
$$= \frac{5}{13} \cdot \frac{8}{12} \cdot \frac{4}{11}$$
$$= \frac{160}{1716}$$

設 A, B 為樣本空間 S 中的任二事件，且設 $P(A) > 0$，$P(B) > 0$。若 $P(A) = P(A|B)$，則稱 A 與 B 無關。也就是說事件 A 的機率不因事件 B 的發生而受到影響。若 $P(A) = P(A|B)$，則

$$P(A) = \frac{P(A \cap B)}{P(B)}$$

所以 $P(A \cap B) = P(A)P(B)$

故 $P(B) = \dfrac{P(A \cap B)}{P(A)}$

亦即 $P(B) = P(B|A)$

因此 B 與 A 無關，所以 A 與 B 無關的充要條件為 B 與 A 無關，而它們共同的條件是 $P(A \cap B) = P(A)P(B)$。又因為當 $P(A) = 0$ 或 $P(B) = 0$ 時，$P(A \cap B) = P(A)P(B)$ 亦成立。所以我有如下之定義。

定義 4.7　獨立事件 (Independent Events)

> 設 A，B 為樣本空間 S 的任二事件。若
> $$P(A \cap B) = P(A)P(B)，$$
> 則稱 A，B 為**獨立事件**；反之，則稱為**相關事件** (Dependent Events)。

範例 4.18

擲一粒公正的骰子，觀察其出現的點數。令 $A = \{1, 3, 5\}$，$B = \{2, 4, 6\}$，$C = \{1, 2\}$。則

$$P(A) = \frac{3}{6} = \frac{1}{2} = P(B)，P(C) = \frac{2}{6} = \frac{1}{2}，$$

$$P(A \cap B) = P(\phi) = 0 \neq \frac{1}{2} \cdot \frac{1}{2} = P(A)P(B)，$$

$$P(A \cap C) = P(\{1\}) = \frac{1}{6} = \frac{1}{2} \cdot \frac{1}{3} = P(A)P(C)。$$

所以 A 和 B 為相關事件，而 A 和 C 為獨立事件。

範例 4.19

以 A, B 分別表示甲,乙兩人活過 10 年以上的事件。設 $P(A) = \frac{1}{4}$, $P(B) = \frac{1}{3}$。若 A, B 為獨立事件,則

(1) 兩人皆活 10 年以上的機率為

$$P(A \cap B) = P(A)P(B) = \frac{1}{4} \cdot \frac{1}{3} = \frac{1}{12} \text{。}$$

(2) 至少有一人活 10 年以上的機率為

$$P(A \cup B) = P(A) + P(B) - P(A \cap B) = \frac{1}{4} + \frac{1}{3} - \frac{1}{12} = \frac{1}{2} \text{。}$$

接著我們介紹三事件 A, B, C 的獨立性。

定義 4.8 三事件互相獨立

我們稱 A, B, C 三事件互相獨立若且唯若下列條件成立:
(1) $P(A \cap B) = P(A)P(B)$
(2) $P(B \cap C) = P(B)P(C)$
(3) $P(C \cap A) = P(C)P(A)$
(4) $P(A \cap B \cap C) = P(A)P(B)P(C)$

範例 4.20

擲一均勻銅板三次,依次觀測出其出現正反面的情形,則樣本空間為

$S = \{HHH, HHT, HTH, THH, HTT, THT, TTH, TTT\}$。

令三事件 A，B，C 如下：

$A = \{HHH, HHT, HTH, THH\}$，
$B = \{THH, THT, TTH, TTT\}$，
$C = \{HHT, HTH, THH, HTT\}$。

則 $P(A) = P(B) = P(C) = \dfrac{1}{2}$ 且

$$P(A \cap B \cap C) = P(\{THH\}) = \dfrac{1}{8}$$
$$= \dfrac{1}{2} \cdot \dfrac{1}{2} \cdot \dfrac{1}{2} = P(A)P(B)P(C)。$$

但是 $A \cap B = \{THH\}$，所以

$$P(A \cap B) = \dfrac{1}{8} \neq \dfrac{1}{2} \cdot \dfrac{1}{2} = P(A)P(B)。$$

因此 A，B，C 為非獨立事件。

直觀而言，若三事件 A，B，C 互相獨立，則其餘事件 A'，B'，C' 亦互相獨立。請看本章附錄之證明。

範例 4.21

三位警員圍捕一嫌犯，他們離該嫌犯各有 100 公尺遠，如果這三位警員的射擊命中率分別是 0.7，0.6，0.5，求三位

警員同時開槍並沒打中該名嫌犯的機率。

令 A,B,C 分別代表三位警員開槍命中嫌犯的事件,則 A,B,C 為三個互相獨立事件,而且 A',B',C' 亦然。故所求機率為

$$P(A' \cap B' \cap C') = P(A')P(B')P(C')$$
$$= (1-0.7)(1-0.6)(1-0.5)$$
$$= 0.3 \times 0.4 \times 0.5$$
$$= 0.06$$

獨立性是機率論中非常重要的性質,也是統計推論中不可或缺的假設條件,在後面的某些章節中,我們將對獨立性做進一步的介紹。

4.8 貝氏定理

利用條件機率的概念可以導出一個重要而有趣的定理,就是貝氏定理,也叫做貝氏公式。而要瞭解貝氏定理就必須先明白分割的意義與總機率法則,請看下列之定義、定理與範例。

定義 4.9　分割 (Partition)

設 $A_1, \cdots, A_n$ 為樣本空間 S 中的任意 n 個事件。

若 $A_1, \cdots, A_n$ 滿足

(1) $\bigcup_{k=1}^{n} A_k = S$

(2) $A_i \cap A_j = \phi$，$i \neq j$，$i, j = 1, \cdots, n$

則稱 $\{A_1, \cdots, A_n\}$ 為樣本空間 S 的一個**分割**。

定理 4.14　總機率法則 (The Rule of Total Probability)

設 $\{A_1, \cdots, A_n\}$ 為樣本空間 S 的一個分割且 B 為任一事件。若 $P(A_i) > 0$，$i = 1, \cdots, n$，則

$$P(B) = \sum_{i=1}^{n} P(B \cap A_i) = \sum_{i=1}^{n} P(A_i) P(B \mid A_i)。$$

範例 4.22

市場上有甲、乙、丙三種廠牌的電視機，其市場佔有率分別為 55%，30%，15%，而甲、乙、丙三種廠牌 32 吋電視機機種分別佔該廠牌比例為 30%，40%，25%。求在市場上，32 吋機種的電視機佔全部電視機的百分比。

令　　$A_1 = \{$甲廠牌電視機$\}$，

　　　$A_2 = \{$乙廠牌電視機$\}$，

A_1={丙廠牌電視機}，

B={32吋電視機}。

則由題意可知 $\{A_1, A_2, A_3\}$ 爲樣本空間 S 的一個分割且

$$P(A_1) = 0.55 \text{，} P(A_2) = 0.30 \text{，} P(A_3) = 0.15 \text{，}$$

$$P(B|A_1) = 0.30 \text{，} P(B|A_2) = 0.40 \text{，} P(B|A_3) = 0.25 \text{。}$$

所以由總機率法則可得所求機率爲

$$\begin{aligned}P(B) &= \sum_{i=1}^{3} P(A_i)P(B|A_i) \\ &= 0.55 \times 0.30 + 0.30 \times 0.40 + 0.15 \times 0.25 \\ &= 0.3225 = 32.25\% \text{。}\end{aligned}$$

⏭

經常，我們需要對某種感興趣的事件估計它發生的機率(稱爲事前機率)，然後經由抽樣、研究報告或產品測試等資料的收集，對此事件獲得某些資訊。由這些新的資訊，我們需要對此事件發生的機率重新估計，此更新後的機率值稱爲事後機率，貝氏定理提供了計算這種事後機率的方法。這種由事前機率與提供的資訊結合算出事後機率的方法是在十八世紀由英國的牧師貝氏所提出，稱爲貝氏定理，它是決策理論的基礎。請看下列之定理與範例。

定理 4.15　貝氏定理 (Bayes Theorem)

設 $\{A_1, \cdots, A_n\}$ 為樣本空間 S 的一個分割，B 為任一事件且 $P(B) > 0$。又設 $P(A_i) > 0$，$i = 1, \cdots, n$。則對於任意 k ($k = 1, \cdots, n$)，

$$P(A_k | B) = \frac{P(A_k)P(B|A_k)}{\sum_{i=1}^{n} P(A_i)P(B|A_i)} 。$$

範例 4.23

如範例 4.22 之已知條件，我們利用貝氏定理可以求得看到某部 32 吋電視機是來自於甲廠牌的機率為

$$\begin{aligned}
P(A_1 | B) &= \frac{P(A_1)P(B|A_1)}{\sum_{i=1}^{3} P(A_i)P(B|A_i)} \\
&= \frac{0.55 \times 0.30}{0.3225} \\
&\fallingdotseq 0.51
\end{aligned}$$

附　錄

定理 4.10 之證明：

1. S 與 ϕ 為互斥事件

    $\Rightarrow 1 = P(S) = P(S \cup \phi) = P(S) + P(\phi) = 1 + P(\phi)$

    且 $0 \leq P(\phi) \leq 1$。

    所以 $P(\phi) = 0$。

2. $S = A \cup A'$ 且 A 與 A' 為互斥事件。

    $\Rightarrow 1 = P(S) = P(A) + P(A') \Rightarrow P(A') = 1 - P(A)$

3. $A \subset B \Rightarrow B = A \cup (B-A)$ 且 A 與 $B-A$ 為互斥事件。

    $\Rightarrow P(B) = P(A) + P(B-A)$ 且 $0 \leq P(B-A) \leq 1$

    $\Rightarrow P(A) \leq P(B)$

互斥事件之和法則，即**定理 4.11** 可依數學歸納法證。其實柯莫果夫所提出的第三個機率性質為：

若 A_1，A_2，A_3，$\cdots$ 為一串互斥事件，則

$$P(\bigcup_{n=1}^{\infty} A_n) = \sum_{n=1}^{\infty} P(A_n)。$$

以上性質稱為**機率**的 σ-**可加性**。

定理 4.12 之證明：

1. $A \cup B = A \cup (A' \cap B)$ 且 A 與 $(A' \cap B)$ 互斥，

   所以 $P(A \cup B) = P(A) + P(A' \cap B)$。

   又 $B = (A \cap B) \cup (A' \cap B')$ 且 $A \cap B$ 與 $A' \cap B$ 互斥，

   所以 $P(A' \cap B) = P(B) - P(A \cap B)$。

   因此 $P(A \cup B) = P(A) + P(B) - P(A \cap B)$。

2. $P(A \cup B \cup C)$

   $= P(A \cup B) + P(C) - P[(A \cup B) \cap C]$

   $= P(A) + P(B) + P(C) - P[(A \cap B) - P[(A \cap C) \cup (B \cap C)]$

   $= P(A) + P(B) + P(C) - P(A \cap B) - [P(A \cap C) + P(B \cap C)$
   $\quad - P(A \cap B \cap C)]$

   $= P(A) + P(B) + P(C) - P(A \cap B) - P(A \cap C) - P(B \cap C)$
   $\quad + P(A \cap B \cap C)$

   條件機率之乘積法則可依數學歸納法得證。

定理 4.16　互相獨立的事件之餘事件的獨立性

1. 若 A 與 B 互相獨立，則 A' 與 B 互相獨立。
2. 若 A、B、C 互相獨立，則 A'、B'、C' 亦互相獨立。

證明：

1. A 與 B 獨立 $\Rightarrow P(A \cap B) = P(A)P(B)$

而 $P(B) = P(A' \cap B) + P(A \cap B)$，所以

$$P(A' \cap B) = P(B) - P(A \cap B) = P(B) - P(A)P(B)$$
$$= (1 - P(A))P(B) = P(A')P(B)。$$

因此 A' 與 B 獨立。同理 A 與 B'，A' 與 B' 亦互相獨立。

2. A，B，C 互相獨立。

$\Rightarrow A$，B，C 兩兩互相獨立且 $P(A \cap B \cap C) = P(A)P(B)P(C)$

$\Rightarrow A'$，B，C 兩兩互相獨立。而且

$P(B \cap C) = P(A \cap B \cap C) + P(A' \cap B \cap C)$，所以

$$P(A' \cap B \cap C) = P(B \cap C) - P(A \cap B \cap C)$$
$$= P(B)P(C) - P(A)P(B)P(C)$$
$$= (1 - P(A))P(B)P(C)$$
$$= P(A')P(B)P(C)$$

$\Rightarrow A'$，B，C 互相獨立。

$\Rightarrow$ 同理 A'，B'，C 互相獨立；A'，B'，C' 互相獨立。

本章習題

1. 用 1，2，3，4 四個數字排成四位數。
   (1) 數字可以重複，有多少不同的四位數？
   (2) 數字不可重複，有多少不同的四位數？
   (3) 數字不可重複，有多少不同的奇四位數？

2. 五對夫婦圍坐一圓桌，求下列各種坐法？
   (1) 任意圍坐。
   (2) 每對夫婦相鄰。
   (3) 男女相隔。

3. 從 1 到 9 的自然數中取出 5 個數，共有幾種取法？

4. 某班 7 位同學去某家冷飲店，那裡有六種飲料供選擇，每人各要一種飲料，試問店員拿出飲料的方法共有幾種？

5. 自一副撲克牌中抽出一張，若每張牌被抽出的機會均等，求抽出黑桃的機率為多少？

6. 投擲一骰子，假設點數出現之機率與該點數成比例。設 A 表示出現偶數的事件，B 表示出現奇數之事件，試求：
   (1) 每一點出現之機率？
   (2) $P(A)$，$P(B)$ 各是多少？

7. 設 A，B 表示二事件且 $P(A \cup B) = \dfrac{3}{4}$，$P(A') = \dfrac{2}{3}$，$P(A \cap B) =$

$\dfrac{1}{4}$，求：(1) $P(A)$，(2) $P(B)$，(3) $P(A-B)$。

8. 設 A 與 B 為獨立事件，且設 $P(A) = \dfrac{1}{2}$，$P(A \cup B) = \dfrac{2}{3}$。求：
   (1) $P(B)$，(2) $P(A \mid B)$，(3) $P(B' \mid A)$。

9. 擲兩粒公平的骰子，求在其點數和為 10 的條件下，第一擲的點數大於第二擲的點數之機率為何？

10. 某校月考，有 40% 的學生數學不及格，30% 的學生英文不及格，20% 的學生數學、英文都不及格。今任選一學生，
    (1) 若他英文不及格，求他數學不及格的機率；
    (2) 若他數學不及格，求他英文不及格的機率；
    (3) 求此學生，英文與數學中至少有一科不及格的機率。

第五章　離散隨機變數及其機率分配

5.1 隨機變數
5.2 離散隨機變數之機率分配
5.3 離散隨機變數之平均數與變異數
5.4 離散均勻隨機變數
5.5 柏努利與二項隨機變數
5.6 卜瓦松隨機變數
5.7 幾何與負二項隨機變數
5.8 超幾何隨機變數
個案分析與 Excel 應用
附　錄

5.1 隨機變數

通常我們會將收集到的屬性樣本資料數據化，以便做進一步的統計分析。所以將樣本映射為適當的實數是重要且有用的一種工具，請看下列之定義與範例。

定義 5.1　隨機變數 (Random Variable)

將一個隨機實驗的樣本空間 S 映射到實數集合 R 的一個函數 X 稱為 S 的一個隨機變數。

範例 5.1

擲一個硬幣，觀察其出現正面 H 或反面 T，樣本空間 $S=\{H,T\}$。定義函數 X 如下：

$$X(H)=1，X(T)=0$$

則 X 就是 S 的一個隨機變數。

範例 5.2

擲一個硬幣 5 次並觀察其正面出現的次數，樣本空間 $S=\{0,1,2,3,4,5\}$。定義函數 X 如下：

$$X(s)=s，s\in S。$$

則 X 為 S 的一個隨機變數。

通常一個隨機實驗的可能結果如果是屬量的，則此種樣本資料本身就是一個隨機變數。

範例 5.3

觀察某家便利商店相鄰兩個顧客到達店裡的時間 X，這種等候顧客的時間 X 就是一個隨機變數。

範例 5.4

台中縣每年的降雨量 X 就是一個隨機變數。

因為隨機實驗的可能結果是隨機的，所以**將隨機的結果映射到實數的函數**就稱為**隨機變數**。而由前面的範例可知隨機變數又可分為離散型與連續型兩種。請看下列之定義。

定義 5.2

具有可數多個函數值的隨機變數 X 稱為**離散隨機變數** (Discrete Random Variable)。

定義 5.3

若隨機變數 X 的函數值為不可數多個，則 X 稱為**連續隨機變數** (Continuous Random Variable)。

範例 5.1，5.2 中的 X 皆為離散隨機變數，而範例 5.3，5.4 中的 X 皆為連續隨機變數。

5.2 離散隨機變數之機率分配

我們知道隨機變數是將隨機實驗的結果數值化，而這個樣本點或基本事件發生的機率其實也應該用 X 來結合表現，如此才能做進一步的統計推論。

令 P 為一個隨機實驗的樣本空間 S 所結合的機率函數，而 X 為定義在 S 上的一個離散隨機變數。我們以 $\{X = x\}$ 表示 S 中會產生隨機變數值 $X = x$ 的事件發生了，所以

$$\{X = x\} = \{s \in S \mid X(s) = x\}。$$

利用 P 和上面符號，我們就可以來定義隨機變數 X 所結合的機率分配。

定義 5.4 離散機率分配 (Discrete Probability Distribution)

令 $S_X = \{x = X(s) \mid s \in S\}$ 表示 X 的值域。

定義 $f(x) = P(\{X = x\})$，$x \in S_X$。

函數 f 稱為 X 的機率分配，機率函數或機率質量函數。

定理 5.1　離散機率分配之性質

(1) $\forall x \in S_X : f(x) \geq 0$。

(2) $\sum_{x \in S_X} f(x) = 1$。

範例 5.5

如範例 5.1 中之假設，且令

$$P(\{H\}) = \frac{1}{2} = P(\{T\})。$$

則

$$f(1) = P(\{X = 1\}) = P(\{H\}) = \frac{1}{2},$$

$$f(0) = P(\{X = 0\}) = P(\{T\}) = \frac{1}{2}。$$

函數 f 就是 X 的機率分配。

範例 5.6

如範例 5.2 中之假設且令硬幣是公正的。則由拉普拉斯古典機率定義，吾人可得

$$P(\{X = x\}) = \frac{C_x^5}{2^5}, \quad x = 0, 1, 2, 3, 4, 5。$$

所以 X 之機率分配可表示如下：

表 5.1　X 之機率分配

$X = x$	0	1	2	3	4	5
$f(x)$	$\dfrac{1}{32}$	$\dfrac{5}{32}$	$\dfrac{10}{32}$	$\dfrac{10}{32}$	$\dfrac{5}{32}$	$\dfrac{1}{32}$

直觀而言，機率分配就是將總機率 1 分配給隨機變數 X 的各個函數值 x 的某種法則，在第 5.4 節到第 5.8 節我們將介紹一些特別的離散機率分配。

5.3 離散隨機變數之平均數與變異數

記得在第 2 章我們計算了許多數值的樣本統計量 (平均數、變異數、標準差與其它) 用來描述經驗的資料集。而機率分配表現了理論母體，也就是樣本的相對部分。我們使用母體參數 (平均數、變異數與標準差) 來描述這些機率分配就好像我們利用樣本統計量來描述樣本一般。

離散隨機變數的平均數與變異數的求法倒有幾分類似我們先前在求次數分配的平均數與變異數。請看下列之定義與範例。

定義 5.5　離散隨機變數之平均數

令 $f(x)$ 是離散隨機變數 X 的機率分配且令 S_X 表示 X 的值域，則 X 的平均數，以 μ 表示，定義為

$$\mu = \sum_{x \in S_X} x f(x) \text{。}$$

若 $S_X = \{x_1, \cdots, x_n\}$，則 $\mu = \sum_{i=1}^{n} x_i f(x_i)$。

若 $S_X = \{x_k \mid k = 1, 2, \cdots\}$，則 $\mu = \sum_{k=1}^{\infty} x_k f(x_k)$。

定義 5.6　離散隨機變數之變異數與標準差

X 之變異數，以 σ^2 表示，定義為

$$\sigma^2 = \sum_{x \in S_X} (x - \mu)^2 f(x)$$

$$= \begin{cases} \sum_{i=1}^{n} (x_i - \mu)^2 f(x_i) \text{，若 } S_X = \{x_1, \cdots, x_n\} \\ \sum_{k=1}^{\infty} (x_k - \mu)^2 f(x_k) \text{，若 } S_X = \{x_k \mid k = 1, 2, \cdots\} \end{cases}$$

而 X 之標準差，以 σ 表示，定義為

$$\sigma = \sqrt{\sigma^2} \text{。}$$

定理 5.2　計算變異數的另一個公式

$$\sigma^2 = \sum_{x \in S_X} x^2 f(x) - \mu^2$$

範例 5.7

令 X 為範例 5.1 中之隨機變數，則 X 之平均數、變異數與標準差分別為

(1) $\mu = \sum_{x=0}^{1} x f(x) = f(1) = \dfrac{1}{2}$

(2) $\sigma^2 = \sum_{x=0}^{1} x^2 f(x) - \mu^2 = \dfrac{1}{2} - \left(\dfrac{1}{2}\right)^2 = \dfrac{1}{4}$

(3) $\sigma = \sqrt{\sigma^2} = \sqrt{\dfrac{1}{4}} = \dfrac{1}{2}$

範例 5.8

令 X 為範例 5.2 中之隨機變數，則由表 5.1 之機率分配我們可以計算得 X 之平均數、變異數與標準差分別為

(1) $\mu = \sum_{x=0}^{5} x f(x)$

$= 1 \cdot \dfrac{5}{32} + 2 \cdot \dfrac{10}{32} + 3 \cdot \dfrac{10}{32} + 4 \cdot \dfrac{5}{32} + 5 \cdot \dfrac{1}{32}$

$= \dfrac{80}{32} = \dfrac{5}{2} = 2.5$

(2) $\sigma^2 = \sum_{x=0}^{5} x^2 f(x) - \mu^2$

$= \left(1 \cdot \dfrac{5}{32} + 4 \cdot \dfrac{10}{32} + 9 \cdot \dfrac{10}{32} + 16 \cdot \dfrac{5}{32} + 25 \cdot \dfrac{1}{32}\right) - 2.5^2$

$$= \frac{30}{4} - \frac{25}{4} = \frac{5}{4} = 1.25$$

(3) $\sigma = \sqrt{\sigma^2} = \sqrt{1.25} \doteqdot 1.118$

5.4 離散均勻隨機變數

離散均勻隨機變數是拉普拉斯古典機率的基本要素，而在近代的抽樣理論與民意調查上也扮演了主要的角色，可以說離散均勻機率分配是應用非常廣泛的一種機率分配。請看下列之定義、定理與範例。

定義 5.7 **離散均勻機率分配** (Discrete Uniform Probability Distribution)

假設隨機變數 X 的值域為一有限集合 $S_X = \{x_1, \cdots, x_n\}$。
令
$$f(x_i) = \frac{1}{n}, \ i = 1, \cdots, n。$$
則函數 f 稱為 X 之均勻機率分配，而 X 稱為一個**離散均勻隨機變數**。

120 統計學

> **定理 5.3** 離散均勻隨機變數之平均數與變異數
>
> 令 X 如定義 5.7 中之隨機變數,則其平均數與變異數分別為
> $$\mu = \frac{1}{n}\sum_{i=1}^{n} x_i = \bar{x}$$
> $$\sigma^2 = \frac{1}{n}\sum_{i=1}^{n}(x_i - \bar{x})^2 = \frac{1}{n}\sum_{i=1}^{n} x_i^2 - \bar{x}^2 \ \text{。}$$

範例 5.9

擲一粒均勻的骰子,令 X 表示其出現的點數,則 $S_X = \{1, 2, 3, 4, 5, 6\}$ 且

$$f(x) = P(\{X = x\}) = \frac{1}{6}, \ x \in S_X \ \text{。}$$

所以 X 為一離散均勻隨機變數具有機率分配 $f(x)$。

利用定理 5.3 之公式計算得 X 之平均數與變異數分別為

$$\mu = \frac{1}{6}\sum_{x=1}^{6} x$$
$$= \frac{21}{6} = \frac{7}{2} = 3.5 \ \text{,}$$
$$\sigma^2 = \frac{1}{6}\sum_{x=1}^{6} x^2 - \left(\frac{7}{2}\right)^2$$
$$= \frac{91}{6} - \frac{49}{4} = \frac{35}{12} \ \text{。}$$

5.5 柏努利與二項隨機變數

本節將介紹柏努利隨機變數與二項隨機變數，它們都是簡單且好用的離散隨機變數。請看下列之定義、定理與範例。

定義 5.8 柏努利機率分配 (Bernoulli Probability Distribution)

假設隨機變數 X 的值域為 $S_X=\{0,1\}$ 且令 p 為介於 0 和 1 之間的一個小數。令

$$f(1) = P(\{x=1\}) = p，$$
$$f(0) = P(\{X=0\}) = 1-p = q。$$

則函數 f 稱為一個**柏努利機率分配**，而 X 稱為一個**柏努利隨機變數具參數** p。

定理 5.4 柏努利隨機變數之平均數與變異數

令 X 為一個柏努利隨機變數具參數 p，則

$$\mu = p，\sigma^2 = pq。$$

範例 5.10

範例 5.1 中之 X 即為一個柏努利隨機變數具參數 $p = \dfrac{1}{2}$。所以 X 之平均數與變異數分別為

$$\mu = \frac{1}{2} \text{,} \quad \sigma^2 = \frac{1}{2} \cdot \frac{1}{2} = \frac{1}{4} \text{。}$$

定義 5.9 二項機率分配 (Binomial Probability Distribution)

假設隨機變數 X 的值域為 $S_X = \{0, 1, \cdots, n\}$，$p$ 為介於 0 與 1 之間的一個小數且 $q = 1 - p$。令

$$f(x) = C_x^n p^x q^{n-x} \text{,} \quad x = 0, 1, \cdots, n \text{。}$$

則函數 f 稱為一個**二項機率分配**，而 X 稱為一個**二項隨機變數具參數 (n, p)**，通常以符號 $X \sim B(n, p)$ 表示。

定理 5.5 二項隨機變數之平均數與變異數

令 $X \sim B(n, p)$，則 X 之平均數與變異數分別為

$$\mu = np \text{,} \quad \sigma^2 = npq \text{。}$$

範例 5.11

範例 5.2 中的隨機變數 X 就是一個二項隨機變數具參

數 $\left(5, \frac{1}{2}\right)$，即 $X \sim B\left(5, \frac{1}{2}\right)$。所以 X 之機率分配為

$$f(x) = C_x^5 \left(\frac{1}{2}\right)^x \left(\frac{1}{2}\right)^{5-x} = \frac{C_x^5}{32}，x = 0, 1, \cdots, 5。$$

而 X 之平均數與變異數分別為

$$\mu = 5 \cdot \frac{1}{2} = \frac{5}{2}，$$

$$\sigma^2 = 5 \cdot \frac{1}{2} \cdot \frac{1}{2} = \frac{5}{4}。$$

5.6 卜瓦松隨機變數

　　機率課程除了建立統計推論的基礎之外，接著可研讀隨機過程。隨機過程是研究解決自然界與日常生活中許多隨機現象問題的一門學問。而卜瓦松隨機過程就是最常用的一種，卜瓦松隨機變數就是由此推算而得的。舉凡像一段時間內某便利商店的顧客人數，某個路口之交通事故件數，某個通訊中心之電話通數，皆可視為卜瓦松隨機變數。請看下列之定義、定理與範例。

定義 5.10　卜瓦松機率分配 (Poisson Probability Distribution)

假設隨機變數 X 的值域為 $S_X = \{0, 1, 2, \cdots\}$ 且 λ 為一個任意固定之正數。令

$$f(x) = \frac{e^{-\lambda}\lambda^x}{x!}, \quad x = 0, 1, 2, \cdots 。$$

則函數 f 稱為一個**卜瓦松機率分配**，而 X 稱為一個**卜瓦松隨機變數**具參數 λ，通常以符號 $X \sim P(\lambda)$ 表示。

定理 5.6　卜瓦松隨機變數之平均數與變異數

令 $X \sim P(\lambda)$，則 X 之平均數與變異數分別為

$$\mu = \lambda, \quad \sigma^2 = \lambda 。$$

範例 5.12

假設國道中山高速公路每天早上的尖峰時間為 7 點到 9 點。已知在此時間內的車禍最多，平均每小時 3 件。令 X 表示每天在此時段內發生之車禍件數，則 X 為一個卜瓦松隨機變數具參數 $\lambda = 3 \cdot 2 = 6$，即 $X \sim P(6)$。所以我們可計算得

$$P(\{X = 0\}) = f(0) = \frac{e^{-6}6^0}{0!} = e^{-6} \doteqdot 0.00247$$

$$P(\{X = 4\}) = f(4) = \frac{e^{-6}6^4}{4!} \doteqdot 0.1338$$

5.7 幾何與負二項隨機變數

我們有時會碰到一些情況，像對統一發票或樂透彩券，擲 筊杯等，常常不中，可能要做好幾次才會中一次。像這種要讓 某事件成功所需要的試驗次數就是一個幾何隨機變數。請看下 列之定義、定理與範例。

定義 5.11 幾何機率分配 (Geometric Probability Distribution)

假設隨機變數 X 的值域為 $S_X = \{1, 2, \cdots\}$，p 為一個小數且 $q = 1-p$。令

$$f(x) = pq^{x-1}, \quad x = 1, 2, \cdots 。$$

則函數 f 稱為一個**幾何機率分配**，而 X 稱為一個幾何**隨機變數 具參數 p**，通常以符號 $X \sim G(p)$ 表示。

定理 5.7 幾何隨機變數之平均數與變異數

令 $X \sim G(p)$，則 X 之平均數與變異數分別為

$$\mu = \frac{1}{p}, \quad \sigma^2 = \frac{q}{p^2} 。$$

範例 5.13

丟擲一顆均勻的骰子，其出現點數 1 的機率為 $\frac{1}{6}$。令 X 代表丟擲此顆骰子直到點數 1 首次出現為止之丟擲次數。則 $X \sim G\left(\frac{1}{6}\right)$，所以 X 之機率分配為

$$f(x) = \frac{1}{6}\left(\frac{5}{6}\right)^{x-1}, \quad x = 1, 2, \cdots 。$$

而 X 之平均數與變異數分別為

$$\mu = \frac{1}{1/6} = 6, \quad \sigma^2 = \frac{5/6}{(1/6)^2} = 30 。$$

所以平均丟擲 6 次可出現點數 1 一次。

另外我們亦可計算丟擲到第三次就出現點數 1 的機率為

$$f(3) = \frac{1}{6}\left(\frac{5}{6}\right)^2 = \frac{25}{216} \doteqdot 0.115 。$$

如果我們中了一次樂透彩券，想要再中一次，這就等於再做一個幾何隨機變數，把這兩個幾何隨機變數相加就等於要中兩次獎所需要的對獎期數 (假設每期買一張樂透彩券)。像這種要讓某事件成功 r 次所需要的試驗次數就是一個所謂的負二項隨機變數。

定義 5.12 負二項機率分配 (Negatine Binomial Probability Distribution)

假設隨機變數 X 的值域為 $S_X = \{r, r+1, \cdots\}$，r 為一個正整數，p 為一個小數且 $q = 1 - p$。令

$$f(x) = C_{r-1}^{x-1} p^r q^{x-r} \,,\, x = r, r+1, \cdots \text{。}$$

則函數 f 稱為**負二項機率分配**，而 X 稱為一個以 (r, p) 為參數的**負二項隨機變數**，通常以符號 $X \sim NB(r, p)$ 表示。

定理 5.8 負二項隨機變數之平均數與變異數

令 $X \sim NB(r, p)$，則 X 之平均數與變異數分別為

$$\mu = \frac{r}{p} \,,\, \sigma^2 = \frac{rq}{p^2} \text{。}$$

範例 5.14

令 X 表示丟擲一顆均勻的骰子直到點數 1 出現 5 次為止所需之丟擲次數，則 X 就是一個負二項隨機變數具參數 $\left(5, \frac{1}{6}\right)$，即 $X \sim NB\left(5, \frac{1}{6}\right)$。所以 X 之機率分配為

$$f(x) = C_4^{x-1} \left(\frac{1}{6}\right)^5 \left(\frac{5}{6}\right)^{x-5} \,,\, x = 5, 6, \cdots \text{。}$$

而 X 之平均數與變異數分別為

$$\mu = \frac{5}{1/6} = 30 \,,\, \sigma^2 = \frac{5 \cdot 5/6}{(1/6)^2} = 150 \text{。}$$

我們亦可計算丟擲 7 次就出現 5 次點數 1 的機率為

$$f(7) = C_4^6 \left(\frac{1}{6}\right)^5 \left(\frac{5}{6}\right)^2 = \frac{125}{93312} \doteq 0.00134。$$

5.8 超幾何隨機變數

從一副撲克牌中不放回地任抽 5 張牌，其中是紅心牌的張數就是一個所謂的超幾何隨機變數。像這種從一堆分成甲、乙兩類的 N 個東西中 (甲有 M 個，乙有 N − M 個)，任意不放回地抽取 n 個東西，其中是甲類東西的個數 X 就是一個超幾何隨機變數。請看下列之定義、定理與範例。

定義 5.13　超幾何機率分配 (Hypergeometric Probability Distribution)

假設 M, N, n 皆為正整數且 n, M < N。

令 $a = \max(0, M+n-N)$，$b = \min(M, n)$。

設隨機變數 X 之值域為 $S_X = \{a, a+1, \cdots, b\}$，令

$$f(x) = \frac{C_x^M \cdot C_{n-x}^{N-M}}{C_n^N}, \quad x = a, a+1, \cdots, b。$$

則函數 f 稱為一個**超幾何機率分配**，而 X 稱為以 **(N, M, n) 為參數的一個超幾何隨機變數**，通常以符號 **X ~ HG(N, M, n)** 表示。

定義 5.9　超幾何隨機變數之平均數與變異數

令 $X \sim HG(N, M, n)$，則 X 之平均數與變異數分別為

$$\mu = n\frac{M}{N}, \quad \sigma^2 = n\frac{M}{N}\left(1 - \frac{M}{N}\right)\frac{N-n}{N-1}。$$

範例 5.15

由一副撲克牌不放回地任抽 5 張牌，令 X 代表其中是紅心牌的張數，則 X 就是以 $(52, 13, 5)$ 為參數的一個超幾何隨機變數，即 $X \sim HG(52, 13, 5)$。所以 X 之機率分配為

$$f(x) = \frac{C_x^{13} C_{5-x}^{39}}{C_5^{52}}, \quad x = 0, 1, 2, 3, 4, 5。$$

而 X 之平均數與變異數分別為

$$\mu = \frac{5 \cdot 13}{52} = \frac{5}{4} = 1.25,$$

$$\sigma^2 = \frac{5 \cdot 13}{52^2 \cdot 51} \cdot 39 \cdot 47 = \frac{235}{272} \doteqdot 0.864。$$

我們可以算得抽出的 5 張牌中恰有 2 張是紅心牌的機率為

$$f(2) = \frac{C_2^{13} \cdot C_3^{39}}{C_5^{52}} = \frac{9139}{33320} \doteqdot 0.274。$$

個案分析與 Excel 應用

ch5a 二項機率分配

設若工學院大學部女性學生佔 20%，今隨機抽樣八位學生，計算樣本學生中有 x 位女生的機率。令隨機變數 X 為樣本學生中女生的人數，則 X 為 $n = 8$，$p = 0.2$ 的二項分配，例如 $f(x) = P(X = 0) = 0.1678$。

步驟：開啟一個新資料集 ch5a，見圖 ch5.1~3。

1. 建立予計算的 x 值於 A 欄，並在 B2 插入函數 f_x。
2. 選取統計函數中的二項分配 BINOMDIST。
3. 設定函數中的各引數，其中累積 Cumulative 為假 (false)。

	A	B
1	x	f(x)
2	0	=BINOMDIST(A2,8,0.2,FALSE)
3	1	=BINOMDIST(A3,8,0.2,FALSE)
4	2	=BINOMDIST(A4,8,0.2,FALSE)
5	3	=BINOMDIST(A5,8,0.2,FALSE)
6	4	=BINOMDIST(A6,8,0.2,FALSE)
7	5	=BINOMDIST(A7,8,0.2,FALSE)
8	6	=BINOMDIST(A8,8,0.2,FALSE)
9	7	=BINOMDIST(A9,8,0.2,FALSE)
10	8	=BINOMDIST(A10,8,0.2,FALSE)

	A	B
1	x	f(x)
2	0	0.1678
3	1	0.3355
4	2	0.2936
5	3	0.1468
6	4	0.0459
7	5	0.0092
8	6	0.0011
9	7	0.0001
10	8	0.0000

圖 ch5.1

第五章 離散隨機變數及其機率分配　131

圖 ch5.2

圖 ch5.3

4. 複製 B2 至 B3：B10，完成存檔。

說明：引數中若更改 Cumulative 設定為眞 (True)，則計算 X 的累積機率 $P(X \leq x)$。

ch5b 其它常用的離散機率分配

類似於二項分配機率值在例 ch5a 的操作過程,其它常用的離散機率分配,見圖 ch5.4。

	A	B	C		D	E
1	機率分配	x	f(x)			
2	卜瓦松	3	=POISSON(B2,2,FALSE)			
3					A	B	C
4	超幾何	3	=HYPGEOMDIST(B4,4,5,8)	1	機率分配	x	f(x)
5				2	卜瓦松	3	0.1804
6	幾何	3	=NEGBINOMDIST(B6,1,0.5)	3			
7	負二項	3	=NEGBINOMDIST(B7,2,0.5)	4	超幾何	3	0.4286
8				5			
9				6	幾何	3	0.0625
				7	負二項	3	0.1250

圖 ch5.4

附錄

定義 5.14 數學期望值 (Mathematical Expectation)

隨機變數 X 的平均數 μ 亦稱為 X 的**數學期望值**,以 $E(X)$ 表示,所以 $\mu = E(X)$。

定義 5.15　動差 (Moment)

> 令 X 為一隨機變數且 n 為一正整數，則隨機變數 X^n 之數學期望值 $E(X^n)$ 稱為 X 的 n 階動差。

所以 X 的變異數 σ^2 亦可表為

$$\sigma^2 = \text{Var}(X) = E(X^2) - [E(X)]^2 \text{。}$$

定理 5.5 之證明：

令 $X \sim B(n, p)$，則

$$\mu = E(X)$$

$$= \sum_{x=0}^{n} x C_x^n p^x q^{n-x}$$

$$= \sum_{x=1}^{n-1} (np) C_{x-1}^{n-1} p^{x-1} q^{(n-1)-(x-1)}$$

$$= np \sum_{y=0}^{n-1} C_y^{n-1} p^y q^{n-1-y}$$

$$= np(p+q)^{n-1}$$

$$= np \cdot 1$$

$$= np$$

$$E(X^2) = \sum_{x=0}^{n} x^2 f(x)$$

$$= \sum_{x=0}^{n} [x(x-1) + x] f(x)$$

$$= \sum_{x=2}^{n} x(x-1)f(x) + \sum_{x=0}^{n} xf(x)$$

$$= \sum_{x=2}^{n} x(x-1)C_x^n p^x q^{n-x} + E(X)$$

$$= n(n-1)p^2 \sum_{x=2}^{n} C_{x-2}^{n-2} p^{x-2} q^{n-x} + np$$

$$= n(n-1)p^2 \sum_{y=0}^{n-2} C_y^{n-2} p^y q^{n-2-y} + np$$

$$= n(n-1)p^2 (p+q)^{n-2} + np$$

$$= n(n-1)p^2 + np$$

$$\sigma^2 = E(X^2) - [E(X)]^2$$
$$= n(n-1)p^2 + np - n^2 p^2 \text{。}$$
$$= npq$$

定理 5.6 之證明：

令 $X \sim P(\lambda)$，則利用公式 $e^t = \sum_{x=0}^{\infty} \dfrac{t^x}{x!}$ 可得

$$\mu = E(X) = \sum_{x=0}^{\infty} x \frac{e^{-\lambda}\lambda^x}{x!} = \sum_{x=1}^{\infty} \frac{\lambda e^{-\lambda}\lambda^{x-1}}{(x-1)!} = \lambda e^{-\lambda} \sum_{y=0}^{\infty} \frac{\lambda^y}{y!} = \lambda e^{-\lambda} e^{\lambda} = \lambda$$

$$E[X(X-1)] = \sum_{x=0}^{\infty} x(x-1) \frac{e^{-\lambda}\lambda^x}{x!} = \lambda^2 e^{-\lambda} \sum_{x=2}^{\infty} \frac{\lambda^{x-2}}{(x-2)!}$$

$$= \lambda^2 e^{-\lambda} \sum_{y=0}^{\infty} \frac{\lambda^y}{y!} = \lambda^2 e^{-\lambda} e^{\lambda} = \lambda^2$$

$$\sigma^2 = E[X(X-1)] + E(X) - [E(X)]^2 = \lambda^2 + \lambda - \lambda^2 = \lambda \text{。}$$

定理 5.7 之證明：

令 $X \sim G(p)$，則利用逐項微分技巧可得

$$\mu = E(X) = \sum_{x=1}^{\infty} xpq^{x-1} = p\sum_{x=1}^{\infty} D_q(q^x) = pD_q\left[\sum_{x=1}^{\infty} q^x\right]$$

$$= pD_q\left(\frac{q}{1-q}\right) = p\left[\frac{1\cdot(1-q)-q(-1)}{(1-q)^2}\right] = p\cdot\frac{1}{p^2} = \frac{1}{p}$$

$$E[X(X-1)] = \sum_{x=1}^{\infty} x(x-1)pq^{x-1} = pq\sum_{x=0}^{\infty} D_q^2[q^x]$$

$$= pqD_q^2\left[\sum_{x=0}^{\infty} q^x\right] = pqD_q^2\left(\frac{1}{1-q}\right)$$

$$= pq\left[\frac{2}{(1-q)^3}\right] = \frac{2q}{p^2}$$

$$\sigma^2 = E[X(X-1)] + E(X) - [E(X)]^2 = \frac{2q}{p^2} + \frac{1}{p} - \frac{1}{p^2} = \frac{q}{p^2} \text{ 。}$$

考慮函數 $h(t) = (1-t)^{-r}$ 之馬克勞林級數展開得

$$(1-t)^{-r} = \sum_{k=0}^{\infty} \binom{r+k-1}{r-1} t^k = \sum_{x=r}^{\infty} \binom{x-1}{r-1} t^{x-r},$$

利用上式吾人可證得定理 5.8。

定理 5.8 之證明：

令 $X \sim NB(r, p)$，則

$$\mu = E(X) = \sum_{x=r}^{\infty} x C_{r-1}^{x-1} p^r q^{x-r} = rp^r \sum_{x=r}^{\infty} C_r^x q^{x-r}$$

$$(\diamondsuit\ y=x+1)=rp^r \sum_{y=r+1}^{\infty} C_{r+1-1}^{y-1} q^{y-(r+1)} = rp^r(1-q)^{-(r+1)}$$

$$= rp^r p^{-(r+1)} = \frac{r}{p},$$

$$E[(X+1)X] = \sum_{x=r}^{\infty}(x+1)x C_{r-1}^{x-1} p^r q^{x-r} = r(r+1)p^r \sum_{x=r}^{\infty} C_{r+1}^{x+1} q^{x-r}$$

$$(\diamondsuit\ y=x+2)=r(r+1)p^r \sum_{y=r+2}^{\infty} C_{r+2-1}^{y-1} q^{y-(r+2)}$$

$$= r(r+1)p^r(1-q)^{-(r+2)} = \frac{r(r+1)}{p^2},$$

$$\sigma^2 = E[X(X+1)] - E(X) - [E(X)]^2 = \frac{r(r+1)}{p^2} - \frac{r}{p} - \frac{r^2}{p^2} = \frac{rq}{p^2} \circ$$

本章習題

1. 決定下列常數 c 使得函數 f 為某一離散隨機變數 X 的機率分配。

   (1) $f(x) = x/c$，$x = 1, 2, 3, 4, 5$。

   (2) $f(x) = c\left(\dfrac{1}{3}\right)^x$，$x = 1, 2, 3, \cdots$。

2. 設隨機變數 X 之機率分配為

   $$f(x) = (5-x)/10 , x = 1, 2, 3, 4。$$

   求 X 之平均數與變異數。

3. 丟擲一個公正的硬幣 6 次，令 X 表示反面出現的次數。求 X 的值域及其機率分配。

4. 令 X 表示由 1 至 100 隨機抽取之自然數，求 X 之機率分配，平均數與變異數。

5. 假設經過一段長時期觀察發現，在一項製程所生產的產品中，平均 20 項產品會有一個不良品，今自生產線上獨立抽出 5 項產品出來檢驗，設 X 表示抽到的不良品數。求 X 之機率分配，平均數與變異數。

6. 隨機獨立地丟擲一顆公正的骰子 36 次，令 X 表示點數 1 出現的次數。求 X 之機率分配，平均數與變異數。

7. 平均進入某大學總機的電話通數是每分鐘 5 通，若其近似卜瓦松分配，且令 X 表示 10 分鐘內到達的通數。求 X 之機率分

配，平均數與變異數。

8. 某大學生物系某位同學檢視一大群果蠅的眼睛顏色，對於個別的果蠅而言，假設其眼睛是白色的機率為 $\frac{1}{5}$，紅色的機率為 $\frac{4}{5}$。令 X 表示觀察到第一隻白眼果蠅為止所執行之檢視次數。求 X 之機率分配，平均數與變異數。

9. 令 X 表示丟擲一顆公正的骰子直到點數 1 出現第 5 次所需要的丟擲次數。求 X 之機率分配，平均數與變異數。

10. 自一副 52 張的撲克牌中不歸還選取 13 張牌。
    (1) 所取出的牌沒有一張是黑桃的機率？
    (2) 所取出的牌恰好有 5 張紅心的機率？
    (3) 所取出的牌至多只有一張 K 的機率？

第六章 連續隨機變數及其機率分配

6.1 連續隨機變數及其機率分配
6.2 連續隨機變數之平均數與變異數
6.3 均勻隨機變數
6.4 常態隨機變數
6.5 指數隨機變數
6.6 卡方分配、t 分配與 F 分配
6.7 二項分配之常態逼近
個案分析與 Excel 應用
附　錄

6.1 連續隨機變數及其機率分配

　　研讀了第五章的內容之後，我們可以瞭解到離散機率分配就是把全部機率 1 分配給隨機變數的可能值，這些可能值是有限多個或是可數的無限多個。然而像前面提過的等候時間這種連續型的隨機變數之可能值是不可數的，此時離散型的機率

分配就不適用了。通常連續隨機變數的值域為一段區間或為數段區間的聯集，我們可以把全部機率 1 視為 1 公克的藥膏而塗抹在連續隨機變數的值域上，而塗抹之厚薄規則就形成了連續隨機變數的機率分配，就像一個線密度函數一般，稱為一個機率密度函數。請看下列之定義、定理與範例。

定義 6.1　連續隨機變數之機率分配

令函數 f 滿足下列三條件：

(1) $\forall x \in (-\infty, \infty)：f(x \geq 0)$

(2) $\int_{-\infty}^{\infty} f(x) dx = 1$

(3) $\forall a \in (-\infty, \infty)：P(\{X \leq a\}) = \int_{-\infty}^{a} f(x) dx$

則函數 f 稱為連續隨機變數 X 的一個機率分配，又稱為 X 的一個**機率密度函數** (Probability Density Function)。

定理 6.1　連續隨機變數之性質

令 X 為具有機率密度函數 f 的一個連續隨機變數，則

(1) $\forall x \in (-\infty, \infty)：P(\{X = a\}) = 0$

(2) $\forall a < b：P(\{a < X < b\}) = P(\{a \leq X < b\})$
$\qquad = P(\{a < X \leq b\}) = P(\{a \leq X \leq b\})$
$\qquad = \int_{a}^{b} f(x) dx$

範例 6.1

令 $$f(x) = \begin{cases} 1, & 0 \le x \le 1 \\ 0, & x < 0, x > 1 \end{cases}$$

則 (1) $\forall x \in (-\infty, \infty)：f(x) \ge 0$

(2) $\int_{-\infty}^{\infty} f(x)\,dx = \int_{0}^{1} 1\,dx = 1$

所以 f 是一個機率密度函數。

若令連續隨機變數 X 的值域為 $[0, 1]$，則 f 就是 X 的一個機率密度函數。因為在 $[0, 1]$ 上的機率密度恆為 1，所以 f 稱為一個**均勻機率密度函數**，而 X 稱為一個**均勻隨機變數** (Uniform Random Variable)。

連續隨機變數的機率分配尚有另一種表現函數，叫做**累積分配函數** (Cumulative Distribution Function)，它在統計推論上特別有用。請看下列之定義、定理與範例。

定義 6.2　連續隨機變數之累積分配函數

令 f 為連續隨機變數 X 之機率密度函數，定義

$$F(x) = \int_{-\infty}^{x} f(t)\,dt，x \in (-\infty, \infty)。$$

則函數 F 稱為 X 之**累積分配函數**，簡稱為**分配函數** (Distribution Function)。

定理 6.2　累積分配函數之性質

令 F 為連續隨機變數 X 之分配函數，則
(1) $\forall x \in (-\infty, \infty)：F'(x) = f(x)$。
(2) $\forall a < b：P(\{a \leq X \leq b\}) = F(b) - F(a)$。

範例 6.2

令 X 為範例 6.1 中之隨機變數且 f 為其機率密度函數。由定義 6.2 可計算得 X 之分配函數 F 為

(1) 當 $x < 0$ 時，$F(x) = 0$；當 $x > 1$ 時，$F(x) = 1$。

(2) 當 $0 \leq x \leq 1$ 時，$F(x) = \int_{-\infty}^{x} f(t)\,dt = \int_{0}^{x} 1\,dt = x$。

所以 $F(x) = \begin{cases} 0, & x < 0, \\ x, & 0 \leq x \leq 1, \\ 1, & x > 1。 \end{cases}$

而 $P(\{-2 \leq X \leq 0.5\}) = F(0.5) - F(-2) = 0.5 - 0 = 0.5$

$P(\{0.3 \leq X \leq 2\}) = F(2) - F(0.3) = 1 - 0.3 = 0.7$

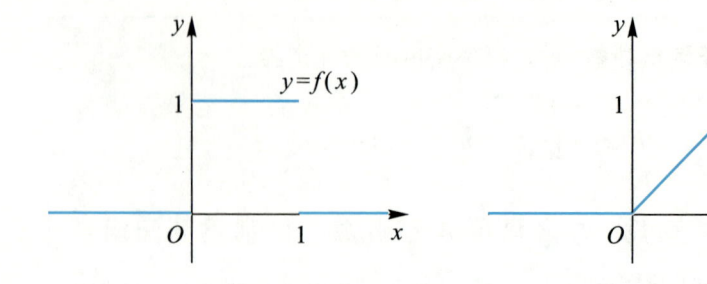

圖 6.1　均勻密度函數圖形

圖 6.2　均勻分配函數圖形

第六章 連續隨機變數及其機率分配 143

上列兩個圖形是亂數隨機變數之密度函數與分配函數的圖形，而下列兩個圖形是一般的均勻隨機變數之密度函數與分配函數的圖形。

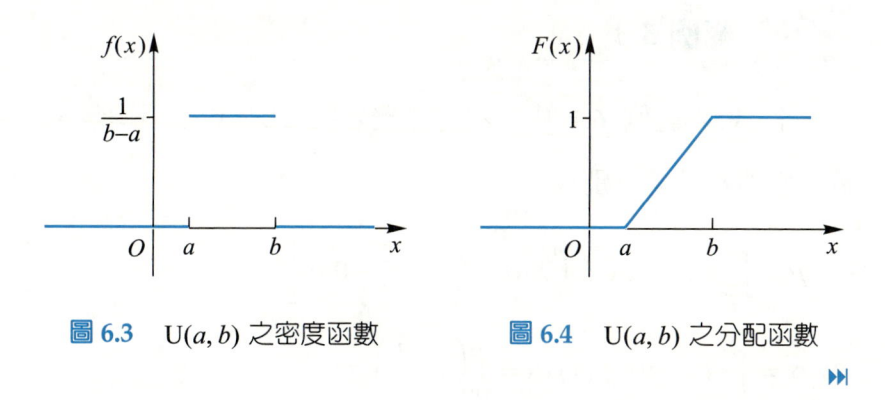

圖 6.3　U(a, b) 之密度函數

圖 6.4　U(a, b) 之分配函數

6.2 連續隨機變數之平均數與變異數

利用機率密度函數我們可以計算得連續隨機變數之平均數與變異數，請看下列之定義與範例。

定義 6.3　連續隨機變數之平均數、變異數與標準差

令 f 是連續隨機變數 X 之機率密度函數，則 X 之平均數、變異數與標準差分別為

(1) $\mu = \int_{-\infty}^{\infty} x f(x)\, dx$。

(2) $\sigma^2 = \int_{-\infty}^{\infty} (x-\mu)^2 f(x) dx$。

(3) $\sigma = \sqrt{\sigma^2}$。

範例 6.3

令 X 為範例 6.1 中之均勻隨機變數，則 X 之平均數、變異數與標準差分別為

(1) $\mu = \int_{-\infty}^{\infty} x f(x) dx = \int_{0}^{1} x dx = \left.\frac{x^2}{2}\right|_{0}^{1} = \frac{1}{2} - 0 = \frac{1}{2}$

(2) $\sigma^2 = \int_{-\infty}^{\infty} (x-\mu)^2 f(x) dx = \int_{0}^{1} \left(x - \frac{1}{2}\right)^2 dx$

$= \int_{0}^{1} \left(x^2 - x + \frac{1}{4}\right) dx = \left.\left(\frac{x^3}{3} - \frac{x^2}{2} + \frac{x}{4}\right)\right|_{0}^{1}$

$= \left(\frac{1}{3} - \frac{1}{2} + \frac{1}{4}\right) - 0 = \frac{1}{12}$

(3) $\sigma = \sqrt{\frac{1}{12}} \doteqdot 0.2886$

定理 6.3　計算變異數的另一個公式

若 f 是連續隨機變數 X 之機率密度函數，則 X 之變異數亦可依下列公式計算：

$$\sigma^2 = \int_{-\infty}^{\infty} x^2 f(x) dx - \mu^2$$，其中 $\mu = \int_{-\infty}^{\infty} x f(x) dx$。

範例 6.4

令連續隨機變數 X 之機率密度函數為

$$f(x) = \begin{cases} 2x, & 0 \leq x \leq 1 \\ 0, & x < 0, x > 1 \end{cases},$$

則 X 之平均數為

$$\mu = \int_{-\infty}^{\infty} x f(x)\,dx = \int_0^1 2x^2\,dx = \left.\frac{2}{3}x^3\right|_0^1 = \frac{2}{3}。$$

而 X 之變異數為

$$\sigma^2 = \int_{-\infty}^{\infty} x^2 f(x)\,dx - \mu^2$$

$$= \int_0^1 2x^3\,dx - \left(\frac{2}{3}\right)^2$$

$$= \left.\frac{1}{2}x^4\right|_0^1 - \frac{4}{9} = \frac{1}{2} - \frac{4}{9} = \frac{1}{18}$$

6.3 均勻隨機變數

假設閉區間 [0, 1] 裡每個小數被選中的機會相同,且令 X 代表隨機選中之小數,則 X 為一連續隨機變數且其機率密度函數即為範例 6.1 中之函數 f,而 X 就是一個所謂的均勻

隨機變數，特別叫做亂數隨機變數。利用亂數隨機變數我們設計了彩券電腦選號程式，以促進彩券之銷售效率及公平性。此外，像飛機飛行時間，顧客排隊買票時間，裝配作業完成時間等都屬於均勻隨機變數。請看下列之定義、定理與範例。

定義 6.4 均勻機率分配 (Uniform Probability Distribution)

令 $a < b$ 且函數 f 為

$$f(x) = \begin{cases} \dfrac{1}{b-a}, & a \leq x \leq b \\ 0, & x < a \text{ 或 } x > b \end{cases}$$

則函數 f 稱為分配在 $[a, b]$ 上的**均勻機率密度函數**。若隨機變數 X 具有機率密度函數 f，則 X 稱為**分配在 [a, b] 上的一個均勻隨機變數**，通常以符號 $X \sim U(a, b)$ 表示，其中 (a, b) 稱為 X 的參數。

定理 6.4 均勻隨機變數之平均數與變異數

上述均勻隨機變數 X 的平均數與變異數分別為

$$\mu = \frac{a+b}{2}, \quad \sigma^2 = \frac{(b-a)^2}{12}。$$

範例 6.5

假設金展電腦公司新進員工裝配好一台電腦所需時間 X 為在 10 天到 20 天分配的一個均勻隨機變數，則 X 之機率密度函數為 (單位為天)

$$f(x) = \begin{cases} \dfrac{1}{10}, & 10 \leq x \leq 20 \\ 0, & x < 10 \text{ 或 } x > 20 \end{cases},$$

而 X 之平均數與變異數分別為

$$\mu = \frac{10+20}{2} = 15 \text{ , } \sigma^2 = \frac{(20-10)^2}{12} = \frac{100}{12} \doteqdot 8.333 \text{ 。}$$

且新進員工學會裝配電腦的時間少於 15 天的機率為

$$P(\{X<15\}) = \int_{10}^{15} \frac{1}{10} dx = \left.\frac{x}{10}\right|_{10}^{15}$$

$$= \frac{15-10}{10} = \frac{5}{10} = \frac{1}{2} \text{ 。}$$

6.4 常態隨機變數

自然界及生活中的許多隨機現象以常態分配的情形最普遍，所以常態機率分配是一個最常用且最重要的機率分配。許

許多多的連續隨機變數，諸如人類某一年齡層的身高、體重與智商，某地區的氣溫，某高中之數學成績等樣本資料之次數分配曲線大都會集中於平均數的附近，其中特別大或特別小的數值不多，而且對稱地分布在平均數的左右兩邊，亦即其次數分配曲線像一個鐘形且其數值絕大部分集中在離平均數 3 個標準差之內。此種隨機變數我們稱為常態隨機變數，其分配稱為常態分配。請看下列之定義、定理、圖形與範例。

定義 6.5　常態分配 (Normal Distribution)

(1) X 稱為一個以 (μ, σ^2) 為參數的常態隨機變數若且唯若 X 之機率密度函數為

$$f(x) = \frac{1}{\sigma\sqrt{2\pi}} \exp\left[\frac{-(x-\mu)^2}{2\sigma^2}\right], \quad x \in (-\infty, \infty) \text{。}$$

通常以符號 $X \sim N(\mu, \sigma^2)$ 表示。$\mu, \sigma \in R$ 且 $\sigma > 0$。

(2) Z 稱為一個**標準常態隨機變數**若且唯若 Z 之機率密度函數為

$$f(z) = \frac{1}{\sqrt{2\pi}} \exp\left[\frac{-z^2}{2}\right], \quad z \in (-\infty, \infty) \text{。}$$

通常以符號 $Z \sim N(0, 1)$ 表示。

下列兩個圖形顯示了**一般常態分配** $N(\mu, \sigma^2)$ 與**標準常態分配** $N(0, 1)$ 之機率密度函數的圖形，就像**鐘形曲線**一般。

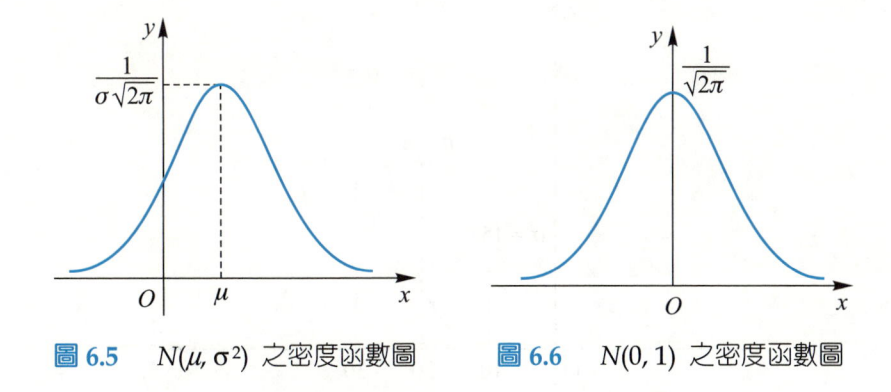

圖 6.5　$N(\mu, \sigma^2)$ 之密度函數圖　　圖 6.6　$N(0, 1)$ 之密度函數圖

定理 6.5　常態隨機變數之平均數、變異數與標準差

若 $X \sim N(\mu, \sigma^2)$，則 X 之平均數、變異數與標準差分別為

$$\mu, \sigma^2, \sigma。$$

定理 6.6　常態隨機變數之線性化與標準化

令 $X \sim N(\mu, \sigma^2)$，則
(1) 若 $a, b \in R$ 且 $a \neq 0$，則 $aX+b \sim N(a\mu+b, a^2\sigma^2)$。
(2) $Z = \dfrac{X - \mu}{\sigma} \sim N(0, 1)$

　　我們由定理 6.5 得知具常態分配 $N(\mu, \sigma^2)$ 的隨機變數 X 之標準差恰為 σ，且 σ 愈大，表示 X 之機率分配得愈散開，這可經由下圖來瞭解。

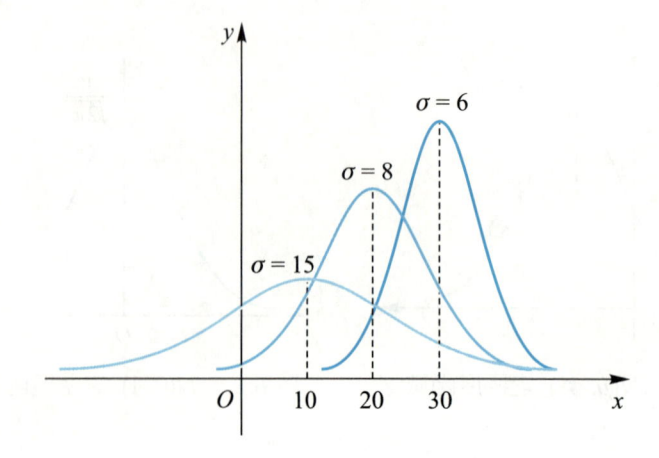

圖 6.7 具不同參數值之 $N(\mu, \sigma^2)$ 的密度函數圖

接著我們來看標準常態隨機變數之分配函數的定義及其性質，在後面研讀統計推論過程中，我們經常引用它來計算及做決策，可見其重要性。

定義 6.6　$N(0, 1)$ 之分配函數及其百分位數

令 $Z \sim N(0, 1)$，則

(1) Z 之分配函數為

$$\Phi(z) = P(\{Z \leq z\}) = \int_{-\infty}^{z} \frac{1}{\sqrt{2\pi}} e^{-t^2/2} dt，z \in \mathbf{R}。$$

(2) z_α 稱為 Z 的第 $100(1-\alpha)$ 個百分位數 (或上 100α 百分位數) 若且唯若

$$P(\{Z \geq z_\alpha\}) = \alpha = 1 - \Phi(z_\alpha)。$$

第六章　連續隨機變數及其機率分配

定理 6.7　$N(0, 1)$ 之分配函數的性質

$$\forall z \in \mathbf{R}：\Phi(-z) = 1 - \Phi(z)$$

定理 6.8　$N(0, 1)$ 之百分位數的性質

$$z_{1-\alpha} = -z_\alpha$$

定義 6.6 可藉由下列兩個圖形來理解。

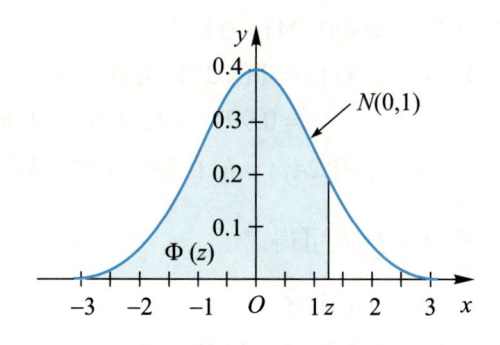

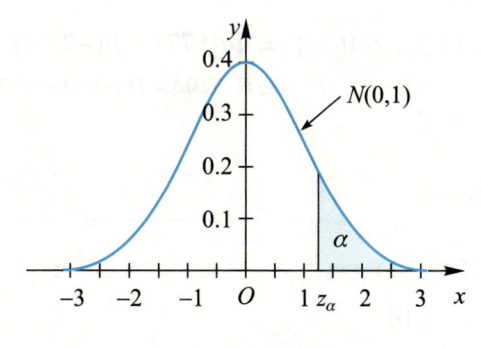

圖 6.8　$\Phi(z)$ 之幾何意義

圖 6.9　z_α 之幾何意義

一般而言，$\Phi(z)$ 的值不容易用手算出；所幸已有統計學家將 $\Phi(z)$ 的值計算出來且製作成表，z_α 的值也是一樣，本書後面所附之統計表中的表 3 與表 4 提供了這樣的資訊，以便讀者引用。

範例 6.6

令 $Z \sim N(0,1)$，則由統計表 3 吾人可得

$$P(\{Z \leq 1.24\}) = \Phi(1.24) = 0.8925，$$
$$P(\{1.24 \leq Z \leq 2.37\}) = \Phi(2.37) - \Phi(1.24)$$
$$= 0.9911 - 0.8925 = 0.0986，$$
$$P(\{-2.37 \leq Z \leq -1.24\}) = P(\{1.24 \leq Z \leq 2.37\}) = 0.0986。$$

而由統計表 4，吾人可得

$$P(\{Z > 1.24\}) = 0.1075，$$
$$P(\{Z \leq -2.14\}) = P(\{Z \geq 2.14\}) = 0.0162。$$

而利用統計表 3 與表 4，吾人可得

$$P(\{-2.14 \leq Z \leq 0.77\}) = \Phi(0.77) - \Phi(-2.14)$$
$$= 0.7794 - 0.0162 = 0.7632。$$

範例 6.7

因為 $P(\{Z \geq z_\alpha\}) = \alpha$，$P(\{Z < z_\alpha\}) = 1 - \alpha$，所以由統計表 3 與表 4，吾人可得

$$z_{0.0125} = 2.24，z_{0.05} = 1.645，z_{0.025} = 1.960。$$

範例 6.8

令 $X \sim N(3, 16)$，則 $\dfrac{X-3}{4} \sim N(0,1)$。所以

$$P(\{4 \leq X \leq 8\}) = P\left(\left\{\dfrac{4-3}{4} \leq \dfrac{X-3}{4} \leq \dfrac{8-3}{4}\right\}\right)$$
$$= \Phi(1.25) - \Phi(0.25)$$
$$= 0.8944 - 0.5987$$
$$= 0.2957$$

$$P(\{-2 \leq X \leq 1\}) = \left(\left\{\dfrac{-2-3}{4} \leq \dfrac{X-3}{4} \leq \dfrac{1-3}{4}\right\}\right)$$
$$= \Phi(-0.5) - \Phi(-1.25)$$
$$= \Phi(1.25) - \Phi(0.5)$$
$$= 0.8944 - 0.6915 = 0.2029$$

$$P(\{0 \leq X \leq 5\}) = P\left(\left\{\dfrac{0-3}{4} \leq \dfrac{X-3}{4} \leq \dfrac{5-3}{4}\right\}\right)$$
$$= \Phi(0.5) - \Phi(-0.75)$$
$$= 0.6915 - 0.2266 = 0.4649$$

6.5 指數隨機變數

便利商店相鄰兩個顧客的等候時間、飛機失事間隔時間，燈泡的壽命等連續隨機變數都是屬於指數隨機變數。指數機率

分配是一個常用的機率分配,它應用在任意兩個連續發生的事件之間隔或等候時間。請看下列之定義、定理、圖形與範例。

定義 6.7　指數機率分配 (Exponential Probability Distribution)

令 λ 為一正數且

$$f(x) = \begin{cases} \lambda e^{-\lambda x}, & x \geq 0, \\ 0, & x < 0 \, \circ \end{cases}$$

函數 f 稱為一個以 λ 為參數的指數機率密度函數。若隨機變數 X 以 f 為機率密度函數,則 X 稱為一個以 λ 為參數的指數隨機變數,通常以符號 $X \sim E(\lambda)$ 表示。

定理 6.9　指數隨機變數之平均數、變異數與分配函數

令 $X \sim E(\lambda)$,則

(1) X 之平均數與變異數分別為 $\mu = \dfrac{1}{\lambda}$ 與 $\sigma^2 = \dfrac{1}{\lambda^2}$。

(2) X 之分配函數為

$$F(x) = \begin{cases} 1 - e^{-\lambda x}, & x \geq 0, \\ 0, & x < 0 \, \circ \end{cases}$$

有關指數機率密度函數與分配函數的圖形,請看下列兩個圖形之展示。

圖 6.10 指數密度函數 f 之圖形

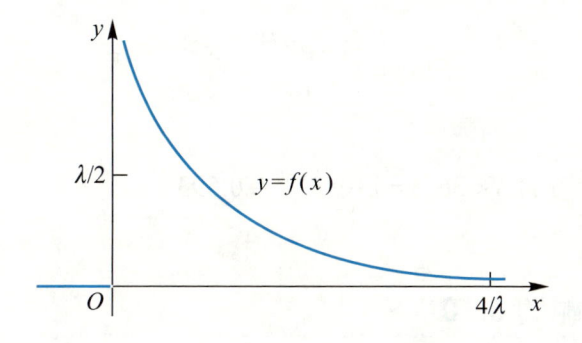

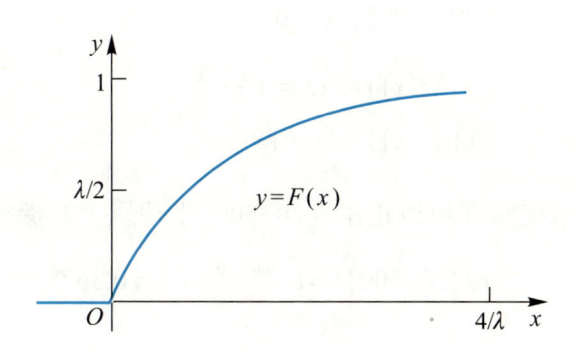

圖 6.11 指數分配函數 F 之圖形

範例 6.9

令指數隨機變數 X 的平均數為 40，則 X 的密度函數為

$$f(x) = \begin{cases} \dfrac{1}{40}e^{-x/40}, & x \geq 0 \\ 0, & x < 0 \end{cases}$$

而 X 之分配函數為

$$F(x) = \begin{cases} 1-e^{-x/40}, & x \geq 0, \\ 0, & x < 0. \end{cases}$$

所以　$P(\{X<36\})=1-e^{-36/40}\fallingdotseq 0.593$

範例 6.10

假設某種電子零件的壽命 X 為一個指數隨機變數且其平均壽命為 500 小時。則當 $x>0$ 時，

$$P(\{X\leq x\})=F(x)=1-e^{-x/500},$$

且 $$P(\{X>x\})=1-F(x)=e^{-x/500}。$$

所以這種零件可以正常運作 500 小時以上的機率為

$$P(\{X>500\})=e^{-500/500}=e^{-1}\fallingdotseq 0.3678。$$

6.6 卡方分配、t 分配與 F 分配

除了前面所介紹的機率分配之外，在本書的第三部分與第四部分所介紹的不同主題之統計推論尚須使用到卡方分配、t 分配與 F 分配。請看下列之定義、定理與圖形。

定義 6.8　伽瑪函數 (Gama Function)

令 $\Gamma(t) = \int_0^\infty y^{t-1}e^{-y}dy$，$t > 0$。函數 Γ 稱為**伽瑪函數**。

定義 6.9　卡方分配 (χ^2 Distribution)

我們說 X 是一個**以正數 r 為自由度的卡方隨機變數**，以符號 $X \sim \chi^2(r)$ 表示，若 X 具有機率密度函數 $f(x)$。(見本章附錄)

定義 6.10　$\chi^2(r)$ 之分配函數與百分位數

(1) $\chi^2(r)$ 之分配函數為

$$F(x) = \begin{cases} \int_0^x f(w)dw, & x \geq 0 \\ 0, & x < 0 \end{cases}$$

(2) $\chi^2_\alpha(r)$ 稱為 $\chi^2(r)$ 的 $100(1-\alpha)$ 百分位數若且唯若

$$P(\{X \geq \chi^2_\alpha(r)\}) = \alpha \text{。}$$

定理 6.10　$\chi^2(r)$ 之平均數與變異數

令 $X \sim \chi^2(r)$，則 X 之平均數與變異數分別為

$$\mu = r, \sigma^2 = 2r \text{。}$$

我們可藉由下列 3 個圖形來瞭解卡方分配。

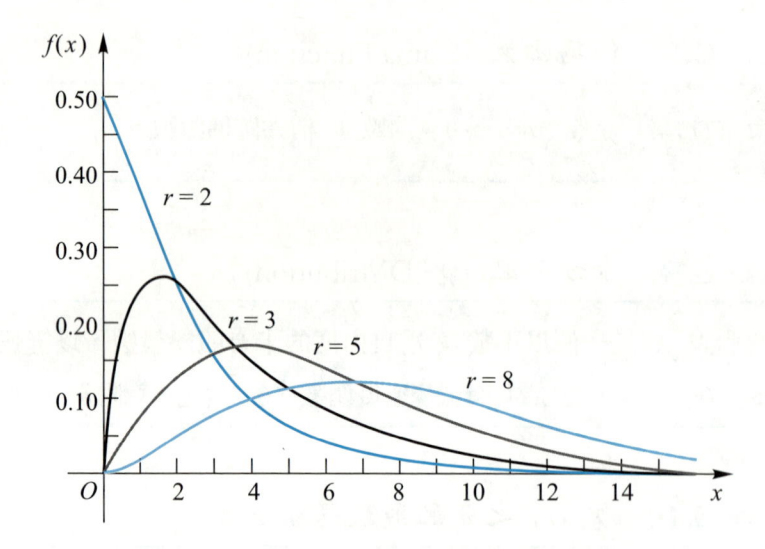

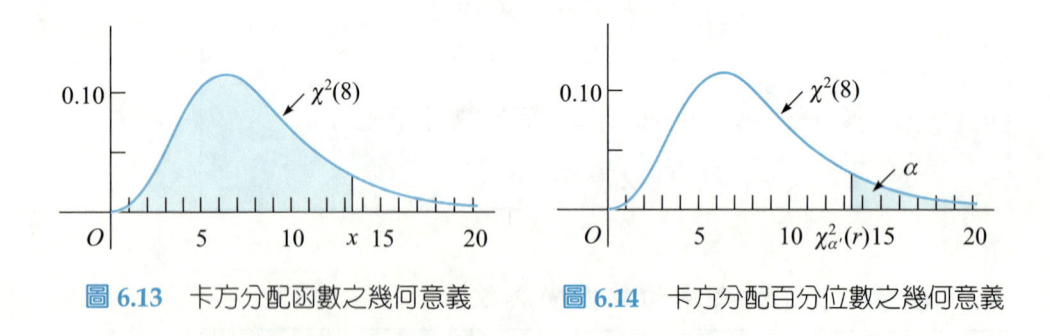

圖 6.12　不同自由度 r 之卡方密度函數圖

圖 6.13　卡方分配函數之幾何意義

圖 6.14　卡方分配百分位數之幾何意義

定義 6.11　t 分配 (t Distribution)

> 我們說隨機變數 T 具有一個以 r 為自由度的 t 分配。若且唯若 T 之機率密度函數為 $g(t)$。(見本章附錄)
> 通常以符號 $T \sim t(r)$ 表示

定義 6.12　t 分配之分配函數與百分位數

(1) 以 r 為自由度的 t 分配之分配函數為
$$G(t) = P(\{T \leq t\}) = \int_{-\infty}^{t} g(w)\,dw,\ -\infty < t < \infty \text{。}$$

(2) $t_\alpha(r)$ 稱為自由度為 r 的 t 分配之 $100(1-\alpha)$ 百分位數。若且唯若
$$P(\{T \geq t_\alpha(r)\}) = \alpha \text{。}$$

定理 6.11　t 分配之平均數與變異數

自由度為 r 的 t 分配之平均數與變異數分別為
$$\mu = 0,\ \sigma^2 = \frac{r}{r-2}\ (\text{當 } r \geq 3 \text{ 時})\text{。}$$

我們可經由下列展示的 3 個圖形來認識 t 分配。

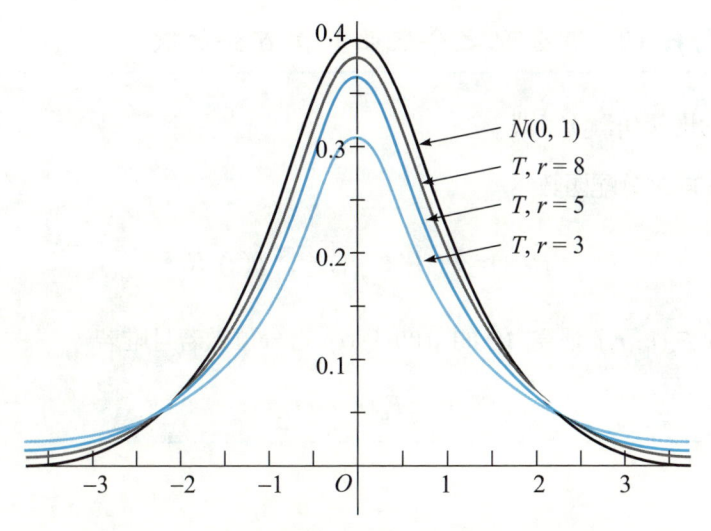

圖 6.15　不同自由度 r 的 t 分配密度函數圖

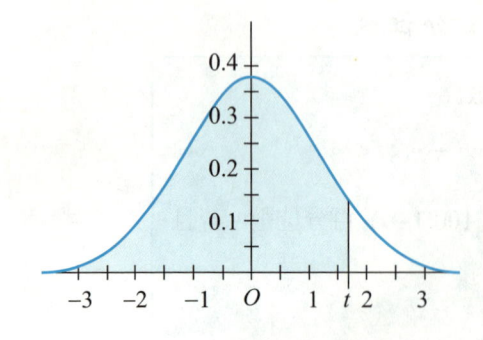

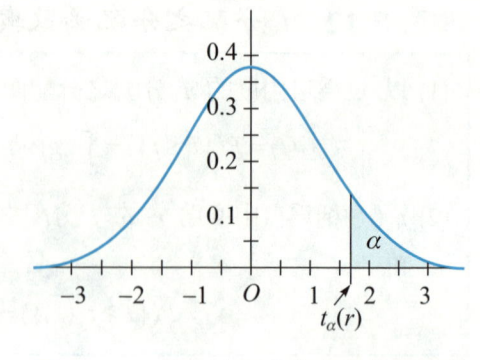

圖 6.16 t 分配之分配函數的幾何意義　　**圖 6.17** t 分配之百分位數的幾何意義

定義 6.13　F 分配 (F Distribution)

令 $r_1, r_2 > 0$。我們說隨機變數 W 具有一個以 r_1, r_2 為自由度的 **F 分配**，若且唯若 W 之機率密度函數為 $h(w)$。(見本章附錄) 通常以符號 $W \sim F(r_1, r_2)$ 表示。

定義 6.14　F 分配之分配函數與百分位數

令 $W \sim F(r_1, r_2)$，則

(1) W 之分配函數為

$$H(w) = P(\{W \leq w\}) = \int_{-\infty}^{w} h(x)\, dx 。$$

(2) $F_\alpha(r_1, r_2)$ 稱為 W 的 $100(1-\alpha)$ 百分位數若且唯若

$$P(\{W \geq F_\alpha(r_1, r_2)\}) = \alpha 。$$

定理 6.12　F 分配之平均數與變異數

若 $W \sim F(r_1, r_2)$，則 W 之平均數與變異數分別為

$$\mu = \frac{r_2}{r_2 - 2} \quad (\text{若 } r_2 > 2),$$

$$\sigma^2 = \frac{2r_2^2(r_1 + r_2 - 2)}{r_1(r_2 - 2)^2(r_2 - 4)} \quad (\text{若 } r_2 > 4)。$$

下列所展示的 3 個圖形可幫助我們瞭解 F 分配

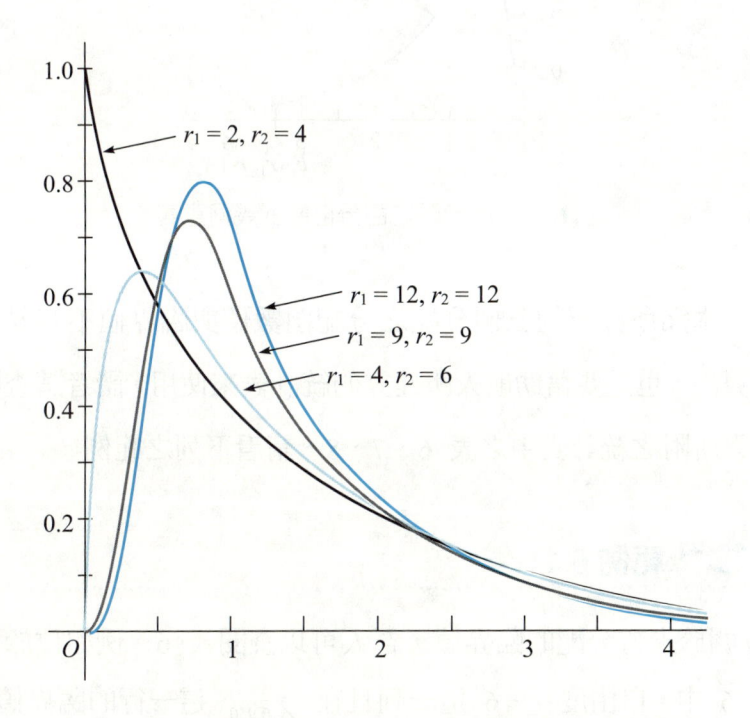

圖 6.18　不同自由度 r_1, r_2 之 F 分配的密度函數圖

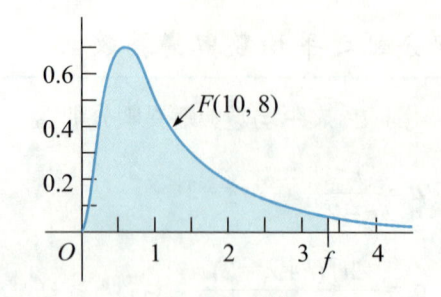

圖 6.19 F 分配之分配函數的幾何意義

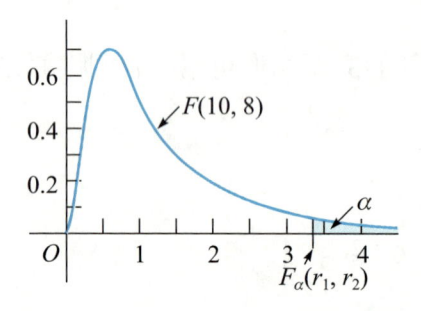

圖 6.20 F 分配之百分位數的幾何意義

本節所介紹的三個分配之分配函數值與臨界值不容易用手算出，也是要藉助前人所建立的統計表來使用，讀者請查閱本書所附之統計表中之表 6、7、8，請看下列之範例。

範例 6.11

(1) 關於卡方分配的臨界值，吾人可以查閱表 6。例如位於表 6 中，自由度 $r=6$ 這一列且在 $\chi^2_{0.950}$ 這一行的臨界值，即為 $\chi^2_{0.950}(6)=1.635380$。又如位在自由度 $r=20$ 這一列

且在 $\chi^2_{0.010}$ 這一行的臨界值即為 $\chi^2_{0.010}(20) = 37.5663$。

(2) 關於 t 分配的臨界值，吾人可以查閱表 7。例如位於表 7 中，自由度 $r = 8$ 這一列且在 $t_{0.05}(r)$ 這一行的臨界值，即為 $t_{0.05}(8) = 1.860$。又如位在自由度 $r = 25$ 這一列且在 $t_{0.01}(r)$ 這一行的臨界值即為 $t_{0.01}(25) = 2.485$。

(3) 關於 F 分配的臨界值，吾人可以查閱表 8。例如位於表 8 中，分子自由度 $r_1 = 6$ 且在分母自由度 $r_2 = 9$，又 $\alpha = 0.05$ 這一列的臨界值即為 $F_{0.05}(6, 9) = 3.37$。又如位在分子自由度 $r_1 = 20$ 這一行且在分母自由度 $r_2 = 5$ 又 $\alpha = 0.01$ 這一列的臨界值即為 $F_{0.01}(20, 5) = 9.55$。

6.7 二項分配之常態逼近

當二項分配 $B(n, p)$ 中的參數 $n > 25$ 時，我們就無法利用本書後面所附的統計表 1 來計算二項機率或其累積分配函數值，而必須依定義計算，這就很浪費時間且容易出錯。所幸，我們對照觀察二項機率與常態機率之密度函數圖形，發現二項分配可用常態分配來逼近；也就是說，二項機率近似於常態機率，如此我們本書後面所附的統計表 3 與表 4 就可解決先前所提之問題。請看下列之定理、圖形與範例。

定理 6.13　二項分配之常態逼近

令 $X \sim B(n, p)$，$np \geq 5$ 且 $n(1-p) \geq 5$。

則 $W = \dfrac{X - np}{\sqrt{np(1-p)}}$ 之分配函數近似於 $N(0, 1)$ 之分配函數。

換句話說，若 $a < b$ 且 $a, b \in S_x = \{0, 1, \cdots, n\}$，則

$$P(\{a \leq X \leq b\}) = P\left(\left\{a - \dfrac{1}{2} \leq X \leq b + \dfrac{1}{2}\right\}\right)$$

$$\approx \Phi\left(\dfrac{b + \dfrac{1}{2} - np}{\sqrt{np(1-p)}}\right) - \Phi\left(\dfrac{a - \dfrac{1}{2} - np}{\sqrt{np(1-p)}}\right) \text{。}$$

我們可以利用下列兩個圖形來理解定理 6.13。

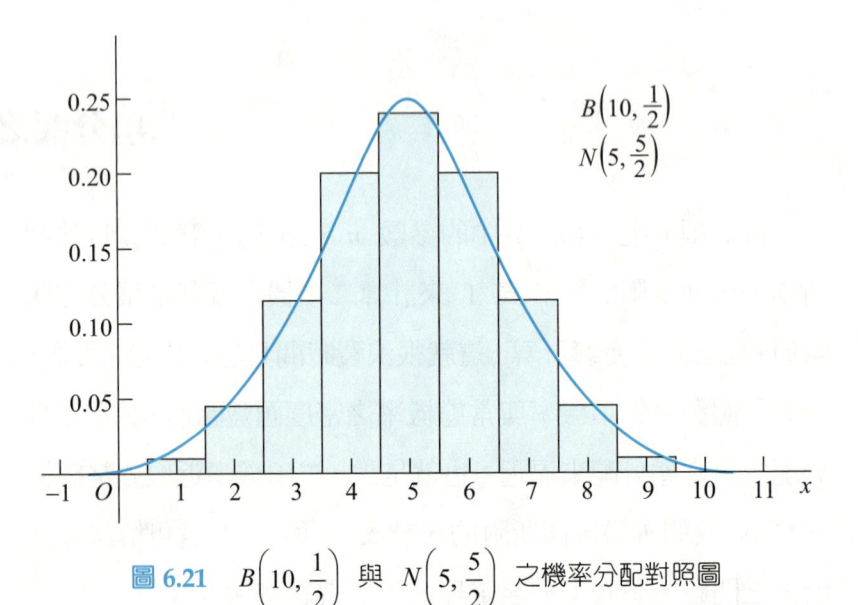

圖 6.21　$B\left(10, \dfrac{1}{2}\right)$ 與 $N\left(5, \dfrac{5}{2}\right)$ 之機率分配對照圖

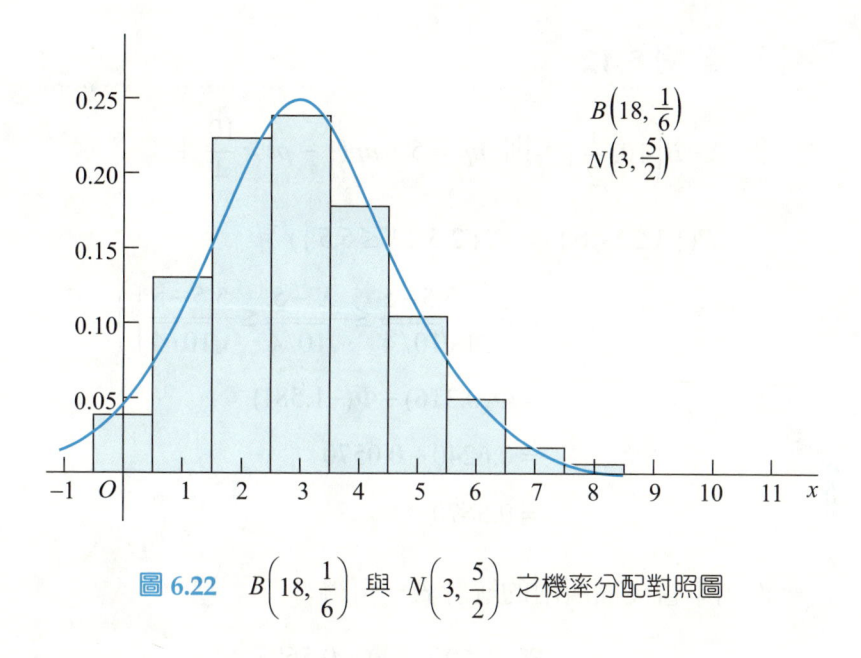

圖 6.22　$B\left(18, \dfrac{1}{6}\right)$ 與 $N\left(3, \dfrac{5}{2}\right)$ 之機率分配對照圖

因為 $B\left(10, \dfrac{1}{2}\right)$ 的 $np = 10 \cdot \dfrac{1}{2} = 5 = n(1-p) \geq 5$，所以由圖 6.21 我們發現利用 $N\left(5, \dfrac{5}{2}\right)$ 之密度函數來逼近 $B\left(10, \dfrac{1}{2}\right)$ 之機率函數是恰當的，逼近過程所引起的誤差不大，在可以容忍的範圍內。但是如果用 $N\left(3, \dfrac{5}{2}\right)$ 之密度函數來逼近 $B\left(18, \dfrac{1}{6}\right)$ 之機率函數就不恰當了，逼近過程會引起較大之誤差，因為 $np = 18 \cdot \dfrac{1}{6} = 3 < 5$ 且 $B\left(18, \dfrac{1}{6}\right)$ 之機率函數是右偏的，而 $N\left(3, \dfrac{5}{2}\right)$ 之密度函數卻是對稱的。

範例 6.12

令 $X \sim B\left(10, \dfrac{1}{2}\right)$，則 $np = 5$，$np(1-p) = \dfrac{10}{4}$ 且

$$P(\{3 \leq X < 6\}) = P(\{2.5 \leq X \leq 5.5\})$$

$$= P\left(\left\{\dfrac{2.5-5}{\sqrt{10/4}} \leq \dfrac{X-5}{\sqrt{10/4}} \leq \dfrac{5.5-5}{\sqrt{10/4}}\right\}\right)$$

$$\approx \Phi(0.316) - \Phi(-1.581)$$

$$= 0.6240 - 0.0570$$

$$= 0.5670 \text{。}$$

而由本書後面所附的統計表一可得

$$P(\{3 \leq X < 6\}) = 0.5683 \text{。}$$

個案分析與 Excel 應用

ch6a 常態分配

標準常態分配的累積機率的計算，例如，求 $\Phi(1.282) = P(Z<1.282) = 0.90$ 可運用統計函數中的 NORMSDIST，或以 NORMSINV 求百分位數。

步驟：開啟一個新資料集 ch6a，見圖 ch6.1。

1. 在 B2 點選插入函數 f_x，選擇統計函數中的標準常態累積機率 NORMSDIST，設定範圍在 A2，可計算得累積機率 0.90。
2. 可在 C2 以 NORMSINV，設定範圍在 B2，求得 90% 的百分位數 1.282。

說明：若需一般性常態分配，可進一步運用 NORMDIST 與 NORMINV 計算。

	A	B	C		A	B	C
1	z	Φ(z)	百分位點	1	z	Φ(z)	百分位點
2	1.282	=NORMSDIST(A2)	=NORMSINV(B2)	2	1.282	0.9001	1.282
3	1.645	=NORMSDIST(A3)	=NORMSINV(B3)	3	1.645	0.9500	1.645
4	1.96	=NORMSDIST(A4)	=NORMSINV(B4)	4	1.960	0.9750	1.96
5	2.326	=NORMSDIST(A5)	=NORMSINV(B5)	5	2.326	0.9900	2.326
6	2.576	=NORMSDIST(A6)	=NORMSINV(B6)	6	2.576	0.9950	2.576
7							

圖 ch6.1

ch6b t、x^2 與 F 分配

各種抽樣分配統計量的機率分配都可由插入函數 f_x 的統計函數中尋找到，本範例介紹所予運用與計算的 t 分配、卡方分配與 F 分配的右尾機率值 $P(X>x)$，或其相對應的右尾臨界值，見圖 ch6.2~3。

168　統計學

	A	B	C	D
1	機率分配	x	右尾機率 P(X > x)	右尾臨界值
2				
3	T 分配	2.262	=TDIST(B3,9,1)	=TINV(2*C3,9)
4				
5	卡方	3.325	=CHIDIST(B5,9)	=CHIINV(C5,9)
6		16.919	=CHIDIST(B6,9)	=CHIINV(C6,9)
7				
8	F 分配	5.41	=FDIST(B8,3,5)	=FINV(C8,3,5)

圖 ch6.2

	A	B	C	D
1	機率分配	x	右尾機率 P(X > x)	右尾臨界值
2				
3	T 分配	2.262	0.0250	2.262
4				
5	卡方	3.325	0.9500	3.325
6		16.919	0.0500	16.919
7				
8	F 分配	5.41	0.0500	5.410

圖 ch6.3

附 錄

定理 6.2 之證明：

1. 由微積分基本定理可得

$$F'(x) = D_x \left[\int_{-\infty}^{x} f(t)\, dt \right] = f(x) \text{。}$$

2. $P(\{a \leq X \leq b\}) = P(\{-\infty < X \leq b\}) - P(\{-\infty < X < a\})$
$\qquad\qquad\qquad = F(b) - F(a)$

定理 6.4 之證明：

令 $X \sim U(a, b)$，則

$$\mu = E(X) = \int_a^b x \left(\frac{1}{b-a} \right) dx = \left. \frac{x^2}{2(b-a)} \right|_a^b = \frac{b^2 - a^2}{2(b-a)} = \frac{a+b}{2},$$

$$E(X^2) = \int_a^b x^2 \left(\frac{1}{b-a} \right) dx = \left. \frac{x^3}{3(b-a)} \right|_a^b = \frac{b^3 - a^3}{3(b-a)} = \frac{1}{3}(a^2 + ab + b^2),$$

$$\sigma^2 = E(X^2) - [E(X)]^2 = \frac{1}{3}(a^2 + ab + b^2) - \frac{1}{4}(a+b)^2$$

$$= \frac{1}{12}[4(a^2 + ab + b^2) - 3(a^2 + 2ab + b^2)]$$

$$= \frac{1}{12}(a-b)^2 = \frac{1}{12}(b-a)^2$$

由雙重積分之極坐標積分可得：

$$\int_{-\infty}^{\infty} e^{-z^2/2} dz = \sqrt{2\pi}$$

因為 $ze^{-z^2/2}$ 為奇函數，所以 $\int_{-\infty}^{\infty} ze^{-z^2/2} dz = 0$。

而由分部積分吾人可得

$$\int_{-\infty}^{\infty} z^2 e^{-z^2/2} dz = -ze^{-z^2/2}\big|_{-\infty}^{\infty} + \int_{-\infty}^{\infty} e^{-z^2/2} dz = 0 + \sqrt{2\pi} = \sqrt{2\pi}$$ 。

所以，若 $Z \sim N(0,1)$，則 $E(Z) = 0$，$\text{Var}(Z) = 1$。

而且若 $X = \sigma Z + \mu$，則

$$E(X) = \sigma E(Z) + \mu = \sigma \cdot 0 + \mu = \mu \text{，}$$

$$\text{Var}(X) = \sigma^2 \text{Var}(Z) = \sigma^2 \cdot 1 = \sigma^2 \text{。}$$

定理 6.7 之證明：

因為 $N(0, 1)$ 之機率密度函數 $f(z) = \dfrac{1}{\sqrt{2\pi}} e^{-z^2/2}$ 為一個偶函數，所以 $\Phi(-z) = \int_{-\infty}^{-z} f(t)dt = \int_{\infty}^{z} -f(t)dt = \int_{z}^{\infty} f(t)dt$

$$= 1 - \int_{-\infty}^{z} f(t) dt = 1 - \Phi(z) \text{。}$$

定理 6.8 之證明：

$$\Phi(z_{1-\alpha}) = P(\{Z \leq z_{1-\alpha}\}) = 1 - P(\{Z \geq z_{1-\alpha}\}) = 1 - (1-\alpha) = \alpha$$
$$= 1 - \Phi(z_\alpha) = \Phi(-z_\alpha)$$

所以 $z_{1-\alpha} = -z_\alpha$。

定理 6.9 之證明：

1. 令 $X \sim E(\lambda)$，則 $\mu = E(X) = \int_0^{\infty} x\lambda e^{-\lambda x} dx$（分部積分）

$$= -xe^{-\lambda x}\big|_0^{\infty} + \int_0^{\infty} e^{-\lambda x} dx = 0 - \dfrac{e^{-\lambda x}}{\lambda}\bigg|_0^{\infty} = \dfrac{1}{\lambda} \text{，}$$

且 $E(X^2) = \int_0^\infty x^2 \lambda e^{-\lambda x} dx$

$\qquad = -x^2 e^{-\lambda x}\big|_0^\infty + \int_0^\infty 2x e^{-\lambda x} dx$ （分部積分）

$\qquad = 0 + \dfrac{2}{\lambda} E(X) = \dfrac{2}{\lambda^2}$ ，

所以 $\operatorname{Var}(X) = \sigma^2 = E(X^2) - [E(x)]^2 = \dfrac{2}{\lambda^2} - \left(\dfrac{1}{\lambda}\right)^2 = \dfrac{1}{\lambda^2}$ 。

2. 若 $x \leq 0$，則 $F(x) = P(\{X \leq x\}) = \int_{\infty}^{x} f(t) dt = \int_{-\infty}^{x} 0 dt = 0$ 。

若 $x > 0$，則 $F(x) = \int_{-\infty}^{x} f(t) dt = \int_0^x \lambda e^{-\lambda t} dt = -e^{-\lambda t}\big|_0^x = 1 - e^{-\lambda x}$ 。

伽瑪函數（定義 6.8）屬於高等微積分研究之範圍，所以請參考高微課本與數理統計課本做深入瞭解。而卡方分配、t 分配與 F 分配之性質也必須在數理統計的課程做進一步證明。

二項分配之常態逼近是中央極限定理的特別情況之一，也是要在數理統計的課程裡面才能見到其理論證明，目前只能透過實例與圖形來瞭解領會。

一個以 r 為自由度的卡方分配之機率密度函數為

$$f(x) = \begin{cases} \dfrac{1}{\Gamma(r/2) 2^{r/2}} x^{\frac{r}{2}-1} e^{-\frac{x}{2}}, & x \geq 0 , \\ 0, & x < 0 \end{cases}$$

一個以 r 為自由度的 t 分配之機率密度函數為

$$g(t) = \frac{\Gamma[(r+1)/2]}{\sqrt{\pi r}\,\Gamma(r/2)(1+t^2/r)^{(r+1)/2}}, \quad -\infty < t < \infty \text{。}$$

一個以 r_1, r_2 為自由度的 F 分配之機率密度函數為

$$h(w) = \begin{cases} \dfrac{\Gamma[(r_1+r_2)/2](r_1/r_2)^{r_1/2}\, w^{r_1/2-1}}{\Gamma(r_1/2)\Gamma(r_2/2)(1+r_1 w/r_2)^{(r_1+r_2)/2}}, & w \geq 0 \text{，} \\ 0, & w < 0 \text{。} \end{cases}$$

本章習題

1. 求下列各常數 c 使得 $f(x)$ 爲一連續型 $p.d.f.$。
   (1) $f(x) = 4x^c$,$0 \leq x \leq 1$。
   (2) $f(x) = c\sqrt{x}$,$0 \leq x \leq 6$。

2. 設隨機變數 X 的 $p.d.f.$ 爲
$$f(x) = \begin{cases} k/x^3, & 1 < x < \infty \\ 0, & x \leq 1 \end{cases}$$

   (1) 求 k 之值使得 f 是一個 $p.d.f.$。
   (2) 求 X 之平均數。
   (3) 證明 X 之變異數不存在。

3. 令 X 之 $p.d.f.$ 爲
$$f(x) = \begin{cases} 1/5, & 5 \leq x \leq 10 \\ 0, & \text{其他} \end{cases}$$

   求 X 之平均數與變異數。

4. 令 X 爲一個具平均數 10 的指數隨機變數,求 X 之 $p.d.f.$ 與分配函數。

5. 打電話進入某大學的交換機是依據每分鐘 5 通的卜瓦松過程,令 X 表示在上午 10 點以後,第一通電話進來所需等待的時間,求
   (1) X 的 $p.d.f.$。
   (2) $P(X > 10)$。

6. 設 $X \sim \chi^2(23)$。求：

   (1) $P(14.85 < X < 32.01)$

   (2) 滿足 $P(a < X < b) = 0.95$ 且 $P(X < a) = 0.025$ 的常數 a 和 b。

   (3) X 的平均數和變異數。

   (4) $\chi^2_{0.05}(23)$ 和 $\chi^2_{0.95}(23)$。

7. 令 $Z \sim N(0, 1)$。求：

   (1) $P(0.53 < Z < 2.06)$

   (2) $P(-0.79 < Z < 1.52)$

   (3) $P(-2.63 < Z < -0.51)$

   (4) $P(|Z| < 1.96)$

   (5) $P(Z < 2.89)$

8. 令 $Z \sim N(0, 1)$，求下列各 c 值。

   (1) $P(Z \geq c) = 0.025$

   (2) $P(|Z| \leq c) = 0.95$

   (3) $P(Z > c) = 0.05$

   (4) $P(|Z| \leq c) = 0.90$

9. 設 X 表在台灣出生的嬰兒之體重 (公克)，且設 X 的分配為 $N(3135, 459^2)$，求：

   (1) $P(2546 \leq X \leq 3723)$；

   (2) $P(2379 \leq X \leq 3890)$；

   (3) $P(2067 \leq X \leq 4202)$；

   (4) 設 Y 表獨立選擇的 20 個出生嬰兒中，重量少於 2546 公克的嬰兒數，求 $P(Y \leq 3)$。

10. 設 X 的分配為 $B(25, 1/2)$，利用統計表一與定理 6.13 求下列各機率值並比較此兩種計算結果。

(1) $P(10 < X \leq 12)$

(2) $P(12 \leq X < 15)$

(3) $P(X = 12)$

第七章 簡單隨機抽樣與抽樣分配

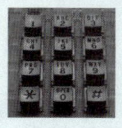

7.1 簡單隨機抽樣

7.2 母體參數與樣本統計量

7.3 中央極限定理及其應用

7.4 大數法則

7.1 簡單隨機抽樣

在第一章裡,我們已經有提過簡單隨機抽樣的概念,它是最常用的抽樣方法。在本節中,我們更進一步來研讀這個重要的抽樣方法。

定義 7.1　簡單隨機抽樣

從一個母體抽取樣本時,若所有可能抽出的樣本被抽出的機會都相同,則稱該種抽樣方法為簡單隨機抽樣。

簡單隨機抽樣又可分為有限母體與無限母體兩種情況，請看下列之定義。

定義 7.2　有限母體的簡單隨機抽樣

假設抽樣母體有 N 個元素，抽取 n 個為樣本。
(1) **不歸還抽樣** (Sampling Without Replacement)
　在不歸還抽樣下，所有可能的有序樣本組數為 P_n^N，若每組樣本被抽出的機率皆為 $1/P_n^N$，則為一個簡單隨機抽樣。若不考慮樣本出現之順序，則所有可能的樣本組數為 C_n^N。若令每組樣本出現的機率都是 $1/C_n^N$，則為一個簡單隨機抽樣。
(2) **歸還抽樣** (Sampling With Replacement)
　在歸還抽樣下，所有可能的樣本組數為 N^n。若每組樣本被抽出的機率為 $1/N^n$，則為簡單隨機抽樣。

定義 7.3　無限母體的簡單隨機抽樣

假設隨機變數 X 的母體 S_X (X 的值域) 為一個無限集合，則滿足下列條件的一組**隨機樣本** (Random Sample) $X_1, \cdots, X_n$ 稱為無限母體的簡單隨機抽樣。
(1) $X_1, \cdots, X_n$ 的機率分配均與 X 的相同。
(2) 若 X 的機率密度函數為 f，則 $X_1, \cdots, X_n$ 的聯合機率密度函數為
$$L(x_1, \cdots, x_n) = P(\{X_1 = x_1, \cdots, X_n = x_n\}) = f(x_1) \cdots f(x_n)。$$
也就是說 $X_1, \cdots, X_n$ 是 n 個互相獨立的隨機變數。而 $(x_1, \cdots, x_n)$ 稱為一組隨機樣本觀察值。

簡單隨機抽樣的實施方式通常有下列三種：

1. **抽籤**

   將共有 N 個元素的母體中每個元素加以編號，再把這些號碼置入大箱中，再以抽籤方式一個接一個逐次抽出。

2. **以亂數表抽樣**

   依照亂數表的號碼來抽取樣本。

3. **利用統計軟體的隨機抽樣**

   當要抽取的樣本數很大時，若依亂數表來抽樣是既費時又費事。此時若利用統計軟體來抽樣是既省時且問題少。例如我們可以利用統計軟體 Excel 的「抽樣」功能及「亂數產生器」來做抽樣。

7.2 母體參數與樣本統計量

我們收集資料，利用抽樣方法由母體得到樣本，然後建立樣本統計量及其機率分配，接著再做統計推論，以便獲知母體參數。請看下列之定義與範例。

定義 7.4　母體參數 (Population Parameter)

> 母體參數為描述母體資料或其分配之特性的統計測量數。

母體平均數、變異數與標準差等都是母體參數。這些參數是常數，但大部分是未知的。例如母體平均數是一個常數，但由於母體之元素無法完全得知，所以母體平均數未知。又如母體之機率分配若為指數分配，但決定指數分配之參數 λ 未知，則 λ 就是我們想要獲知的參數。

定義 7.5　樣本統計量與抽樣分配 (Sample Statistic and Sampling Distribution)

> 令 X 為某一母體之隨機變數且設 $X_1,\cdots,X_n$ 為 X 的一組隨機樣本，則其任一實數函數 $T(X_1,\cdots,X_n)$ 稱為一個樣本統計量，簡稱**統計量**。$T(X_1,\cdots,X_n)$ 是隨機變數，其機率分配稱為**抽樣分配**。

範例 7.1

令 X 具常態分配 $N(\mu,\sigma^2)$ 且參數 μ，σ^2 未知。
假設 $X_1,\cdots,X_n$ 是 X 的一組隨機樣本。
定義

$$\overline{X}_n = \frac{1}{n}\sum_{i=1}^{n} X_i \text{ ，}$$

$$S_n^2 = \frac{1}{n-1}\sum_{i=1}^{n}(X_i - \overline{X}_n)^2。$$

則 $\overline{X}_n$ 與 S_n^2 皆為統計量。**$\overline{X}_n$ 稱為樣本平均數**，可用來估計母體平均數 μ；而 **S_n^2 稱為樣本變異數**，可用來估計母體變異數 σ^2。

一般而言，抽樣方法、樣本數大小與母體分配等決定了統計量的抽樣分配。最常見的抽樣分配有二項分配、常態分配、卡方分配、t 分配與 F 分配。而在探究抽樣分配時，通常我們假設抽樣方法為簡單隨機抽樣，以便導出統計量之抽樣分配，然後進行母體參數的統計推論工作。本書第三部分將介紹如何利用這些抽樣分配來推論母體參數。

7.3 中央極限定理及其應用

我們先來看一個定理。

定理 7.1　常態分配之樣本平均數亦為常態分配

令 $X_1, \cdots, X_n$ 為常態分配 $N(\mu, \sigma^2)$ 的一組隨機樣本，則其樣本平均數 $\overline{X}_n = \frac{1}{n}\sum_{i=1}^{n}X_i$ 亦具常態分配 $N(\mu, \sigma^2/n)$。

上面定理是說常態分配母體之樣本平均數的機率分配亦為常態分配，不管樣本數 n 多小。但是若隨機樣本 $X_1,\cdots,X_n$ 之母體機率分配不是常態的，則其樣本平均數 $\overline{X}_n$ 的機率分配也不會是常態的。然而在正規條件下，$\overline{X}_n$ 的機率分配會近似於常態機率分配。請看下列之定理、圖形與範例。

定理 7.2　中央極限定理 (Central Limit Theorem)

令隨機變數 X 之平均數為 μ 且標準差為 $\sigma > 0$。
令 $X_1,\cdots,X_n$ 為 X 的一組隨機樣本且 $\overline{X}_n = \dfrac{1}{n}\sum_{i=1}^{n} X_i$。
若 $n \geq 30$，則 $\overline{X}_n$ 之機率分配近似於 $N(\mu, \sigma^2/n)$，
亦即 $\dfrac{\overline{X}_n - \mu}{\sigma/\sqrt{n}} = \dfrac{\sqrt{n}(\overline{X}_n - \mu)}{\sigma}$ 之分配近似於 $N(0, 1)$。

一般而言，若母體之機率分配為對稱的密度函數，則樣本數只要大於或等於 10 就可保證中央極限定理表現不錯，例如範例 6.11 中之圖 6.21。

我們可藉由下列圖形來理解中央極限定理。

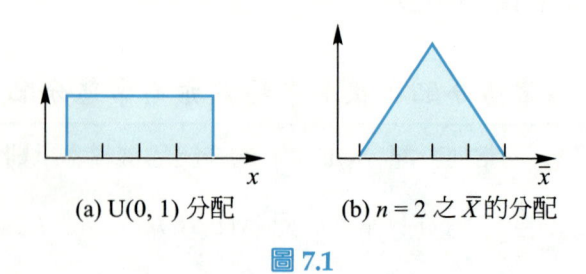

(a) $U(0, 1)$ 分配　　(b) $n = 2$ 之 $\overline{X}$ 的分配

圖 7.1

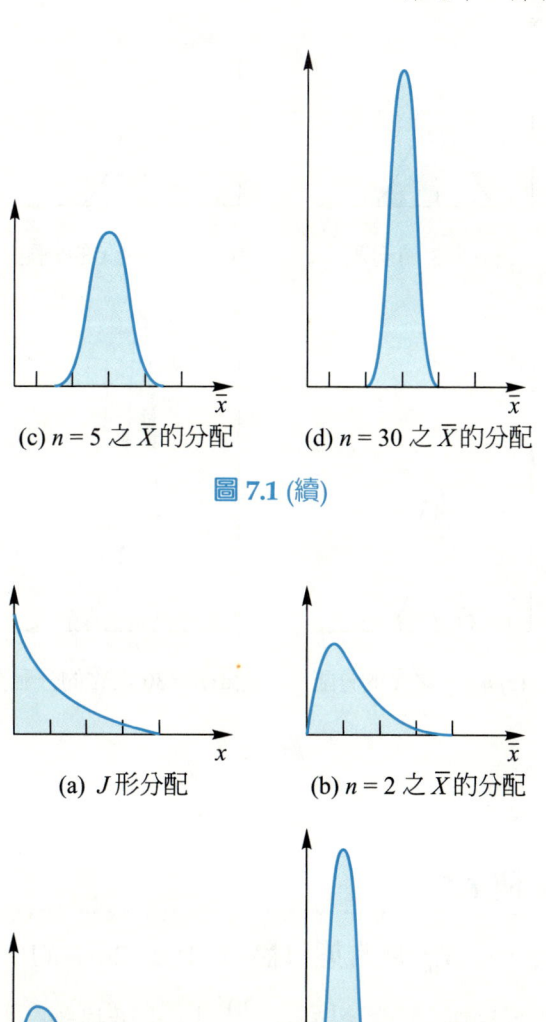

(c) $n = 5$ 之 $\bar{X}$ 的分配　　(d) $n = 30$ 之 $\bar{X}$ 的分配

圖 7.1 (續)

(a) J 形分配　　(b) $n = 2$ 之 $\bar{X}$ 的分配

(c) $n = 5$ 之 $\bar{X}$ 的分配　　(d) $n = 30$ 之 $\bar{X}$ 的分配

圖 7.2

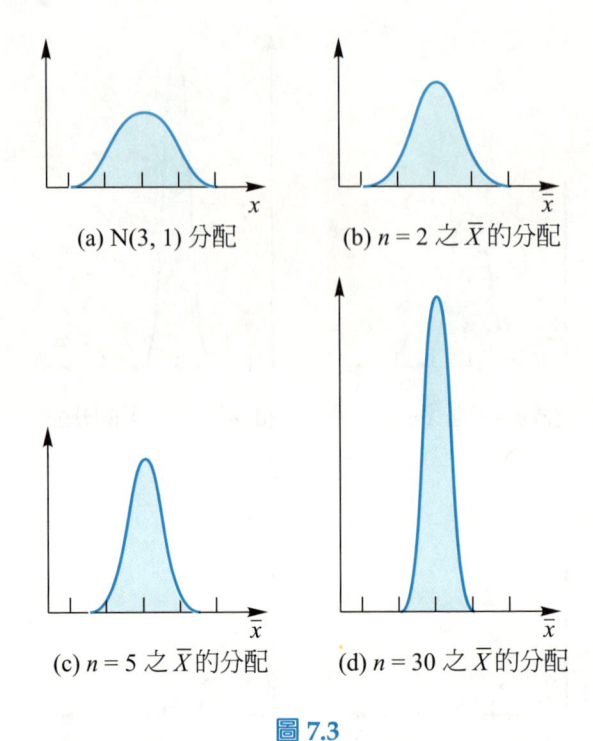

(a) N(3, 1) 分配
(b) $n = 2$ 之 $\bar{X}$ 的分配
(c) $n = 5$ 之 $\bar{X}$ 的分配
(d) $n = 30$ 之 $\bar{X}$ 的分配

圖 7.3

範例 7.2

令 $X_1, \cdots, X_{16}$ 為常態母體 $N(100, 20^2)$ 的一組隨機樣本，則樣本平均數 $\bar{X}_{16} \sim N\left(100, \dfrac{20^2}{16}\right)$，也就是說 $\bar{X}_{16} \sim N(100, 5^2)$。所以由統計表 3，吾人可得

$$P(\{90 \leq \bar{X}_{16} \leq 110\})$$

$$= P\left(\left\{\dfrac{90-100}{5} \leq \dfrac{\bar{X}_{16}-100}{5} \leq \dfrac{110-100}{5}\right\}\right)$$

$$= P(\{-2 \leq Z \leq 2\})(Z \sim N(0,1))$$

$$= \Phi(2) - \Phi(-2)$$
$$= 2\Phi(2) - 1$$
$$= 2(0.9772) - 1$$
$$= 0.9544 \text{。}$$

範例 7.3

令 $X_1, \cdots, X_{20}$ 為均勻分配 $U(0, 1)$ 的一組隨機樣本且令 $Y = X_1 + \cdots + X_{20}$。而 $U(0, 1)$ 之平均數與變異數分別為 $\mu = 1/2$ 與 $\sigma^2 = 1/12$。所以

$$W = \frac{Y - 20(1/2)}{\sqrt{20/12}}$$
$$= \frac{Y - 10}{\sqrt{5/3}}$$

之分配近似於 $N(0, 1)$。我們由統計表 3 可得

$$P(\{8.5 \leq Y \leq 11.7\}) = P\left(\left\{\frac{8.5 - 10}{\sqrt{5/3}} \leq W \leq \frac{11.7 - 10}{\sqrt{5/3}}\right\}\right)$$
$$= P(\{-1.162 \leq W \leq 1.317\})$$
$$\approx \Phi(1.317) - \Phi(-1.162)$$
$$= 0.9061 - 0.1226$$
$$= 0.7835 \text{。}$$

7.4 大數法則

拉普拉斯機率定義事實上是由大數法則的概念而來的。當我們對某一特別事件有興趣時，只要能夠長期重複觀察該事件出現之相對次數，此事件發生的機率即可以此種相對次數來逼近，也就是說相對次數這種長期的平均值會穩定逐漸靠近真正的機率。請看下列之定理、範例與圖形。

定理 7.3　大數法則 (Law of Large Numbers)

> 令 A 表示一個隨機實驗的某個事件，$n(A)$ 表示重複 n 次隨機實驗中，事件 A 出現的次數。則當 n 遞增時，比值 $n(A)/n$ 趨近於事件 A 的理論機率 $P(A)$。

範例 7.4

丟擲一顆公平 (均勻) 的骰子，觀察其出現的點數，令事件 $A = \{1\}$。丟此顆骰子 6 次稱為一個隨機實驗，我們重複做此實驗 20 次並做成記錄，算出事件 A 在每次實驗中的相對次數以及累積的相對次數，請看表 7.1 之結果。由表 7.1 我們發

現當此顆骰子丟擲次數大於 84 以後,相對應的事件 A 的累積相對次數趨近於 1/6,也就是事件 A 的理論機率值。

表 7.1 每次實驗中丟擲一顆骰子 6 次之結果

實驗	點數 1 出現次數	相對次數	累積相對次數
1	1	1/6	1/6＝0.17
2	2	2/6	3/12＝0.25
3	0	0/6	3/18＝0.17
4	1	1/6	4/24＝0.17
5	0	0/6	4/30＝0.13
6	1	1/6	5/36＝0.14
7	2	2/6	7/42＝0.17
8	2	2/6	9/48＝0.19
9	0	0/6	9/54＝0.17
10	0	0/6	9/60＝0.15
11	1	1/6	10/66＝0.15
12	0	0/6	10/72＝0.14
13	2	2/6	12/78＝0.15
14	1	1/6	13/84＝0.15
15	1	1/6	14/90＝0.16
16	3	3/6	17/96＝0.18
17	0	0/6	17/102＝0.17
18	1	1/6	18/108＝0.17
19	0	0/6	18/114＝0.16
20	1	1/6	19/120＝0.16

我們可將表 7.1 的結果表為下列兩個圖形。

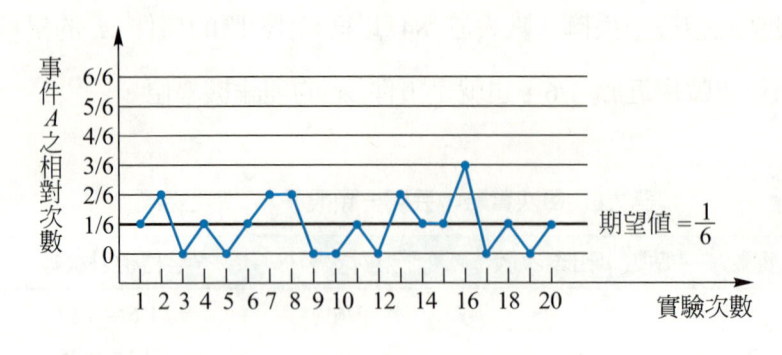

圖 7.4　事件 A 之相對次數圖

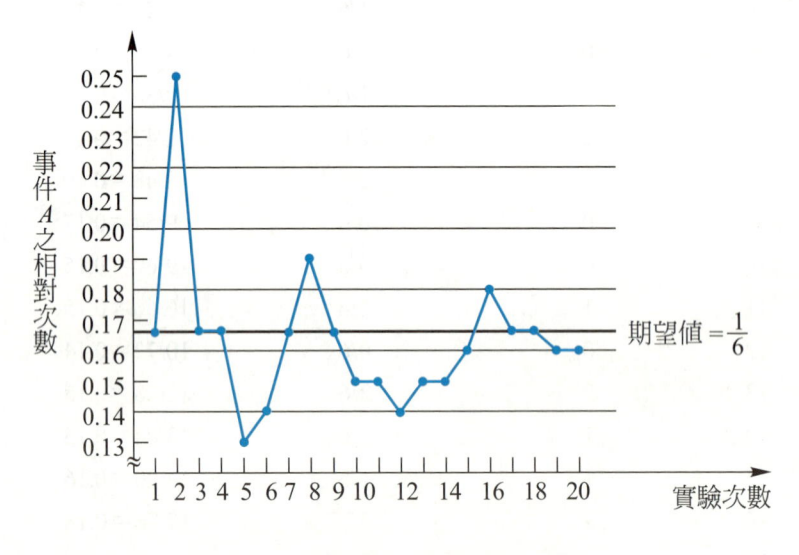

圖 7.5　事件 A 之累積相對次數圖

　　大數法則的應用很廣，特別是在保險業方面。最後我們來看平均數與變異數的大數法則。

定理 7.4　平均數與變異數之大數法則

令 $X_1, \cdots, X_n$ 為母體隨機變數 X 的一組隨機樣本。

令 μ 與 σ^2 分為 X 之平均數與變異數且設

$$\overline{X}_n = \frac{1}{n}\sum_{i=1}^{n} X_i \text{ , } S_n^2 = \frac{1}{n-1}\sum_{i=1}^{n}(X_i - \overline{X}_n)^2 \text{ 。}$$

則 (1) 當 $n \to \infty$，$\overline{X}_n$ 必然趨近於 μ。
　　(2) 當 $n \to \infty$，S_n^2 必然趨近於 σ^2。

　　本章所介紹的四個定理在數理統計的課程裡有詳盡的說明與理論證明，在基本統計的課程裡只適合藉由實例與圖形來理解。

本章習題

1. 設 X_1, X_2, X_3 表由幾何分配

$$f(x) = \left(\frac{3}{4}\right)\left(\frac{1}{4}\right)^{x-1}, \ x = 1, 2, 3\cdots$$

抽出的一組隨機樣本,即 X_1, X_2 和 X_3 互相獨立且都服從幾何分配 f。

(1) 計算 $P(X_1 = 1, X_2 = 2, X_3 = 1)$。

(2) 求 $P(X_1 + X_2 + X_3 = 4)$。

(3) 如果 Y 為 X_1, X_2, X_3 中的最大值,求

$$P(Y \leq 2) = P(X_1 \leq 2)P(X_2 \leq 2)P(X_3 \leq 2)。$$

2. 設 X_1 和 X_2 係由 p.d.f 為 $f(x) = x/6$, $x = 1, 2, 3$ 的一個分配所抽出的一組隨機樣本,試求 $Y = X_1 + X_2$ 的 p.d.f.,平均數與變異數。

3. 設 X_1 和 X_2 係由 p.d.f. 為 $f(x) = 6x(1-x)$, $0 < x < 1$ 的一個分配所抽出的一組隨機樣本,試求 $Y = X_1 + X_2$ 的平均數和變異數。

4. 設 $X_1, \cdots, X_{16}$ 係由常態分配 $N(77, 25)$ 所抽出的一組隨機樣本,試求

(1) $P(77 < \overline{X}_{16} < 79.5)$

(2) $P(74.2 < \overline{X}_{16} < 78.4)$

5. 令 $\overline{X}_{25}$ 表由 p.d.f. 為 $f(x) = x^3/4$，$0 < x < 2$ 的分配中所抽出的一組樣本數為 25 的隨機樣本之平均數，求 $P(1.5 \leq \overline{X}_{25} \leq 1.65)$ 的近似值。

6. 設 $\overline{X}_{12}$ 係由在區間 $(0, 1)$ 上的均勻分配中所抽出之一組樣本數為 12 的隨機樣本之平均數。試求 $P(1/2 < \overline{X}_{12} < 2/3)$ 的近似值。

7. 設 $\overline{X}_{36}$ 係由平均數為 3 的指數分配中所抽出之一組樣本數為 36 的隨機樣本之平均數。試求 $P(2.5 \leq \overline{X}_{36} \leq 4)$ 的近似值。

8. 令 X 表由蓋格計數器計算在 30 秒內 α 粒子的數目。假設 X 的分配為平均數 4829 之卜瓦松分配，求 $P(4776 \leq X \leq 4857)$。

9. 設 $X_1, \cdots, X_{36}$ 係由 p.d.f. 為

$$f(x) = (1/4)^{x-1}(3/4)，x = 1, 2, 3 \cdots$$

的幾何分配中所抽出的一組樣本數為 36 的隨機樣本，試求下列各機率的近似值。

(1) $P\left(46 \leq \sum_{i=1}^{36} X_i \leq 49\right)$

(2) $P(1.25 \leq \overline{X}_{36} \leq 1.50)$

10. 設 X 之分配為 $B(100, 0.1)$，求 $P(12 \leq X \leq 14)$ 的近似值，利用
   (1) 常態近似值。
   (2) 卜瓦松近似值。
   (3) 二項 p.d.f.。

PART 3 基本統計之推論方法

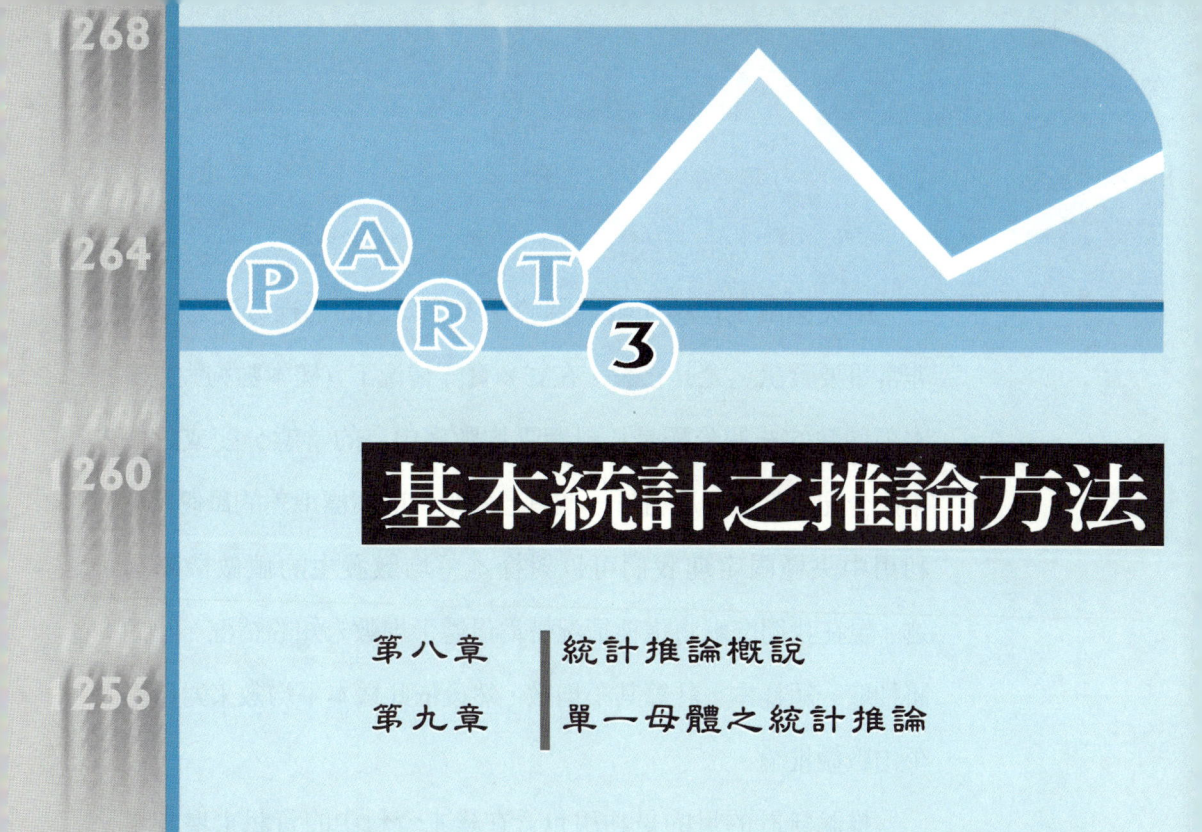

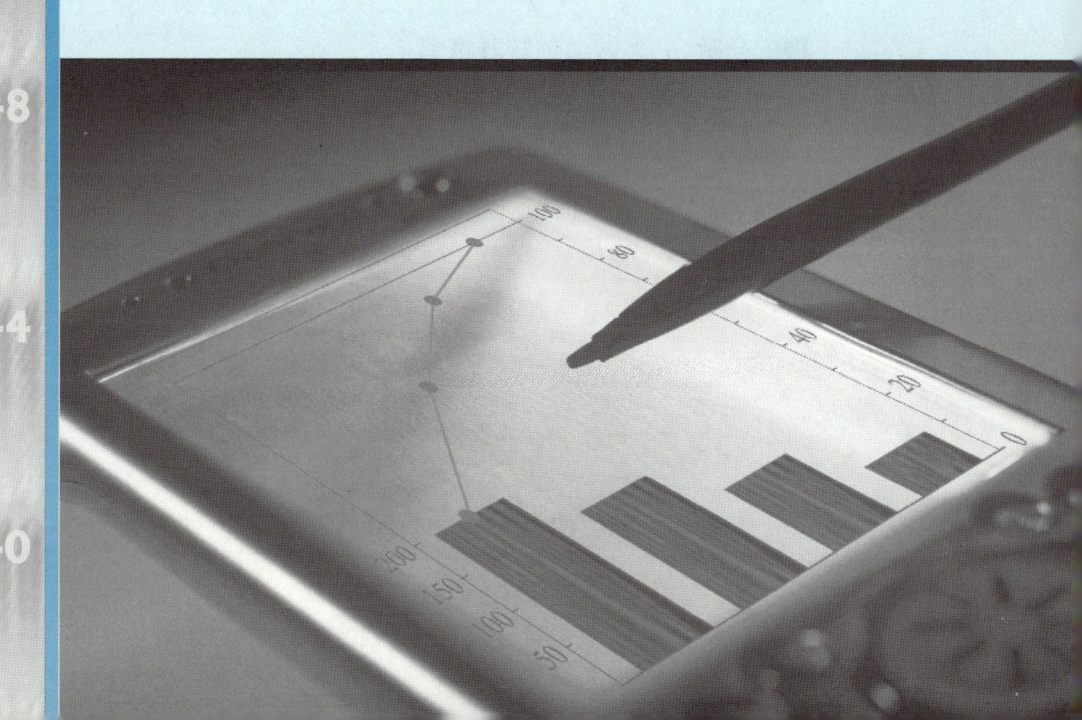

第八章　統計推論概說
第九章　單一母體之統計推論

中央極限定理給了我們關於樣本平均數的抽樣分配之某種非常重要資訊。尤其它說，在許多實際情況下 (樣本數夠大) 樣本平均數的一個分配是以母體平均數為中心的常態分配或近似常態分配。當樣本取自於一個具已知平均數與標準差的母體時，利用中央極限定理我們可以對樣本平均數發生的值做機率描述。現在我們準備將這種情況轉為母體平均數未知的情況。我們將抽取一組樣本，計算其平均數，然後依此樣本平均數來對母體平均數做推論。

　　推論統計的目的是利用包含在樣本資料中的資訊來增加對抽樣母體的認知。在本書的第三部分我們將學習做兩種推論：(1) 估計一個母體參數的值與 (2) 檢定一個假設。尤其我們將針對一個常態母體的平均數 μ 與標準差 σ，以及一個二項母體的成功機率參數 p 來做這種統計推論。

第八章 統計推論概說

8.1 點估計

8.2 區間估計

8.3 假設檢定

個案分析與 Excel 應用

附　錄

8.1 點估計

　　何謂點估計呢？若我們想要估計一個母體的未知參數 θ，我們首先由母體抽取一組隨機樣本 $X_1, \cdots, X_n$，接著選擇適當的統計量 $\hat{\theta} = g(X_1, \cdots, X_n)$ 來計算 θ 的值，這就是點估計。例如樣本平均數 $\overline{X_n}$ 就是母體平均數 μ 的一個估計量。

請看下列之定義。

定義 8.1 點估計 (Point Estimation)

> 由母體抽取一組隨機樣本 $X_1, \cdots, X_n$，再依此定義一個適當的統計量 $\hat{\theta} = g(X_1, \cdots, X_n)$ 用來估計母體參數 θ。則 $\hat{\theta}$ 的一個函數值 $g(x_1, \cdots, x_n)$ 稱為 θ 的一個**估計值**，而 $g(X_1, \cdots, X_n) = \hat{\theta}$ 稱為 θ 的一個**估計量**。

一般說來，**執行點估計**可分為下列四個步驟。

1. 由母體選取一組樣本。
2. 選擇一個合理的且較佳的統計量做為估計量。
3. 計算估計量的函數值 (估計值)。
4. 利用估計值推論母體參數值並做決策。

一個良好的估計量通常須滿足所謂的不偏性與一致性，請看下列之定義。

定義 8.2 不偏估計量 (Unbiased Estimator)

> 令 $\hat{\theta}$ 表未知參數 θ 的一個估計量且 $E(\hat{\theta})$ 表 $\hat{\theta}$ 之平均數。則 $\beta(\hat{\theta}) = E(\hat{\theta}) - \theta$ 稱為 $\hat{\theta}$ 之偏誤。而若 $\beta(\hat{\theta}) = 0$，即 $E(\hat{\theta}) = \theta$，則 $\hat{\theta}$ 稱為 θ 的一個**不偏估計量**；若 $\beta(\hat{\theta}) \neq 0$，則 $\hat{\theta}$ 稱為 θ 的一個**有偏估計量** (Biased Estimator)。

定義 8.3　一致估計量 (Consistent Estimator)

> 我們稱估計量 $\hat{\theta}=g(X_1,\cdots,X_n)$ 為參數 θ 的一個**一致估計量**若且唯若當 $n\to\infty$ 時，$\hat{\theta}$ 必然趨近於 θ。

除了不偏性與一致性外，一個估計量 $\hat{\theta}$ 的變異性也是我們考慮的重點。通常 $\hat{\theta}$ 的變異數若隨著樣本數 n 的遞增而變小，則 $\hat{\theta}$ 就是一個合理的估計量。綜合以上考量且由定理 7.4，我們提出下列定理。

定理 8.1　μ 與 σ^2 之良好估計量

> (1) 樣本平均數 $\overline{X}_n$ 是母體平均數 μ 的一個不偏的且一致的估計量。
> (2) 樣本變異數 S_n^2 是母體變異數 σ^2 的一個不偏的且一致的估計量。

接著我們來看兩個範例。

範例 8.1

王先生在高雄市開計程車維持生計。有一天他記錄了 20 位乘客所付的車資如下：

```
120   85  110   75   90  150  130   80  100   70
115   80  125   90  110   70  120   90   80  110
```

車資是以新台幣元計算。令隨機變數 X 代表王先生營業一次所收入之車資金額，我們可根據定理 8.1 與上列樣本資料計算得 X 之平均數，變異數與標準差的估計值如下：

表 8.1　乘客車資平均數、變異數與標準差估計值之計算表

乘客	車資 x	$x-\bar{x}$	$(x-\bar{x})^2$
1	120	20	400
2	85	−15	225
3	110	10	100
4	75	−25	625
5	90	−10	100
6	150	50	2,500
7	130	30	900
8	80	−20	400
9	100	0	0
10	70	−30	900
11	115	15	225
12	80	20	400
13	125	25	625
14	90	−10	100
15	110	10	100
16	70	−30	900
17	120	20	400
18	90	−10	100
19	80	−20	400
20	110	10	100
	$\sum x=2000$	$\bar{x}=2000/20=100$	9,500

$$s^2 = \frac{1}{n-1}\sum(x-\bar{x})^2 = \frac{9,500}{19} = 500$$

$$s = \sqrt{s^2} = \sqrt{500} = 22.36$$

所以由表 8.1 可得 X 之平均數、變異數與標準差之估計值分別為 $\bar{x}=100$，$s^2 = 500$ 與 $s = 22.36$。

範例 8.2

假設李先生養了 10 頭乳牛，他記錄了這 10 頭乳牛在去年一年所生產之牛奶重量 (單位為公斤) 如下：

480　520　490　540　500　470　530　480　510　480

令隨機變數 X 表示一頭乳牛一年所生產之牛奶重量。依上列資料，我們採用估計量 $\bar{X}_n$，S_n^2 與 S_n 可求得 X 之平均數 μ，變異數 σ^2 與標準差 σ 之估計值如下：

表 8.2　牛奶產量平均數、變異數與標準差的估計值之計算表

乳牛	牛奶產量 x	$x - \bar{x}$	$(x - \bar{x})^2$
1	480	−20	400
2	520	20	400
3	490	−10	100
4	540	40	1,600
5	500	0	0
6	470	−30	900
7	530	30	900
8	480	−20	400
9	510	10	100
10	480	−20	400
	$\sum x = 5{,}000$		$\sum (x - \bar{x})^2 = 5{,}200$

$$\bar{x} = \frac{1}{n}\sum x = \frac{5{,}000}{10} = 500$$

$$s^2 = \frac{1}{n-1}\sum (x-\bar{x})^2 = \frac{5{,}200}{9} = 577.77$$

$$s = \sqrt{s^2} = \sqrt{577.77} = 24.03$$

所以由表 8.2 可得 $\hat{\mu} = \bar{x} = 500$，$\hat{\sigma}^2 = s^2 = 577.77$，$\hat{\sigma} = s = 24.03$。

8.2 區間估計

除了點估計可估計母體未知參數外，還有另外一個方法可用來估計母體未知參數，稱為區間估計。請看下列之定義與範例。

定義 8.4　區間估計 (Interval Estimation)

利用一組隨機樣本觀察值計算出兩個統計量的值 a 和 b 且 $a < b$，再利用區間 $[a, b]$ 來估計母體未知參數，這種估計方法稱為區間估計。

定義 8.5 信賴水準 $1-\alpha$ (Confidence Level $1-\alpha$)

所有區間估計中包含欲估計之母體參數者之比例,通常以 $1-\alpha$ 表示,其中 α 是指第一型錯誤的機率。

定義 8.6 信賴區間 (Confidence Interval)

在一個既定的信賴水準之下,利用樣本統計量與抽樣誤差所構成的一個包含上、下限且用來估計母體未知參數的區間。

通常信賴區間是利用樣本統計量與統計表中的百分位數計算而得,樣本數愈大,信賴區間愈小;亦即母體參數的估計值也愈準確。

範例 8.3

假設 X 代表大明燈具公司所製造的一個 60 瓦燈泡之壽命長度,且令 $X \sim N(\mu, 1296)$,X 之單位以小時計。令 $\overline{X}_n = \frac{1}{n}\sum_{i=1}^{n} X_i$ 表 X 的一組隨機樣本 $X_1, \cdots, X_n$ 的平均數,則 $\overline{X} \sim N\left(\mu, \frac{1,296}{n}\right)$。所以

$$1-\alpha = P\left(\left\{-z_{\alpha/2} \leq \frac{\overline{X}_n - \mu}{36/\sqrt{n}} \leq z_{\alpha/2}\right\}\right)$$

$$= P\left(\left\{\overline{X}_n - z_{\alpha/2}\left(\frac{36}{\sqrt{n}}\right) \le \mu \le \overline{X}_n + z_{\alpha/2}\left(\frac{36}{\sqrt{n}}\right)\right\}\right)$$

因此隨機區間

$$\left[\overline{X}_n - z_{\alpha/2}\left(\frac{36}{\sqrt{n}}\right),\ \overline{X}_n + z_{\alpha/2}\left(\frac{36}{\sqrt{n}}\right)\right],$$

包含參數 μ 的機率為 $1-\alpha$，我們稱

$$\left[\overline{X}_n - z_{\alpha/2}\left(\frac{36}{\sqrt{n}}\right),\ \overline{X}_n + z_{\alpha/2}\left(\frac{36}{\sqrt{n}}\right)\right]$$

為 μ 的一個信賴水準是 $1-\alpha$ 之信賴區間，一旦樣本被觀察到了，則信賴區間就成為一個已知區間

$$\left[\overline{x}_n - z_{\alpha/2}\left(\frac{36}{\sqrt{n}}\right),\ \overline{x}_n + z_{\alpha/2}\left(\frac{36}{\sqrt{n}}\right)\right]。$$

如果大明公司測試了 36 個燈泡之壽命長度得到的樣本平均數為 $\overline{x}_{36} = 1{,}580$ 小時，則一個信賴水準是 95% 參數 μ 的信賴區間為

$$\left[1{,}580 - 1.96\left(\frac{36}{\sqrt{36}}\right),\ 1{,}580 + 1.96\left(\frac{36}{\sqrt{36}}\right)\right]$$
$$= [1{,}580 - 11.76,\ 1{,}580 + 11.76]$$
$$= [1{,}568.24,\ 1{,}591.76]$$

8.3 假設檢定

除了點估計與區間估計外,假設檢定是推論統計的另一個主題。在日常生活中,我們經常會看到假設檢定的例子。例如某電腦主機板廠商宣稱其產品不良率為 0.02,此即為該廠商對其產品品質的主張或假設,而其經銷部品管人員為檢驗此一不良率之假設,就隨機抽取了 100 部的電腦主機板檢驗並計算其不良率,並根據統計檢定的方法決定是否接受不良率 0.02 之假設。此外,在經濟、政治、教育、生物、醫藥、農業等等方面也都必須利用假設檢定之統計方法來驗證主張。

我們接著來看假設檢定相關的定義,以便瞭解此種統計方法之基本內涵。

定義 8.7　假設 (Hypothesis)

指某項事為真的一個敘述稱為一個**假設**。一個假設通常指一個理論,它被提出是因為人們相信它是正確的,或者是為了利用它作為論據,但尚未得到證明。

定義 8.8　統計假設檢定 (Statisical Hypothesis Testing)

在兩個互相對立的假設之間做決策的一種過程。通常是利用樣本資訊來決定接受某假設而棄卻另一假設。

定義 8.9　虛無假設 (Null Hypothesis)

我們將要檢定的假設叫做虛無假設，通常是關於某個母體參數有個特別值的一個主張，通常以 H_0 表示。

定義 8.10　對立假設 (Alternative Hypothesis)

對立假設是對母體參數提出一個不同於虛無假設的主張通常以 H_a 表示。

定義 8.11　型 I 錯誤與型 II 錯誤

(1) 當 H_0 為真時而棄卻 H_0 所發生的錯誤，稱為型 I 錯誤。
(2) 當 H_0 為假時而不棄卻 H_0 所發生的錯誤，稱為型 II 錯誤。

定義 8.12　型 A 正確決策與型 B 正確決策

(1) 當 H_0 為真時而接受 H_0 稱為型 A 正確決策。
(2) 當 H_0 為假時而棄卻 H_0 稱為型 B 正確決策。

我們可藉由表 8.3 來瞭解假設檢定的可能結果。

表 8.3　假設檢定的四個可能結果

決策	H_0 為眞	H_0 為假
棄卻 H_0	型 I 錯誤	型 B 正確決策
不棄卻 H_0	型 A 正確決策	型 II 錯誤

一般而言，我們做了一個假設檢定的決策，希望其錯誤的機率愈低且正確的機率愈高愈好。接著請看下列之定義。

定義 8.13　顯著水準 α (Significance Level α)

假設檢定之型 I 錯誤發生的機率稱爲該檢定之顯著水準，通常以 α 表示。即
$$\alpha = P(棄卻\ H_0 | H_0\ 為眞)。$$

定義 8.14　檢定力 $1-\beta$ (Test Power $1-\beta$)

令 β 代表型 II 錯誤發生的機率，而 $1-\beta$ 則代表了發生型 B 正確決策的機率，即
$$1-\beta = P(棄卻\ H_0 | H_0\ 為假)。$$
$1-\beta$ 稱爲該假設檢定之檢定力。

藉由表 8.4 我們可以更理解上列之定義。

表 8.4　各種決策發生之機率

錯誤決策	類型	機率	正確決策	類型	機率
棄卻眞的 H_0	I	α	不棄卻眞的 H_0	A	$1-\alpha$
不棄卻假的 H_0	II	β	棄卻假的 H_0	B	$1-\beta$

通常設立虛無假設 H_0 之後，我們收集樣本資料，並選定一個適當的統計量來計算其函數值，以便決定是否棄卻 H_0。請看下列之定義。

定義 8.15　檢定統計量 (Test Statistics)

檢定統計量是一個統計量，由樣本資料計算得其函數值被用來做 "棄卻 H_0" 或 "不棄卻 H_0" 之決策。

也許有人要找一個檢定使得 α 與 β 達到最小，但是魚與熊掌不可兼得，這樣的檢定是不存在的。一般而言，我們做一個假設檢定的問題是先設定顯著水準 α，然後再尋找具有較高或最高檢定力之檢定。

定義 8.16　棄卻域 (Rejection Region)

在統計檢定中導致棄卻虛無假設 H_0 的檢定統計量的值所成之區域。棄卻域的大小依賴於檢定中所設定的顯著水準 α。

定義 8.17　臨界值 (Critical Value)

對於接受和棄卻虛無假設邊界上的一個統計量的值稱為**臨界值**。

當我們設定 α 與檢定規則之後，接著找出臨界值與棄卻

域，然後計算檢定統計量之樣本函數值，如果該函數值落在棄卻域，則棄卻虛無假設；否則就接受該虛無假設。一般而言，**假設檢定**可依下列步驟進行：

1. 設定虛無假設與對立假設。
2. 選定檢定統計量。
3. 設定顯著水準與建立檢定法則。
4. 求出棄卻域並計算檢定統計量之樣本函數值。
5. 做出是否棄卻虛無假設之決策。

範例 8.4

令 $X_1, \cdots, X_{25}$ 是常態母體 $N(\mu, 1)$ 的一組隨機樣本，其中 $\mu = 0$ 或 1。我們設立虛無假設與對立假設分別為

$$H_0 : \mu = 0 \text{ 與 } H_a : \mu = 1。$$

再令檢定統計量為 $\overline{X}_{25} = \dfrac{1}{25}\sum_{i=1}^{25} X_i$，則一個合理的檢定規則為：

若 $\overline{X}_{25}$ 足夠大，則棄卻 H_0。

令 $\alpha = 0.05$，則存在 k 使得

$$0.05 = P(\overline{X}_{25} > k \mid \mu = 0)$$

當 $\mu = 0$ 時，$\overline{X}_{25} \sim N\left(0, \dfrac{1}{25}\right)$。所以此時

$$0.05 = P\left(\frac{\overline{X}_{25}}{1/5} > \frac{k}{1/5}\right) = 1 - \Phi(5k)$$

即 $\Phi(5k) = 0.95$ 或 $5k = z_{0.05} = 1.645$ 得 $k = 1.645/5 = 0.329$。由此我們得出棄卻域為 $\{\overline{X}_{25} > 0.329\}$。

而此檢定之檢定力為

$$1 - \beta = P(\overline{X}_{25} > 0.329 | \mu = 1)$$

$$= P\left(\frac{\overline{X}_{25} - 1}{1/5} > \frac{0.329 - 1}{1/5} \middle| \overline{X}_{25} \sim N\left(1, \frac{1}{25}\right)\right)$$

$$= 1 - \Phi(-3.355) = \Phi(3.355) = 0.9996$$

我們的檢定法則可明確表為：

$$\begin{cases} 若 \ \overline{X}_{25} > 0.329，則棄卻 \ H_0； \\ 若 \ \overline{X}_{25} \leq 0.329，則不棄卻 \ H_0。 \end{cases}$$

假設我們由樣本觀察值 $x_1, \cdots, x_{25}$，計算得 $\overline{X}_{25}$ 之觀察值為 $\overline{x}_{25} = 0.518$，則依照檢定法則，我們決定棄卻 H_0。

個案分析與 Excel 應用

ch8a 母體平均數 μ 的信賴區間

在一項體適能訓練中，為瞭解體適能訓練的學員體重 (WEIGHT：公斤) 分佈，抽樣 34 位學生，體重記錄如下，試

計算母體平均體重的 95% 信賴區間。

76	70	75	77	70	58	85	84	85	73	82	70
82	73	58	55	70	91	75	70	75	77	76	95
60	54	75	73	65	77	56	89	75	93		

步驟： 假設母體標準差未知，建立 ch8a 資料集，見圖 ch8.1~2。

1. 於 G5 計算樣本數 = Count (A2 : A35)。
2. 分別於 G6 與 G7 計算，
   樣本平均數 = Average (A2 : A35)，標準差 = STDEV (A2 : A35)。
3. 於 G8 查標準常態右尾臨界值 $z_{\alpha/2}$ = NORMSINV (0.975)。
4. 於 G9 與 G10 分別計算標準誤與邊際誤差 $z_{\alpha/2}*(s/\sqrt{n})$。
5. 於 G12 與 G13 分別計算信賴區間的下限 = G6 − G10 與上限 = G6 + G10。

說明： 若標準差 σ = 12 為已知，則於 D7 直接輸入，其它步驟同上。

統計學

	A	B	C	D	E	F	G
1	WEIGHT		平均數的 95%信賴區間 z 分配				
2	76						
3	70		標準差已知			標準差未知	
4	75						
5	77		樣本數	=COUNT(A2:A35)		樣本數	=COUNT(A2:A35)
6	70		平均數	=AVERAGE(A2:A35)		平均數	=AVERAGE(A2:A35)
7	58		標準差	12		標準差	=STDEV(A2:A35)
8	85		臨界值	=NORMSINV(0.975)		臨界值	=NORMSINV(0.975)
9	84		標準誤	=D7/SQRT(D5)		標準誤	=G7/SQRT(G5)
10	85		邊際誤差	=D8*D9		邊際誤差	=G8*G9
11	73						
12	82		下限	=D6 - D10		下限	=G6 - G10
13	70		上限	=D6 + D10		上限	=G6 + G10

圖 ch8.1

	A	B	C	D	E	F	G
1	WEIGHT		平均數的 95%信賴區間 z 分配				
2		76					
3		70	標準差已知			標準差未知	
4		75					
5		77	樣本數	34		樣本數	34
6		70	平均數	74.09		平均數	74.09
7		58	標準差	12.00		標準差	10.71
8		85	臨界值	1.960		臨界值	1.960
9		84	標準誤	2.058		標準誤	1.836
10		85	邊際誤差	4.0336		邊際誤差	3.5988
11		73					
12		82	下限	70.05		下限	70.49
13		70	上限	78.12		上限	77.69

圖 ch8.2

ch8b 母體平均數 μ 的假設檢定

在一項體適能訓練中,為瞭解學員的體重 (WEIGHT:公斤) 狀況,抽樣 34 位學生,體重記錄資料同信賴區間的範例 ch8a,試檢定母體平均體重是否仍如前期學員的平均體重 70 公斤,令顯著水準為 5%。

步驟: 假設母體標準差未知,開啟 ch8a 資料集,見圖 ch8.3~4。

1. 樣本數、平均數、標準差、標準誤與標準常態右尾臨界值,參照範例 ch8a 之步驟 1 至 4。
2. 於 G11 中,計算檢定統計量 = (G8-G3)/G10。

	A	B	C	D	E	F	G
1	WEIGHT		平均數的 假設檢定:z 檢定				
2	76		型一誤差水準	0.05		型一誤差水準	0.05
3	70		虛無假設 μ_0	70		虛無假設 μ_0	70
4	75						
5	77		標準差已知			標準差未知	
6	70						
7	58		樣本數	=COUNT(A2:A35)		樣本數	=COUNT(A2:A35)
8	85		平均數	=AVERAGE(A2:A35)		平均數	=AVERAGE(A2:A35)
9	84		標準差 σ	12		標準差 s	=STDEV(A2:A35)
10	85		標準誤	=D9/SQRT(D7)		標準誤	=G9/SQRT(G7)
11	73		統計量 z	=(D8-D3)/D10		統計量 z	=(G8-G3)/G10
12	82						
13	70		臨界值	=NORMSINV(0.975)		臨界值	=NORMSINV(0.975)
14	82		p-值	=2*(1-NORMSDIST(ABS(D11)))		p-值	=2*(1-NORMSDIST(ABS(G11)))

圖 ch8.3

本章習題

1. 一部蓋格計數器被安裝在物理實驗室中以記錄碳-14，在 0.5 秒內所放射出的 α 粒子數目。下列有 20 個觀測值：

    4 6 9 6 10 11 6 3 7 10
    8 7 5 11 4 6 9 7 10 5

    假設上述資料為一個卜瓦松隨機變數具有平均數 λ 的觀測值，求 λ 的一個不偏估計值。

2. 下列資料是郊區到市中心的計程車資的一組隨機樣本：

    75 105 85 120 90 150 80 110 70 95

    利用上列資料求下列參數的點估計值。
    (1) 平均數；　　　　(2) 變異數；　　　　(3) 標準差。

3. 決定下列各情況中信賴係數 $z_{\alpha/2}$ 的值：
    (1) $1 - \alpha = 0.90$
    (2) $1 - \alpha = 0.95$
    (3) 98% 信賴水準
    (4) 99% 信賴水準

4. 若已知抽樣母體具常態分配，$n = 16$，$\bar{x} = 28.7$，且 $\sigma = 6$，求母體平均數 μ 的一個 0.95 信賴區間。

5. 若已知 $n = 86$，$\bar{x} = 128.5$ 且 $\sigma = 16.4$，求母體平均數 μ 的一個 0.90 信賴區間。

6. 某一農場為了製造果子凍而種植葡萄。下列資料是從 30 部貨車載運葡萄所提煉的糖測量其重量 (公斤) 得到的：

   16.0　15.2　12.0　16.9　14.4　16.3　15.6　12.9　15.3　15.1
   15.8　15.5　12.5　14.5　14.9　15.1　16.0　12.5　14.3　15.4
   15.4　13.0　12.6　14.9　15.1　15.3　12.4　17.2　14.7　14.8

   假設這些資料是來自於具有平均數 μ 和標準差 σ 的一個隨機變數 X。

   (1) 給一個 μ 和 σ 的點估計值。

   (2) 求 μ 的一個近似 90% 信賴區間。

7. 一位種植水蜜桃的農夫運送用大桶裝的水蜜桃。令 X 表示一個大桶內裝的水蜜桃重量 (公斤)。下列資料是 X 的 30 個觀測值：

   95.3　88.5　97.4　78.8　89.5　96.2　85.8　79.6　87.2　92.7
   93.6　88.3　86.4　92.3　94.7　87.5　93.6　94.8　83.5　79.2
   85.6　91.6　98.2　88.3　95.4　92.5　90.3　86.8　97.8　86.9

   (1) 給一個 X 的平均數 μ 和標準差 σ 的點估計值。

   (2) 求 μ 的一個近似 95% 信賴區間。

8. (1) 若虛無假設為真，則可能會犯何種錯誤的決策？

   (2) 若虛無假設為假，則可能會犯何種錯誤的決策？

   (3) 若做了 "棄卻 H_0" 之決策，則可能犯何種錯誤？

   (4) 若做了 "不棄卻 H_0" 之決策，則可能犯何種錯誤？

9. 當型 II 錯誤的機率為下列各值時，求一個檢定之檢定力：

   (1) 0.035；　　　　(2) 0.072；　　　　(3) 0.165。

範例 9.1

張先生經營一家便利商店，他記錄了連續 10 天的營業金額 (單位為新台幣元) 如下：

$$5,700 \quad 4,300 \quad 5,230 \quad 4,820 \quad 4,050$$
$$5,900 \quad 4,500 \quad 5,500 \quad 6,120 \quad 3,880$$

令隨機變數 X 代表該便利商店每日之營業金額。則利用上列之樣本資料我們計算得

$$\hat{\mu} = \bar{x}_{10} = \frac{1}{10}\sum_{i=1}^{10} x_i$$
$$= \frac{1}{10}(5,700 + 4,300 + 5,230 + 4,820 + 4,050 + \cdots + 3,880)$$
$$= \frac{1}{10} \cdot 50,000 = 5,000$$

為 X 之平均數 μ 的一個估計值。

所以該家便利商店平均每日營業金額為 5,000 元。

9.2 母體平均數之區間估計

依照定理 7.1，中央極限定理與大數法則，吾人可推得母體平均數 μ 的信賴區間，請看下列定理與範例。

定理 9.1　母體平均數之區間估計

令 $X_1, \cdots, X_n$ 為常態母體 $N(\mu_i, \sigma^2)$ 的一組隨機樣本且令 $\overline{X}_n$ 表其樣本平均數，S_n^2 表其樣本變異數。

(1) 若 σ^2 已知，則信賴水準 $1-\alpha$，參數 μ 的一個信賴區間為

$$\left[\overline{X}_n - z_{\alpha/2} \cdot \frac{\sigma}{\sqrt{n}},\ \overline{X}_n + z_{\alpha/2} \cdot \frac{\sigma}{\sqrt{n}}\right]。$$

其中 $z_{\alpha/2}$ 是標準常態 $N(0, 1)$ 分配之 $100(1-\alpha/2)$ 百分位數。

(2) 若 σ^2 未知，則信賴水準 $1-\alpha$，參數 μ 的一個信賴區間為

$$\left[\overline{X}_n - t_{\alpha/2}(n-1) \cdot \frac{S_n}{\sqrt{n}},\ \overline{X}_n + t_{\alpha/2}(n-1) \cdot \frac{S_n}{\sqrt{n}}\right],$$

其中 $t_{\alpha/2}(n-1)$ 是自由度 $n-1$ 的 t 分配之 $100(1-\alpha/2)$ 百分位數。

範例 9.2

令 $X_1, \cdots, X_{100}$ 為常態母體 $N(\mu, 36)$ 的一組隨機樣本且令 $\overline{X}_{100}$ 之觀察值為 10.22，則母體平均 μ 的一個 95% 信賴區間為

$$\left[\overline{x}_{100} - z_{0.025} \cdot \frac{6}{\sqrt{100}},\ \overline{x}_{100} + z_{0.025} \cdot \frac{6}{\sqrt{100}}\right]$$
$$= [10.22 - 1.96 \cdot 0.6,\ 10.22 + 1.96 \cdot 0.6]$$
$$= [9.04,\ 11.40]。$$

範例 9.4

令 $X_1, \cdots, X_9$ 是常態母體 $N(\mu, \sigma^2)$ 的一組隨機樣本且其樣本平均數與樣本標準差分別為 $\bar{x} = 4.3$ 與 $s = 1.2$。我們欲檢定虛無假設 $H_0 : \mu = 4$ 及對立假設 $H_a : \mu \neq 4$。設定檢定之顯著水準為 $\alpha = 0.1$，則依定理 9.2 吾人可得

(1) 當 $\sigma = 1$ 時，則棄卻域為

$$|Z| = \left| \frac{\bar{X} - 4}{1/\sqrt{9}} \right| \geq z_{0.05} = 1.645 \text{。}$$

而 Z 之觀察值為

$$z = \frac{4.3 - 4}{1/\sqrt{9}} = 0.9 \text{，}$$

因此 $|z| < 1.645$。所以當顯著水準為 0.1 時，我們接受 (不棄卻) $H_0 : \mu = 4$。

(2) 若 σ 未知，則棄卻域為

$$|T| = \left| \frac{\bar{X} - 4}{S/\sqrt{9}} \right| \geq t_{0.05}(8) = 1.860$$

而 T 之觀察值為

$$t = \frac{4.3 - 4}{1.2/\sqrt{9}} = \frac{0.3}{0.4} = 0.75 \text{，}$$

因此 $|t| = |0.75| < 1.860$。所以當顯著水準為 0.1 時，我們接受 (不棄卻) $H_0 : \mu = 4$。

9.4 母體變異數之點估計

依據定理 8.1，我們可用樣本變異數 S_n^2 來估計母體變異數 σ^2，請看下列範例。

範例 9.5

由某位檢驗師，在血液檢驗室對 20 位男士做膽固醇的檢驗，而得下列之檢驗值：

164	272	261	248	235	192	203
230	242	305	286	310	345	289
335	297	328	400	228	194	

我們由表 9.3 計算可得 S_n^2 之觀察值

$$\sum x = 5,364$$

$$\bar{x} = \frac{5,364}{20} = 268.2$$

$$\sum x^2 = 1,506,372$$

$$\sum x^2 - n\bar{x}^2 = 1,506,372 - 20 \cdot (268.2)^2 = 67,747.2$$

$$+1,120^2+1,120^2)$$
$$=\frac{1}{9}\cdot 4,974,600=552733$$
$$S_n=\sqrt{S_n^2}=743$$

查統計表 6 得 $a=\chi^2_{0.95}(9)=3.325$，$b=\chi^2_{0.05}(9)=16.92$。所以依據定理 9.1 之公式，吾人可得 σ^2 的一個 90% 信賴區間為

$$[(n-1)S_n^2/b,\ (n-1)S_n^2/a]=[9\cdot 552,733/16.92,\ 9\cdot 552,733/3.325]$$
$$=[294,007,\ 1496,119]$$

而 σ 的一個 90% 信賴區間為

$$[\sqrt{294,007},\ \sqrt{1,496,119}\,]=[542,\ 1223]$$

9.6 母體變異數之假設檢定

令 $X_1,\cdots,X_n$ 為常態母體 $N(\mu,\sigma^2)$ 的一組隨機樣本且 S_n^2 代表其樣本變異數。則檢定母體變異數 σ^2 的虛無假設通常形式為 $H_0:\sigma^2=\sigma_0^2$，而對立假設基本上有三種可能：

1. $H_a:\sigma^2>\sigma_0^2$，
2. $H_a:\sigma^2<\sigma_0^2$，

3. $H_a : \sigma^2 \neq \sigma_0^2$。

當 H_0 為真,也就是 $\sigma^2 = \sigma_0^2$ 時,統計量 $(n-1)S_n^2/\sigma_0^2$ 之機率分配為 $\chi^2(n-1)$,所以我們可將檢定 H_0 之規則歸納為下列定理中的表 9.4。

定理 9.4　母體變異數之假設檢定

顯著水準為 α 之檢定 H_0 的統計量為

$$\chi^2 = (n-1)S_n^2/\sigma_0^2$$

且棄卻域如下表所示

表 9.4　檢定 σ^2 之棄卻域

H_0	H_a	棄卻域
$\sigma^2 = \sigma_0^2$	$\sigma^2 > \sigma_0^2$	$\chi^2 \geq \chi_\alpha^2(n-1)$
$\sigma^2 = \sigma_0^2$	$\sigma^2 < \sigma_0^2$	$\chi^2 \leq \chi_{1-\alpha}^2(n-1)$
$\sigma^2 = \sigma_0^2$	$\sigma^2 \neq \sigma_0^2$	$\chi^2 \leq \chi_{1-\alpha/2}^2(n-1)$ 或 $\chi^2 \geq \chi_{\alpha/2}^2(n-1)$

範例 9.6

某汽車製造商聲稱某款汽車每加侖汽油可跑之英里數是一個常態隨機變數 X 具平均數 $\mu = 40.5$ 英里且標準差 $\sigma = 3.5$ 英里。我們可以使用下列資料,得自 15 輛這款汽車的一組隨機樣本,來檢定標準差 σ 是否異於 3.5。

得到該款燈泡的不良率 p 的一個估計值為

$$\hat{p} = \bar{x}_{50} = \frac{8}{50} = 0.16 \text{。}$$

而依據定理 9.6 我們可以得到 p 的一個 90% 信賴區間為

$$\left[\hat{p} - z_{0.05}\sqrt{\hat{p}(1-\hat{p})/50},\ \hat{p} + z_{0.05}\sqrt{\hat{p}(1-\hat{p})/50} \right]$$
$$= [0.16 - 1.645\sqrt{0.16 \cdot 0.84/50},\ 0.16 + 1.645\sqrt{0.16 \cdot 0.84/50}]$$
$$= [0.16 - 0.085,\ 0.16 + 0.085]$$
$$= [0.075,\ 0.245]$$

根據同樣的假設符號與中央極限定理,我們可以將母體比例 p 之假設檢定的法則歸納如表 9.5 所示。

定理 9.7　母體比例之假設檢定

顯著水準為 α 之檢定 $H_0: p = p_0$ 的檢定統計量為

$$Z = \frac{\bar{X}_n - p_0}{\sqrt{p_0(1-p_0)/n}}$$

且棄卻域如下表所示:

表 9.5　檢定 p 之棄卻域

H_0	H_a	棄卻域
$p = p_0$	$p > p_0$	$Z \geq z_\alpha$
$p = p_0$	$p < p_0$	$Z \leq -z_\alpha$
$p = p_0$	$p \neq p_0$	$|Z| \geq z_{\alpha/2}$

範例 9.8

依據範例 9.7 之檢測資料,我們想要檢定該照公司聲稱的虛無假設

$$H_0 : p = 0.1$$

令對立假設為 $H_a : p > 0.1$。則依照定理 9.7 算得檢定統計量之值為

$$Z = \frac{\overline{x}_{50} - 0.1}{\sqrt{0.1 \cdot 0.9 / 50}} = \frac{0.06}{0.0424} = 1.415$$

因此 $Z < z_{0.05} = 1.645$。所以在 5% 的顯著水準下,我們不棄卻 (接受) $H_0 : p = 0.1$。

個案分析與 Excel 應用

ch9a 母體平均數 μ 的信賴區間 (小樣本)

在一體適能訓練中心,為瞭解女性學員的體重 (WEIGHT:公斤) 分佈,隨機抽樣 8 位女學員,體重記錄如下,試計算母體平均體重的 95% 信賴區間。

58,70,58,55,70,76,60,56

步驟:建立 ch9a 資料集,見圖 ch9.1。

2. 分別於 D5 與 D6 查卡方分配右尾機率的百分位數，

　　下臨界值 = $\chi^2_{1-\alpha/2}$ = $CHIINV(0.975, D4)$。

　　上臨界值 = $\chi^2_{\alpha/2}$ = $CHIINV(0.025, D4)$。

3. 分別於 D12 與 D13 中，計算變異數 σ^2 的信賴區間，

　　下限 = D4*D9/D6，上限 = D4*D9/D5。

4. 於 E12 與 E13 中，分別對 D12 與 D13 開平方根，計算標準差 σ 的信賴區間，其中 SQRT 表示開平方根。

	A	B	C	D	E		C	D	E
1	WEIGHT		變異數的 95%信賴區間					變異數的 95%信賴區間	
2	58								
3	70		樣本數	=COUNT(A2:A9)			樣本數	8	
4	58		自由度	=D3-1			自由度	7	
5	55		下臨界值	=CHIINV(0.975,D4)			下臨界值	1.690	
6	70		上臨界值	=CHIINV(0.025,D4)			上臨界值	16.013	
7	76								
8	60		標準差	=STDEV(A2:A9)			標準差	7.92	
9	56		變異數	=VAR(A2:A9)			變異數	62.70	
10									
11				變異數 σ^2	標準差 σ			變異數 σ^2	標準差 σ
12			下限	=D4*D9/D6	=SQRT(D12)		下限	27.41	5.24
13			上限	=D4*D9/D5	=SQRT(D13)		上限	259.71	16.12
14									

圖 ch9.3

ch9d 母體標準差 σ 的的假設檢定

延續範例 ch9a，一體適能訓練中心為瞭解女性學員的體重變化，隨機抽樣 8 位女學員，體重記錄如範例 ch9a，試檢定母體體重標準差是否仍如前期學員的體重標準差 6 公斤？

第九章 單一母體之統計推論 235

令顯著水準為 5%。

步驟：開啟 ch9a 資料集，見圖 ch9.4。

1. 比照範例 ch9c 中，執行步驟 1 與步驟 2。
2. 於 D12 中，計算卡方檢定統計量 = D7*D11/D4。
3. 於 D13 中，計算拒絕虛無假設的 p-值 = 2*(CHIDIST (D12, D17))。

	A	B	C	D		E	F
1	WEIGHT		變異數的 假設檢定			C	D
2	58					變異數的 假設檢定	
3	70		型一誤差水準	0.05			
4	58		虛無假設 σ0^2	36		型一誤差水準	0.05
5	55					虛無假設 σ0^2	36
6	70		樣本數	=COUNT(A2:A9)			
7	76		自由度	=D6-1		樣本數	8
8	60		下臨界值	=CHIINV(0.975,D7)		自由度	7
9	56		上臨界值	=CHIINV(0.025,D7)		下臨界值	1.690
10			標準差 s	=STDEV(A2:A9)		上臨界值	16.013
11			變異數	=VAR(A2:A9)		標準差 s	7.918
12			卡方統計量	=D7*D11/D4		變異數	62.70
13			p-值	=2*CHIDIST(D12,D7)		卡方統計量	12.19
14						p-值	0.1889

圖 ch9.4

附 錄

定理 9.1 之證明：

1. $\overline{X}_n \sim N\left(\mu, \dfrac{\sigma^2}{n}\right)$ 且 σ^2 已知。

本章習題

1. 市售某種品牌的蔓越莓乾果子被隨機選取 16 瓶，並測得其淨重 (公克) 如下：

    101　103　99　100　98　102　100　97
    103　99　100　104　98　101　103　98

   (1) 計算樣本平均數與樣本標準差。
   (2) 假設母體具常態分配，求母體平均數 μ 的一個 98% 信賴區間。

2. 某生物學家研究某種雄蜘蛛的身長，他觀測得 20 隻此種雄蜘蛛的身長 (公分) 如下：

   5.20　4.70　5.75　7.50　4.60　6.45　4.80　5.95　5.20　6.35
   5.70　6.95　5.40　5.85　6.20　6.80　5.75　6.10　5.80　6.50

   假設此種雄蜘蛛的身長且常態分配 $N(\mu, \sigma^2)$，求平均數 μ 的一個 95% 信賴區間。

3. 隨機測量台中市 30 個成年男士的體重 (公斤) 如下：

    85　72　68　75　80　90　65　82　76　92
    72　88　93　78　86　75　86　74　90　85
    76　68　95　73　89　81　73　78　82　76

假設台中市成年男士的體重具常態分配，利用上列資料檢定 H_0: $\mu = 78$ 相對於 $H_a : \mu > 78$ 其中 μ 為台中市成年男士的平均體重。

4. 在一項最大呼吸容量的研究中，選取 16 位女士接受測試，並記錄其血漿容量，而下列資料為她們的血漿容量 (單位為公升)：

   3.15 2.98 2.77 3.12 2.45 3.85 2.96 3.87
   4.06 2.94 3.56 3.20 3.52 2.87 3.46 2.92

假設這些觀測值來自於常態隨機變數具有平均數 μ 和標準差 σ。

(1) 給一個 μ 的點估計值。

(2) 決定一個 σ 的點估值。

(3) 求 μ 的一個 90% 信賴區間。

5. 設 X 表示在春天被捕捉的秋刀魚之長度 (以公分計)。X 的一組隨機樣本觀察值為

   25.6 30.5 28.6 23.4 31.2 26.7 33.6 27.8
   30.6 26.4 29.2 31.8 23.8 27.9 32.7 25.3

(1) 給一個秋刀魚長度的標準差 σ 的點估計值。

(2) 求 σ 的一個 95% 信賴區間。

6. 一組樣本數 $n = 9$ 的輪狀乾酪之重量 (公斤) 的隨機樣本來自於 $N(\mu, \sigma^2)$，其觀察值為

  2.15 2.03 1.98 1.85 2.12 1.92 1.83 2.05 1.82

PART 4

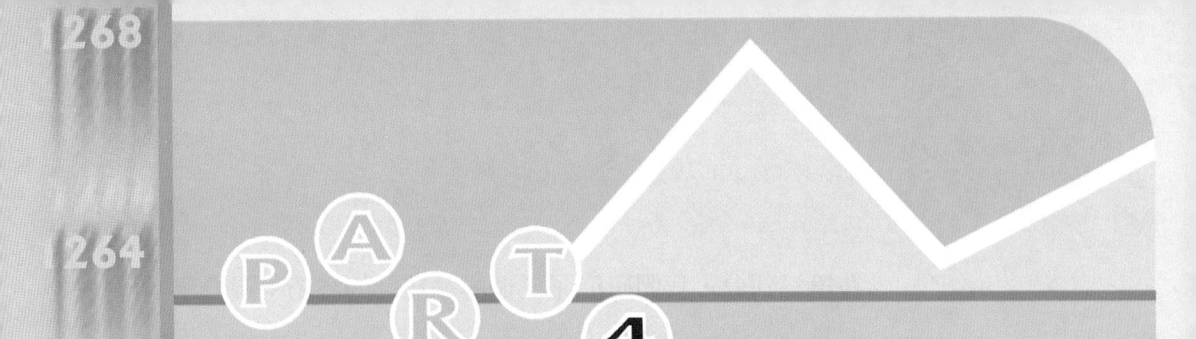

基本統計之應用方法

第 十 章 ｜ 變異數分析
第十一章 ｜ 簡單迴歸分析與相關分析
第十二章 ｜ 卡方檢定

在第三部分，我們研究了三個推論統計的技巧：關於單一母體的平均數、變異數與比例等三個參數做點估計、區間估計與假設檢定。在第四部分，我們將學習如何把區間估計與假設檢定之技巧應用在其它方面。其中某些方面將會是前述方法的推廣。(例如，變異數分析將處理多個母體平均數的問題，以及二項實驗擴張為多項實驗的問題。) 而另一方面將異於前述方法 (例如，迴歸分析、相關分析與卡方檢定)。

第十章 變異數分析

10.1 多個母體平均數相等之假設檢定
10.2 單因子變異數分析 —— 完全隨機設計
10.3 單因子變異數分析 —— 隨機區集設計
10.4 雙因子變異數分析

個案分析與 Excel 應用

10.1 多個母體平均數相等之假設檢定

首先我們來看一個定義。

定義 10.1 變異數分析 (Analysis of Variance)

檢定兩個以上獨立母體的平均數是否相等，或檢定因子對依變數是否影響的統計方法，稱為**變異數分析**。

一般說來，**多個母體平均數相等之假設檢定**可依下列四個步驟來執行：

(一) 設定虛無假設與對立假設；

(二) 由樣本資料製作變異數分析表；

(三) 建立檢定法則；

(四) 做結論。

底下我們將說明如何執行以上四個步驟，並以一個例子來示範。

假設 $X_1, \cdots, X_k$ 為 k 個互相獨立的母體所對應的隨機變數，且令 $X_i \sim N(\mu_i, \sigma^2)$，$i = 1, \cdots, k$；其中 σ^2 未知。接著以獨立簡單隨機抽樣的方法從這 k 個母體分別抽取獨立之隨機樣本，且整理如下表：

表 10.1　變異數分析之樣本資料

X_1	X_2	$\cdots$	X_k
X_{11}	X_{21}	$\cdots$	X_{k1}
$\vdots$	$\vdots$		$\vdots$
X_{1n_1}	X_{2n_2}	$\cdots$	X_{kn_k}

一、設定虛無假設與對立假設：

$$H_0: \mu_1 = \cdots = \mu_k \text{ 相對於 } H_a: \mu_i \text{ 不全等}$$

為了瞭解變異數分析表，我們來看以下之定義與定理。

定義 10.2　因子變異與隨機變異

令 $n = \sum_{i=1}^{k} n_i$，$\overline{X}_i = \dfrac{1}{n_i}\sum_{j=1}^{n_i} X_{ij}$，$\overline{X} = \dfrac{1}{n}\sum_{i=1}^{k}\sum_{j=1}^{n_i} X_{ij}$。

(1) $SSF = \sum_{i=1}^{k}\sum_{j=1}^{n_i}(\overline{X}_i - \overline{X})^2 = \sum_{i=1}^{k} n_i(\overline{X}_i - \overline{X})^2$　稱為**因子引起的變異**，又稱**組間變異**。

(2) $MSF = SSF/(k-1)$　稱為**因子平均變異數**。

(3) $SSE = \sum_{i=1}^{k}\sum_{j=1}^{n_i}(X_{ij} - \overline{X}_i)^2 = \sum_{i=1}^{k}(n_i - 1)S_i^2$　稱為**隨機變異**，又稱**組內變異**。

(4) $MSE = SSE/(n-k)$　稱為**隨機平均變異數**。

(5) $SST = SSF + SSE$　稱為**總變異**。

定理 10.1　檢定統計量 F

檢定統計量 $F = \dfrac{MSF}{MSE}$ 具有機率分配 $F(k-1, n-k)$。

二、由樣本資料製作變異數分析表：

表 10.2 變異數分析表

變異來源	平方和 (**SS**)	自由度 (**df**)	平均平方和 (**MS**)	F
因子 (組間)	SSF	$k-1$	$MSF = \dfrac{SSF}{k-1}$	$\dfrac{MSF}{MSE}$
隨機 (組內)	SSE	$n-k$	$MSE = \dfrac{SSE}{n-1}$	
總和	SST	$n-1$		

三、建立檢定法則：

依據定理 10.1，在選定的顯著水準 α 下，檢定法則如下列定理所述。

定理 10.2　檢定法則

(1) 若 $F > F_\alpha(k-1, n-K)$，則棄卻 H_0。
(2) 若 $F \leq F_\alpha(k-1, n-K)$，則不棄卻 H_0。

四、做結論：

依據檢定法則，看檢定統計量 F 的值是否落在棄卻域，而結論這 k 這個母體平均值 μ_i 是否全等。

範例 10.1

某家公司生產某種產品之速率可能受到生產線室溫的影響。今分別在 68°F，72°F，76°F 等三種室溫下，隨機選取一小時觀察記錄此種產品的生產個數，得下列樣本資料表。

依據前述四個檢定步驟，我們利用表 10.3 資料可以檢定室溫對於產品之生產率是否有顯著的影響。

一、設定虛無假設與對立假設：

令 $H_0: \mu_1 = \mu_2 = \mu_3$，$H_a: \mu_1, \mu_2, \mu_3$ 不全等。

表 10.3　產品個數之樣本資料

68°F 下之樣本 ($i = 1$)	72°F 下之樣本 ($i = 2$)	76°F 下之樣本 ($i = 3$)
10	7	3
12	6	3
10	7	5
9	8	4
	7	
$\bar{X}_i$　10.25	7.0	3.75
S_i^2　1.583	0.5	0.917

二、由樣本資料製作變異數分析表：

其中 $\bar{X} = 7.0$，將表 10.3 之樣本資料代入定義 10.2 之計算公告，吾人可得下列之變異數分析表：

表 10.4　產品個數之變異數分析表

變異來源	SS	df	MS	F
溫度	84.5	2	42.25	44.47
隨機	9.5	10	0.95	
總和	94.0	12		

其中之計算如下：

$$SSF = 4(10.25-7)^2 + 5(7.0-7.0)^2 + 4(3.75-7.0)^2 = 84.5$$
$$SSE = (4-1) \cdot 1.583 + (5-1) \cdot 0.5 + (4-1) \cdot 0.917 = 9.5$$

三、建立檢定法則：

由定理 10.1 得知檢定統計量 F 具有機率分配 $F(2,$

10)。若設定檢定之顯著水準 $\alpha = 0.05$，則由查閱表 8 得知 $F_{0.05}(2, 10) = 4.10$，所以由定理 10.2 可建立下列之檢定法則：

1. 若 $F > 4.10$，則棄卻 H_0。
2. 若 $F \leq 4.10$，則不棄卻 H_0。

四、做結論：

由表 10.4 得知 $F = 44.47 > 4.10$，所以我們在顯著水準 $\alpha = 0.05$ 下，採取棄卻 H_0 之決策。因此，我們可以說至少有一個室溫對產品生產率有顯著的影響。在三個檢定室溫水準下，產品之平均生產率有顯著的差異。

變異數分析方法最早應用在農業有關的實驗設計上，目前已被廣泛應用於各種科學領域，做為一個非常重要的統計分析推論與決策的技巧。學好此種方法對於使用統計者將有莫大的助益。

10.2 單因子變異數分析 —— 完全隨機設計

對於某些科學研究而言，我們必須控制研究中某些不是研究對象的因子，以便獲得某個研究變數的影響效果，此種研究

方法稱為實驗研究或**實驗設計** (Experimental Designs)。例如某個農業改良場將 3 種小麥種子種植在耕作條件相同的幾塊土地上，以檢驗不同種的小麥產量是否有顯著的不同，以便做為改良品種來提高產能，此時即可利用實驗設計的方法來檢定。在實驗設計中，我們稱小麥品種為因子，小麥品種有 3 種稱為 3 個處理或水準，3 個處理就有 3 個母體。實驗的目的在於研究 3 種小麥的產量是否相同。小麥產量稱為應變數或反應變數。

實驗設計中的單因子變異數分析通常可分為**完全隨機設計**與**隨機區集設計**。本節將介紹完全隨機設計之單因子變異數分析法，此法與本章第一節介紹的相同；所不同者是第一節的資料由隨機抽樣而取得，但實驗設計的資料卻是來自研究人員實驗設計的結果。接著我們來看下列之分析步驟、定義、定理、表格與範例。

定義 10.3　完全隨機設計 (Completely Randomized Design)

> 將實驗單元隨機區分為 k 個處理，再從每個處理中隨機抽取數個樣本的方法，或將 k 個處理隨機分配於樣本中的實驗單位以收集資料的方法稱為**完全隨機設計**。

完全隨機設計之單因子變異數分析的樣本資料如表 10.1 所示。

一、設定虛無假設與對立假設：

$$H_0: \mu_1 = \cdots = \mu_k \text{ 相對於 } H_a: \mu_i \text{ 不全等}$$

定義 10.4　處理間變異與隨機變異

(1) $SSTR = \sum_{i=1}^{k}\sum_{j=1}^{n_i}(\overline{X}_i - \overline{X})^2 = \sum_{i=1}^{k}n_i(\overline{X}_i - \overline{X})^2$ 稱為**處理間變異**（**組間變異**）。

(2) $MSTR = SSTR/(k-1)$ 稱為**組間平均變異**。

(3) $SSE = \sum_{i=1}^{k}\sum_{j=1}^{n_i}(X_{ij} - \overline{X}_i)^2$ 稱為**隨機變異**（**組內變異**）。

(4) $MSE = SSE/(n-k)$ 稱為**隨機平均變異**。

(5) $SST = SSTR + SSE$ 稱為**總變異**。

定理 10.3　檢定統計量 F

檢定統計量 $F = \dfrac{MSTR}{MSE}$ 具有機率分配 $F(k-1, n-k)$。

二、由樣本資料製作變異數分析表：

表 10.5　完全隨機設計之單因子變異數分析表

變異來源	平方和	自由度	平均平方和	檢定統計量
處理 (因子)	$SSTR$	$k-1$	$MSTR = SSTR/(k-1)$	$F = MSTR/MSE$
隨機 (組內)	SSE	$n-k$	$MSE = SSE/(n-k)$	
總和	SST	$n-1$		

三、建立檢定法則：

同定理 10.2。

四、做結論：

依據檢定法則，看檢定統計量 F 的值是否落在棄卻域，而結論 k 個母體平均值 μ_i 是否有顯著的差異。

範例 10.2

一個射擊俱樂部對一群隨機選取的首次射擊者做了一項實驗。此項實驗的目的是要確定射擊準確度是否受到射擊瞄準法：只用右眼，或只用左眼，或雙眼皆用之影響。15 個射擊新手被分成 3 組且施以同樣的訓練課程，除了射擊瞄準法之外。完成訓練課程之後，每個學徒分配到相同數目的子彈來打靶。他們的射擊成績如下表所列：

表 10.6　射擊成績之樣本資料

因子水準：射擊瞄準法		
右眼 (x_1)	左眼 (x_2)	雙眼 (x_3)
12	10	16
10	17	14
18	16	16
12	13	11
14		20
		21

其中 3 個因子水準的樣本平均數分別是 13.2、14.0 與 16.33 具總平均 $\bar{X}=14.67$，樣本變異數分別是 9.2、10.0 與 13.87。依據前述四個檢定步驟，我們可以利用表 10.6 的資料來檢定射擊瞄準法對於射擊準確度是否有顯著的影響。

令 μ_i 表 X_i 之平均數，$i=1,2,3$。

一、設定虛無假設與對立假設：

令 $H_0: \mu_1 = \mu_2 = \mu_3$，$H_a: \mu_1, \mu_2, \mu_3$ 不全等。

二、由樣本資料製作變異數分析表：

將表 10.6 之樣本資料代入定義 10.4 之公式計算，吾人可得下列之變異數分析表：

表 10.7 射擊成績之變異數分析表

變異來源	平方和	自由度	平均平方和	F
處理 (因子)	29.20	2	14.60	1.287
隨機 (組內)	136.13	12	11.34	
總和	165.33	14		

三、建立檢定法則：

由定理 10.3 得知檢定統計量 F 具有機率分配 $F(2, 12)$。若設檢定之顯著水準 $\alpha=0.05$，則由查閱表 8 得知 $F_{0.05}$

(2, 12) = 3.89，所以由定理 10.2 可建立以下之檢定法則：

1. 若 $F > 3.89$，則棄卻 H_0。
2. 若 $F \leq 3.89$，則不棄卻 H_a。

四、做結論：

由表 10.7 得知 $F = 1.287 < 3.89$，所以我們在顯著水準 $\alpha = 0.05$ 下，採取不棄卻 H_0 之決策。因此我們可以說三種射擊瞄準法對於射擊準確度並無顯著的差異。

10.3 單因子變異數分析——隨機區集設計

某一農業改良場，想要瞭解不同種類的肥料對於小麥產量的影響，則可採取隨機區集設計來做單因子變異數分析。假設現有 $A_1, \cdots, A_k$ 種肥料，且該農牧場規劃 b 區性質 (肥沃度) 相異的土地 $B_1, \cdots, B_b$ 來種植某種小麥，且設每區土地又分割為 k 個隨機處理的小塊耕地，分別施以 k 種不同肥料，我們可用圖 10.1 來表示這種隨機區集設計。

假設 $\{X_{ij}, \cdots, X_{kj}\}$ 代表第 j 塊土地上的 k 種肥料隨機處理之小麥產量樣本隨機變數，則我們可以表 10.8 來展示隨機區集之樣本資料。

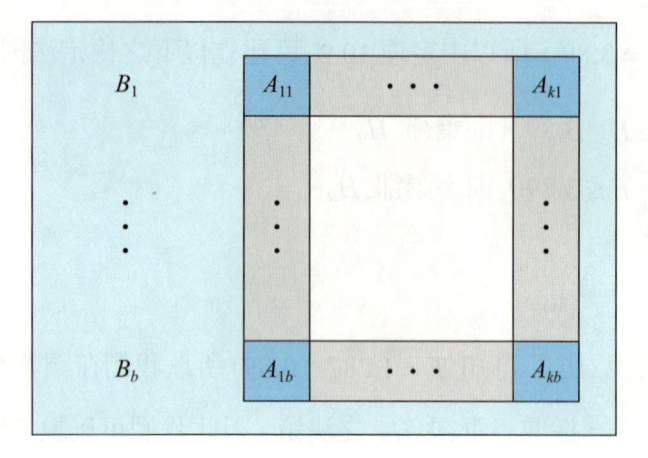

圖 10.1　隨機區集設計

表 10.8　隨機區集設計之樣本資料

B_1 (區集 1)：	X_{11}	⋯	X_{k1}
⋮	⋮		⋮
B_b (區集 b)：	X_{1b}	⋯	X_{kb}

而此種設計之統計模式為

$$X_{ij} = \mu + \tau_i + \beta_j + \varepsilon_{ij}, \ i = 1, \cdots, k; j = 1, \cdots, b,$$

其中 μ 為總體平均數，τ_i 為第 i 個處理之效應，β_j 為第 j 個區集之效應，且 ε_{ij} 為互相獨立之隨機誤差項 $N(0, \sigma^2)$，而且假設處理效應與區集效應之總和皆為 0，即 $\sum_{i=1}^{k} \tau_i = 0$ 且 $\sum_{j=1}^{b} \beta_j = 0$。

接著我們來看以下之定義、定理、表格與範例，以便學會如何執行隨機區集設計之單因子變異數分析。

定義 10.5　隨機區集設計 (Randomized Block Design)

依據時間、地理位置、材料等之中的某一性質將實驗單位分成 b 個區集，且在每一個區集中把 k 個處理隨機分配到實驗單位，以收集樣本資料的方法稱為**隨機區集設計**。

定義 10.6　隨機區集設計中之變異

(1) 總變異　$SST = \sum_{i=1}^{k}\sum_{j=1}^{b}(X_{ij}-\overline{X})^2$，

其中 $\overline{X} = \dfrac{1}{kb}\sum_{i=1}^{k}\sum_{j=1}^{b}X_{ij}$ 為樣本平均數。

(2) 因子變異　$SSTR = \sum_{i=1}^{k}\sum_{j=1}^{b}(\overline{X}_{i\cdot}-\overline{X})^2 = b\sum_{i=1}^{k}(\overline{X}_{i\cdot}-\overline{X})^2$，

其中 $\overline{X}_{i\cdot} = \dfrac{1}{b}\sum_{j=1}^{b}X_{ij}$。

(3) 區集變異　$SSBK = \sum_{i=1}^{k}\sum_{j=1}^{b}(\overline{X}_{\cdot j}-\overline{X})^2 = k\sum_{j=1}^{b}(\overline{X}_{\cdot j}-\overline{X})^2$，

其中 $\overline{X}_{\cdot j} = \dfrac{1}{k}\sum_{i=1}^{k}X_{ij}$。

(4) 隨機變異　$SSE = SST - SSTR - SSBK$
(5) 因子平均變異　$MSTR = SSTR/(k-1)$
(6) 區集平均變異　$MSBK = SSBK/(b-1)$
(7) 隨機平均變異　$MSE = SSE/[(k-1)(b-1)]$

定理 10.4　總變異

$$SST = SSTR + SSBK + SSE$$

隨機集區之單因子變異數分析與完全隨機設計之單因子變異數分析相似，請看下述。

一、設定虛無假設與對立假設：

$H_0 : \mu_1 = \cdots = \mu_k$ 相對於 $H_a : \mu_i$ 不全等，

其中 $\mu_i = \mu + \tau_i$ 為第 i 個因子平均數。

二、由樣本資料製作變異數分析表：

表 10.9　隨機區集設計之單因子變異數分析表

變異來源	平方和	自由度	平均平方和	檢定統計量
因子	SSTR	$k-1$	MSTR	$F = MSTR/MSE$
區集	SSBK	$b-1$	MSBK	
隨機	SSE	$(k-1)(b-1)$	MSE	
總和	SST	$kb-1$		

三、建立檢定法則：

定理 10.5　檢定統計量 F

檢定統計量 $F = MSTR/MSE$ 具有機率分配 $F(k-1, (k-1)(b-1))$。

定理 10.6　檢定法則

(1) 若 $F > F_\alpha(k-1, (k-1)(b-1))$，則棄卻 H_0。
(2) 若 $F \leq F_\alpha(k-1, (k-1)(b-1))$，則不棄卻 H_0。

四、做結論：

依據上列之檢定法則，看檢定統計量 F 的值是否落在棄卻域，而結論 k 個因子 (處理) 平均數 μ_i 是否有顯著的差異。

範例 10.3

我們想要比較四種同尺寸的輪胎之平均磨損程度。我們利用四輛汽車當區集，測試四種輪胎 A，B，C，D 隨機掛在每輛汽車上行駛在相同條件路面 20,000 公里後之磨損程度，這是一個隨機區集實驗設計。下表顯示此實驗之樣本資料 (單位為 0.001 吋)。

表 10.10　汽車輪胎磨損程度之樣本資料

汽車 (區集)	輪胎 (因子)				平均數
	A	B	C	D	
1	10	11	15	11	11.75
2	10	9	12	10	10.25
3	8	10	11	10	9.75
4	8	8	11	8	8.75
平均數	9.0	9.5	12.25	9.75	10.125

依據前述四個檢定步驟,我們可以利用表 10.10 之樣本資料來檢定四種輪胎的 20,000 公里平均磨損程度是否有顯著的差異。

令 μ_A,μ_B,μ_C,μ_D 分別表輪胎 A,B,C,D 之磨損程度的母體平均數。

一、設定虛無假設與對立假設:

令 $H_0: \mu_A = \mu_B = \mu_C = \mu_D$,$H_a: \mu_A$,$\mu_B$,$\mu_C$,$\mu_D$ 不全等。

二、由樣本資料製作變異數分析表:

將表 10.10 之樣本資料代入定義 10.6 之公式計算,吾人可得下列之變異數分析表:

表 10.11　輪胎磨損程度之變異數分析表

變異來源	平方和	自由度	平均平方和	F
輪胎 (因子)	25.25	3	8.42	13.16
區集 (汽車)	18.75	3	6.25	
隨機	5.75	9	0.64	
總和	49.75	15		

三、建立檢定法則:

由定理 10.5 得知檢定統計量 F 具有機率分配 $F(3, 9)$。若檢定之顯著水準 α 設為 0.05,則由查閱表 8 得知 $F_{0.05}(3, 9) = 3.86$,所以由定理 10.6 可建立下列之檢定法則:

1. 若 $F > 3.86$，則棄卻 H_0。
2. 若 $F \leq 3.86$，則不棄卻 H_0。

四、做結論：

由表 10.11 得知 $F = 13.16 > 3.86$，所以在 $\alpha = 0.05$ 下，我們採取棄卻 H_0 之決策。亦即樣本資料提供了四種輪胎之磨損程度平均數有顯著差異的證據。

10.4 雙因子變異數分析

前節我們考慮過小麥產量可能受到肥料種類的影響，其實也可能受到小麥種類的影響。像這種考慮兩個或兩個以上因子的影響之實驗稱為因子實驗。

定義 10.7　雙因子變異數分析

分析雙因子實驗之樣本資料的變異數稱為**雙因子變異數分析**。

雙因子變異數分析與隨機區集變異數分析相似，我們介紹如下。假設雙因子實驗的兩個因子分別有 r 個與 c 個處理，且不考慮這兩個因子的交叉影響。因此只需分別對 $r \times c$ 個實驗單元施以處理，可得下列之樣本資料表：

表 10.12　無交叉影響之雙因子實驗樣本資料

因子	B_1	$\cdots$	B_c	$\overline{X}_{i\cdot}$
A_1	X_{11}	$\cdots$	X_{1c}	$\overline{X}_{1\cdot}$
$\vdots$	$\vdots$	$\vdots$	$\vdots$	$\vdots$
A_r	X_{r1}	$\cdots$	X_{rc}	$\overline{X}_{r\cdot}$
$\overline{X}_{\cdot j}$	$\overline{X}_{\cdot 1}$	$\cdots$	$\overline{X}_{\cdot c}$	$\overline{X}$

其中 $\overline{X}_{i\cdot} = \dfrac{1}{c}\sum_{i=1}^{c} X_{ij}$：A 因子的第 i 組平均數；

$\overline{X}_{\cdot j} = \dfrac{1}{r}\sum_{i=1}^{r} X_{ij}$：B 因子的第 j 組平均數；

$\overline{X} = \dfrac{1}{rc}\sum_{i=1}^{r}\sum_{j=1}^{c} X_{ij}$：總平均數。

當雙因子無交叉影響時，其變異數分析的方法與前節相同，我們可得到下列定理：

定理 10.7　雙因子變異數結構

$$SST = SSF_A + SSF_B + SSE$$

此處 $SST = \sum_{i=1}^{r}\sum_{j=1}^{c}(X_{ij} - \overline{X})^2$：總變異；

$SSF_A = \sum_{i=1}^{r}\sum_{j=1}^{c}(\overline{X}_{i\cdot} - \overline{X})^2$：A 因子之變異；

$SSF_B = \sum_{i=1}^{r}\sum_{j=1}^{c}(\overline{X}_{\cdot j} - \overline{X})^2$：B 因子之變異；

SSE：隨機變異。

第十章　變異數分析　263

　　檢定 A 因子與 B 因子對實驗結果有無影響之步驟與前節相似，請看以下之介紹。

一、設定虛無假設與對立假設：

1. 檢定 A 因子有無影響

令 H_0：A 因子對實驗結果無影響

　H_a：A 因子對實驗結果有影響

2. 檢定 B 因子有無影響

令 H_0'：B 因子對實驗結果無影響

　H_a'：B 因子對實驗結果有影響

二、由樣本資料製作變異數分析表：

表 10.13　無交叉影響之雙因子變異數分析表

變異來源	平方和	自由度	平均平方和	F 值
A 因子	SSF_A	$r-1$	$MSF_A = \dfrac{SSF_A}{r-1}$	$F_A = \dfrac{MSF_A}{MSE}$
B 因子	SSF_B	$c-1$	$MSF_B = \dfrac{SSF_B}{c-1}$	$F_B = \dfrac{MSF_B}{MSE}$
隨機	SSE	$(r-1)(c-1)$	$MSE = \dfrac{SSE}{(r-1)(c-1)}$	
總和	SST	$rc-1$		

三、建立檢定法則：

定理 10.8　檢定統計量

(1) 檢定 A 因子有無影響時以 F_A 為檢定統計量，且 F_A 具有機率分配 $F(r-1, (r-1)(c-1))$。

(2) 檢定 B 因子有無影響時以 F_B 為檢定統計量，且 F_B 具有機率分配 $F(c-1, (r-1)(c-1))$。

定理 10.9　檢定法則

1. 檢定 A 因子之法則：
   (1) 若 $F_A > F_\alpha(r-1, (r-1)(c-1))$，則棄卻 H_0。
   (2) 若 $F_A \leq F_\alpha(r-1, (r-1)(c-1))$，則不棄卻 H_0。
2. 檢定 B 因子之法則：
   (1) 若 $F_B > F_\alpha(c-1, (r-1)(c-1))$，則棄卻 H_0'。
   (2) 若 $F_B \leq F_\alpha(c-1, (r-1)(c-1))$，則不棄卻 H_0'。

四、做結論：

依據上列之檢定法則，看統計量 F_A (F_B) 是否落在棄卻域，而結論 A(B) 因子對實驗結果是否有顯著的影響。

範例 10.4

某工廠安排兩名工人使用兩部不同廠牌的機器製造某種產品。假設工人甲在第一週與第二週生產，工人乙在第三週與

第四週生產，機器 1 在第一與第三週使用，機器 2 在第二與第四週使用，且每週之生產工作條件相同，下表記錄了每週之產量。

表 10.14　樣本資料表

	機器 1	機器 2
工人甲	358	486
工人乙	428	552

我們可視工人甲與工人乙為 A 因子的兩個水準，而機器 1 與機器 2 為 B 因子的兩個水準；表 10.14 則為一個雙因子實驗之樣本資料表。我們可以檢定 A、B 兩個因子對產品產量是否有顯著影響。假設 A、B 兩因子無交叉影響。

一、設定虛無假設與對立假設：

1. 檢定 A 因子：

令 H_0：工人對產量無影響

H_a：工人對產量有影響

2 檢定 B 因子：

令 H_0'：機器對產量無影響

H_a'：機器對產量有影響

二、由樣本資料製作變異分析表：

表 10.15　工人與機器對產量影響之變異數分析表

變異來源	平方和	自由度	平均平方和	F
工人	4624	1	4624	1156
機器	15876	1	15876	3696
隨機	4	1	4	
總和	20504	3		

三、建立檢定法則：

由定理 10.8 得知檢定統計量 F_A 與 F_B 皆具有機率分配 $F(1, 1)$ 且由查表得知 $F_{0.05}(1, 1) = 161$。所以由定理 10.9 可建立下列之檢定法則：

1. 若 $F_A > 161$，則棄卻 H_0；

   若 $F_A \leq 161$，則不棄卻 H_0；

2. 若 $F_B > 161$，則棄卻 H_0'；

   若 $F_B \leq 161$，則不棄卻 H_0'。

四、做結論：

由表 10.15 得知 $F_A = 1,156 > 161$ 且 $F_B = 3969 > 161$，所以在 $\alpha = 0.05$ 下，我們採取棄卻 H_0 與 H_0' 之決策。換句話說，樣本資料顯示工人與機器對於產品產量有顯著的影響。

由於具交叉影響的雙因子變異數分析較為複雜，所以本書不做詳細介紹，同學可於修習研究所課程或在專門的變異數分析課程中學到。

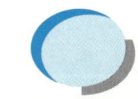

個案分析與 Excel 應用

ch10a 單因子變異數分析之完全隨機設計

在一體適能訓練中心，為瞭解學員的體質指數 (BMI)，由三種不同肥胖程度的學員中分別抽樣六位學員量測他們的體質指數，資料見圖 ch10.1。令顯著水準為 5%，檢定在不同肥胖程度上平均體質指數是否有顯著的差異？

步驟：建立 ch10a 的資料集，見圖 ch10.1~3。

	A	B	C	D	E
1		1	2	3	
2		21.3	26.3	29.7	
3		22.1	24.8	28.4	
4		21.3	24.8	27.8	
5		19.7	25.1	27.5	
6		23.4	24.8	29.7	
7		21.1	26.8	27.2	

圖 ch10.1

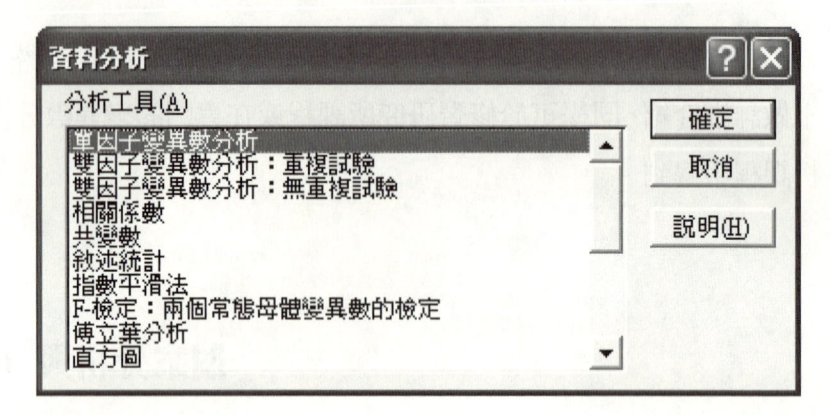

圖 ch10.2

圖 ch10.3

1. 選取工具 → 資料分析 → 單因子變異數分析。
2. 在方塊中，設定 → 輸入範圍 B1：D7，→ 勾選標記在第一列。
3. 設定輸出範圍於 F2，完成存檔。

ch10b 單因子變異數分析之隨機區集設計

在三種肥胖程度的體適能訓練中心的學員中分別抽樣六位學員，每位學員指定由一位護士量測體質指數，資料如下。這六位具有同等經驗的護士則被視為區集，檢定在不同的肥胖程度上平均體質指數 (BMI) 是否具有顯著差異？令顯著水準為 5%。

體質指數	肥胖程度		
	1	2	3
護士 1	21.3	26.3	29.7
2	22.1	24.8	28.4
3	21.3	24.8	27.8
4	19.7	25.1	27.5
5	23.4	24.8	29.7
6	21.1	26.8	27.2

步驟：建立 ch10b 的資料集，見圖 ch10.4~6。

1. 選取工具 → 資料分析 → 雙因子變異數分析：無重複試驗。
2. 在方塊中，設定 → 輸入範圍 B2：E8，→ 勾選標記。
3. 設定輸出範圍於 G2，完成存檔。

270 統計學

圖 ch10.4

圖 ch10.5

圖 ch10.6

ch10c 相同重複試驗的雙因子變異數分析

在一體適能訓練中心，學員體重是一項重要指標，為詳細比較在不同性別 (0 = 女性，1 = 男性) 且在體適能訓練課程的興趣 (1 = 沒興趣，2 = 普通，3 = 有興趣) 上，可能存在學員的體重差異性。因此，在同一興趣程度與性別中隨機抽樣 3 位學員登錄他們的體重，資料如下。試檢定體重在性別與興趣上分別有顯著差異，顯著水準為 5%。

	興趣 1	興趣 2	興趣 3
0 = female	70	76	60
	56	58	70
	55	58	73
1 = male	70	65	73
	82	76	75
	85	84	75

步驟： 建立 ch10c 的資料集，見圖 ch10.7~9。

1. 選取工具 → 資料分析 → 雙因子變異數分析：重複試驗。
2. 在方塊中，設定 → 輸入範圍於 B2：E8，
3. 在方塊中，設定 → 每一樣本的列數為 3，亦即重複的試驗次數。
4. 設定輸出範圍於 G2，完成存檔。

272 統計學

	A	B	C	D	E
1				興趣	
2			1	2	3
3		0=female	70	76	60
4			56	58	70
5			55	58	73
6		1=male	70	65	73
7			82	76	75
8			85	84	75

圖 ch10.7

圖 ch10.8

圖 ch10.9

本章習題

1. 設 X_1, X_2, X_3, X_4 為獨立的隨機變數，其分配分別為 $N(\mu, \sigma^2)$，$i = 1, 2, 3, 4$。現從這四個分配中各抽出一組隨機樣本如下表所示

X_1	13	8	9
X_2	15	11	13
X_3	8	12	7
X_4	11	15	10

   試在顯著水準 $\alpha = 0.05$ 下檢定虛無假設 $H_0 : \mu_1 = \mu_2 = \mu_3 = \mu_4$。

2. 有四群羊，每群有三隻。不同群的羊依不同方法飼養，經過一段時間後記錄其體重 (公斤) 如下：

   X_1：　194　　182　　187
   X_2：　216　　203　　216
   X_3：　178　　189　　181
   X_4：　197　　202　　209

   假設 μ_i 表第 i 群羊的母體體重平均數，$i = 1, 2, 3, 4$。試在顯著水準 $\alpha = 0.05$ 下，檢定虛無假設 $H_0 : \mu_i$ 全等。

3. 某花園種植了白色、粉紅色、黃色，及暗紅色等四種鬱金香，記為 1, 2, 3, 4。每種顏色的花皆隨機測量 5 株的花莖長度 (單位：公分)，得到下列之樣本資料：

X_1 :　13.75　13.00　14.25　12.00　12.25
X_2 :　13.75　14.50　12.75　14.50　13.25
X_3 :　12.75　12.50　12.00　14.00　13.00
X_4 :　16.75　14.25　14.50　15.50　13.75

假設 μ_i 表第 i 種鬱金香花莖的平均長度，$i = 1, 2, 3, 4$。試在顯著水準 $\alpha = 0.05$ 下，對虛無假設 $H_0 : \mu_1 = \mu_2 = \mu_3 = \mu_4$ 作檢定。

4. 一位柴油動力汽車的駕駛員決定檢驗在某地區賣出的三種牌子柴油燃料的品質。利用下列資料 (單位：哩/加侖) 檢定三種牌子的平均數全等之虛無假設。令 $\alpha = 0.05$。

A 牌：　38.7　39.2　40.1　38.9
B 牌：　41.9　42.3　41.3
C 牌：　40.8　41.2　39.5　38.9　40.3

5. 一位農夫想要檢驗用在他的大豆田之四種肥料。他規劃了一些面積、土壤與氣候條件相同的小田。他分別使用肥料 A，B，C，D 在 6，8，9，7 塊小田上，得到了下列大豆產量之樣本資料 (單位：公斤)：

肥料	產量
A	47　42　43　46　44　42
B	51　58　62　49　53　51　50　59
C	37　39　41　38　39　42　37　36　40
D	42　43　42　45　47　50　48

請問四種肥料對於大豆平均產量有顯著差異嗎？

6. 檢驗四種品牌燻肉的脂肪含量而得下列樣本資料：

品　牌	脂肪含量 (%)				
1	41	42	40	44	43
2	38	34	36	37	38	36
3	42	45	48	46	47	48
4	54	52	51	52	53

在顯著水準 $\alpha = 0.05$ 下，四種品牌燻肉的平均脂肪含量有顯著的差異嗎？

7. 三種洗潔精阻止 300 C.C. 奶瓶中細菌成長的效果被比較分析。在實驗室中做了一個隨機區集實驗，每天隨機使用這三種洗潔精清洗 300 C.C. 奶瓶，連續取樣四天，記錄奶瓶中的細菌數目，得到下列之樣本資料：

洗潔精	第一天	第二天	第三天	第四天
1	13	22	18	39
2	16	24	17	44
3	5	4	1	22

分析上列資料並做結論。

8. 一位工程師進行了一項注目時間的實驗。他對於受注目物體距離眼睛的長短在注目時間的效應有興趣。四個距離是有興趣的且有五個物體可供實驗。爲了避免物體之間的差異引起之變異效應，他進行一項隨機區集設計的實驗，收集到下列樣本資料 (單位：分鐘)：

276 統計學

表 10.12 無交叉影響之雙因子實驗樣本資料

距離（公尺）	物體 1	物體 2	物體 3	物體 4	物體 5
4	10	6	6	6	6
6	7	6	6	1	6
8	5	3	3	2	5
10	6	4	4	2	3

分析上列資料並做適當之結論。

9. 下表記錄了四種小麥使用三種肥料所收成之度量 (單位：公斤/平方公尺)：

| 肥　料 | 小麥種類 ||||
	A	B	C	D
α	8	3	6	7
β	10	4	5	8
γ	8	4	6	7

檢定下列兩個虛無假設：

(1) H_0：四種小麥有相同的平均產量。

(2) H_0：三種肥料有相等之效果。

10. 下表記錄了小於 50 歲與大於等於 50 歲的男人和女人各 7 位之膽固醇水準。

在顯著水準 $\alpha = 0.05$ 下，檢定

(1) H_A：膽固醇與性別無關。

(2) H_B：50 歲前後的膽固醇無差異。

性　別	年　齡	
	< 50	≥ 50
女人	221	262
	213	193
	202	224
	183	201
	185	161
	197	178
	162	265
男人	271	192
	192	253
	189	248
	209	278
	227	232
	236	267
	142	289

第十一章　簡單迴歸分析與相關分析

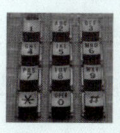

11.1　簡單迴歸分析

11.2　相關分析

11.3　相關分析與迴歸分析之關係

個案分析與 Excel 應用

附　錄

11.1 簡單迴歸分析

當兩個屬量被放在一起研究時，我們通常藉由控制一個變數的值來控制另一個變數；或是基於某一變數的相關知識來預測另一變數的值。此兩者情況，我們皆想藉由獨立 (或輸入) 變數的值來做相關 (或輸出) 變數的值之最佳預測，即欲求

一條最佳配適線 (A Best Fitting Line)。而本節所要介紹的簡單迴歸分析就是要進一步介紹最佳配適線的建立、檢定及其應用，以便讀者對此一主題有較完整之認識。

簡單迴歸分析 (Simple Regression Analysis) 就是討論，研究一個相關變數與一個獨立變數之間關係的統計方法，即迴歸方程式中只有一個獨立變數的迴歸分析方法。本節所要介紹的簡單線性迴歸分析方法包含四個步驟，請看下列之敘述。

一、定義線性迴歸模型 (Linear Regression Model)

令 x 表獨立變數且 y 表相關變數，b_1 與 b_0 為固定實數，ε 常態隨機變數 $N(0, \sigma^2)$ 且 σ^2 未知。

定義

$$y = b_1 x + b_0 + \varepsilon，$$

上式稱為 y 對 x 的線性迴歸模型。

二、利用最小平方法 (Least Squares Method) 求線性迴歸估計式

令 (x_1, y_1)，$\cdots$，(x_n, y_n) 為 (x, y) 的一組樣本資料，

$$\bar{x} = \sum_{1}^{n} x_i / n，\quad \bar{y} = \sum_{1}^{n} y_i / n，$$

$$S_x^2 = \sum_{1}^{n} (x_i - \bar{x})^2 / (n-1)$$

$$= \left[\sum_1^n x_i^2 - \frac{1}{n}\left(\sum_1^n x_i\right)^2\right]/(n-1),$$

$$S_{xy} = \sum_1^n (x_i - \overline{x})(y_i - \overline{y})/(n-1)$$

$$= \left[\sum_1^n x_i y_i - \frac{1}{n}\left(\sum_1^n x_i\right)\left(\sum_1^n y_i\right)\right]/(n-1) \text{。}$$

則利用最小平方法求 b_1 與 b_0 之估計量為

$$\hat{b}_1 = \frac{S_{xy}}{S_x^2} = \left[\sum_1^n x_i y_i - \frac{1}{n}\left(\sum_1^n x_i\right)\left(\sum_1^n y_i\right)\right] \bigg/ \left[\sum_1^n x_i^2 - \frac{1}{n}\left(\sum_1^n x_i\right)^2\right],$$

$$\hat{b}_0 = \overline{y} - \hat{b}_1 \overline{x} = \frac{1}{n}\left[\sum_1^n y_i - \hat{b}_1 \sum_1^n x_i\right] \text{。}$$

線性迴歸估計式即為

$$\hat{y} = \hat{b}_1 x + \hat{b}_0,$$

而直線 $y = \hat{b}_1 x + \hat{b}_0$ 稱為**迴歸直線** (Regression Line) 或**最佳配適線**。

三、檢定獨立變數 x 對相關變數 y 是否有直線影響

檢定虛無假設 $H_0 : b_1 = 0$，即是檢定迴歸直線中的 x 對 y 是否有直線性的影響。令母體變異數 σ^2 的估計量為

$$S_e^2 = \frac{1}{n-2}\sum_1^n (y_i - \hat{y}_i)^2 = \frac{1}{n-2}\left[\sum_1^n y_i^2 - \hat{b}_1 \sum_1^n x_i y_i - \hat{b}_0 \sum_1^n y_i\right]$$

或 $S_e^2 = \dfrac{1}{n-2}[S_y^2 - \hat{b}_1 \cdot S_{xy}]$

其中 $S_y^2 = \sum\limits_1^n y_i^2 - \left(\sum\limits_1^n y_i\right)^2 / n$

且 $S_{\hat{b}_1}^2 = \dfrac{S_e^2}{\sum\limits_1^n (x_i - \bar{x})^2} = \dfrac{S_e^2}{\sum\limits_1^n x_i^2 - \left(\sum\limits_1^n x_i\right)^2 / n}$,

則當 H_0 為真時,隨機變數 $T = \hat{b}_1 / S_{\hat{b}_1}$ 具有以 $n-2$ 為自由度之 t 分配。所以我們採用 T 為檢定 H_0 之統計量。

四、做預測及信賴區間估計

若檢定決策為棄卻 H_0,即樣本資料支持我們主張獨立變數 x 對 y 有直線性的影響,則當 $x = x_0$ 時,我們可得

1. y 的預測值為 $\hat{y}_0 = \hat{b}_1 x_0 + \hat{b}_0$。

2. 條件平均數 $\mu_{y|x_0} = E(y|x_0)$ 的一個 $100(1-\alpha)\%$ 信賴區間為

$$\hat{y}_0 \pm t_{\alpha/2}(n-2) \cdot S_e \cdot \sqrt{\dfrac{1}{n} + \dfrac{(x_0 - \bar{x})^2}{\sum (x_i - \bar{x})^2}}$$ 。

3. 隨機選取之 y 值 (即 y_0) 的一個 $100(1-\alpha)\%$ 預測 (信賴) 區間為

$$\hat{y}_0 \pm t_{\alpha/2}(n-2) \cdot S_e \cdot \sqrt{1 + \dfrac{1}{n} + \dfrac{(x_0 - \bar{x})^2}{\sum (x_i - \bar{x})^2}}$$

範例 11.1

下表是某家公司的 15 個員工之通勤上班樣本資料，其中 x 代表員工家與公司之距離 (單位：公里)，而 y 為單程的通勤時間 (單位：分鐘)。

表 11.1　員工通勤之距離與時間

員工	x	y	x^2	xy	y^2
1	3	7	9	21	49
2	5	20	25	100	400
3	7	20	49	140	400
4	8	15	64	120	225
5	10	25	100	250	625
6	11	17	121	187	289
7	12	20	144	240	400
8	12	35	144	420	1,225
9	13	26	169	338	676
10	15	25	225	375	625
11	15	35	225	525	1,225
12	16	32	256	512	1,024
13	18	44	324	792	1,936
14	19	37	361	703	1,369
15	20	45	400	900	2,025
總和	184	403	2,616	5,623	12,493

我們可以利用上表之樣本資料來做 y 對 x 的簡單線性迴歸分析。

一、定義線性迴歸模型

令 $y = b_1 x + b_0 + \varepsilon$ 為 y 對 x 之線性迴歸模型。

二、利用最小平方法求線性迴歸估計式

$$S_x^2 = \sum x_i^2 - \frac{1}{n}(\sum x_i)^2 = 2616 - \frac{1}{15}184^2 = 358.9333$$

$$S_{xy} = \sum x_i y_i - \frac{1}{n}\sum x_i \sum y_i = 5623 - \frac{1}{15}184 \cdot 403 = 679.5333$$

$$\hat{b}_1 = \frac{679.5333}{358.9333} = 1.893202 \doteqdot 1.89$$

$$\hat{b}_0 = \frac{1}{n}(\sum y_i - \hat{b}_1 \sum x_i) = \frac{1}{15}(403 - 1.89 \cdot 184) \doteqdot 3.64$$

所求之線性迴歸估計式為

$$\hat{y} = 1.89x + 3.64 \text{。}$$

三、檢定 x 對 y 是否有直線影響

檢定 $H_0 : b_1 = 0$ 相對於 $H_a : b_1 > 0$。

我們採用 T 為檢定統計量，而

$$S_e^2 = \frac{1}{n-2}\left(\sum y_i^2 - \hat{b}_1 \sum x_i y_i - \hat{b}_0 \sum y_i\right)$$

$$= \frac{1}{13}(12493 - 1.89 \cdot 5623 - 3.64 \cdot 403)$$

$$= \frac{379.24}{13} \doteqdot 29.17$$

或
$$S_e^2 = \frac{1}{n-2} = (S_y^2 - \hat{b}_1 \cdot S_{xy})$$
$$= \frac{1}{13}(1665.73 - 1.89 \cdot 679.53)$$

且
$$S_{\hat{b}_1}^2 = \frac{S_e^2}{\sum x_i^2 - (\sum x_i)^2/n} = \frac{29.17}{358.9333} \doteqdot 0.0813 \text{。}$$

當 H_0 爲眞時，$T = \hat{b}_1/S_{\hat{b}_1}$ 具有機率分配 $t(13)$ 且 $t_{0.05}(13) = 1.77$。所以

$$T = \hat{b}_1/S_{\hat{b}_1} = 1.89/\sqrt{0.0813} = 6.629 > 1.77 \text{。}$$

因此我們棄卻 H_0 而主張 $b_1 > 0$ 是顯著的，即認爲 y 可以用 x 的一個斜率爲正的線性函數來預測。

四、做預測及信賴區間估計

因爲我們棄卻 H_0，所以我們可以利用線性迴歸估計式 $\hat{y} = 1.89x + 3.64$ 來做預測及信賴區間估計。例如當 $x = 7$ 時，我們有

1. y 的預測值爲 $\hat{y}_0 = 1.89 \cdot 7 + 3.64 = 16.87$。
2. 條件平均數 $\mu_{y|x=7}$ 的一個 95% 信賴區間爲

$$\hat{y}_0 \pm t_{0.025}(13) \cdot S_e \cdot \sqrt{\frac{1}{n} + \frac{(x_0 - \bar{x})^2}{\sum (x_i - \bar{x})^2}}$$

$$= 16.87 \pm (2.16)(5.40)\sqrt{\frac{1}{15} + \frac{(7-12.27)^2}{358.9333}}$$
$$= 16.87 \pm 4.43 \text{,}$$

即 [12.44, 21.30]。

3. $y_{x=7}(= y_0)$ 的一個 95% 預測區間為

$$\hat{y}_0 \pm t_{0.025}(13) \cdot S_e \cdot \sqrt{1 + \frac{1}{n} + \frac{(x_0 - \bar{x})^2}{\sum (x_i - \bar{x})^2}}$$

$$= 16.87 \pm (2.16)(5.40)\sqrt{1 + \frac{1}{15} + \frac{(7-12.27)^2}{358.9333}}$$

$$= 16.87 \pm 12.48 \text{,}$$

即 [4.39, 29.35]。

11.2 相關分析

相關分析 (Correlation Analysis) 是研究變數間關係之方向及程度的一種統計方法。第三章第 2 節已簡介過兩個屬量變數之線性相關分析，本節將就此一主題做進一步且完整之介紹，以便讀者能充分瞭解並學會使用線性相關分析這個方法。

假設 X 與 Y 為兩個隨機變數，而 (x_1, y_1), $\cdots$, (x_n, y_n) 為來自 (X, Y) 的一組隨機樣本資料，我們有以下兩個定義：

定義 11.1　相關係數 (Correlation Coefficient)

令 σ_X 與 σ_Y 分別為 X 與 Y 的標準差且 σ_{XY} 為 X 與 Y 的共變異數，則

$$\rho_{XY} = \frac{\sigma_{XY}}{\sigma_X \sigma_Y}$$

稱為 X 與 Y 的相關係數。

定義 11.2　樣本相關係數 (Sample Correlation Coefficient)

$$r_{XY} = \frac{S_{XY}}{S_X S_Y} = \sum_{i=1}^{n}(x_i - \overline{x})(y_i - \overline{y}) \Big/ \sqrt{\sum_{i=1}^{n}(x_i - \overline{x})^2 \sum_{i=1}^{n}(y_i - \overline{y})^2}$$

稱為 X 與 Y 的樣本相關係數，即定義 3.4 的皮耳森相關係數。

ρ_{XY} 是用來衡量 X 與 Y 的線性相關之方向與程度的一個係數，但通常是未知的。而當樣本數 n 夠大時，r_{XY} 是 ρ_{XY} 的一個良好估計量，所以我們可以透過 r_{XY} 來衡量 X 與 Y 的線性關係。如果我們要檢定 X 與 Y 是否有線性關係，可令

$$H_0 : \rho_{XY} = 0 \, ,$$
$$H_a : \rho_{XY} \neq 0 \, ;$$

且可利用 t 檢定。假設 X, Y 為二元常態分配，在虛無假設 H_0 為真的情況下，我們有下列定理：

定理 11.1　t 檢定統計量

檢定統計量 $t = r_{XY} / \sqrt{(1 - r_{XY}^2)/(n-2)}$ 具有機率分配 $t(n-2)$。

接著我們來看以下之範例。

範例 11.2

某個國家的 10 個大都會區的人口數 (單位：百萬) 與暴力犯罪率 (每 1000 件) 如下表所列：

人口數	10.0	1.3	2.1	7.0	4.4	0.3	0.3	0.2	0.2	0.4
犯罪率	12.0	9.5	9.2	8.4	8.2	7.3	7.1	7.0	6.9	6.9

令 x_i 表人口數，y_i 表犯罪率，且 n 表樣本大小。則經計算得 $n = 10$，$\sum_{i=1}^{n} x_i = 26.2$，$\sum_{i=1}^{n} y_i = 82.5$，$\sum_{i=1}^{n} x_i^2 = 174.88$，$\sum_{i=1}^{n} y_i^2 = 704.61$，$\sum_{i} x_i y_i = 256.41$。

所以 $\sum_{i=1}^{n}(x_i - \bar{x})(y_i - \bar{y}) = 256.41 - (26.2)(82.5)/10 = 40.26$，

$$\sum_{i=1}^{n}(x_i - \bar{x})^2 = 174.88 - (26.2)^2/10 = 106.236,$$

$$\sum_{i=1}^{n}(y_i - \bar{y})^2 = 704.61 - (82.5)^2/10 = 23.985。$$

因此，樣本相關係數之值為

$$r_{XY} = 40.26/\sqrt{(106.236)(23.985)} = 0.798,$$

此可視為母體相關係數 ρ 的一個估計值。而檢定人口數與暴力犯罪率是否具線性相關性，我們令

$$H_0 : \rho = 0，相對於 \quad H_a : \rho \neq 0。$$

檢定統計量 $t = 0.798/\sqrt{(1-0.798^2)/8} = 3.745$，而 $t_{0.025}(8) = 2.306 < 3.745$。因此在顯著水準 $\alpha = 0.05$ 下，我們棄卻 H_0 而來接受 H_a。也就是說有充分理由讓我們認為人口數與暴力犯罪率有顯著的線性關係。

11.3 相關分析與迴歸分析之關係

當我們分析兩個變數 X 對 Y 的線性關係時，可用簡單相關分析或簡單迴歸分析來進行。相關分析是討論 X 與 Y 線性相關的方向與程度，而迴歸分析則是探討 X 對 Y 的線性影響效果。

令 $(x_1, y_1), \cdots, (x_n, y_n)$ 為二元常態隨機變數 (X, Y) 的一組隨機樣本資料，由前述兩節之公式，吾人可得樣本相關係數 r_{XY} 與迴歸係數 $\hat{b}_1$，而此兩者之密切關係如下列定理所述。

定理 11.2　相關係數與迴歸係數之關係

$$\hat{b}_1 = \frac{S_y}{S_x} r_{XY},$$

其中 S_x 與 S_y 分別為 X 與 Y 之樣本標準差。

因為 S_x 與 S_y 皆大於 0，所以 r_{XY} 與 $\hat{b}_1$ 的符號一致；換言之，當 r_{XY} 為正時，$\hat{b}_1$ 亦為正，反之亦然。我們亦可利用 r_{XY} 之值來計算 $\hat{b}_1$ 之值，請看下列範例。

範例 11.3

利用範例 11.2 之樣本資料，吾人已得人口數 X 與暴力犯罪率 Y 之樣本相關係數 $r_{XY} = 0.798$。又

$$S_x^2 = 106.236/9 = 11.804,$$
$$S_y^2 = 23.985/9 = 2.665,$$

所以

$$S_x = \sqrt{11.804} = 3.435,$$
$$S_y = \sqrt{2.665} = 1.632 \text{。}$$

因此迴歸係數為

$$\hat{b}_1 = \left(\frac{1.632}{3.435}\right)(0.798) = 0.379 \text{。}$$

進一步計算得迴歸直線常數 $\hat{b}_0$ 為

$$\hat{b}_0 = \bar{y} - \hat{b}_1\bar{x} = \frac{82.5}{10} - (0.379)\frac{26.2}{10} = 7.257,$$

所以 Y 對 X 之迴歸直線方程式為

$$y = 0.379x + 7.257 \text{。}$$

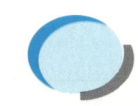

個案分析與 Excel 應用

ch11a 相關係數的檢定與直線迴歸

考慮 5 筆 (x, y) 配對資料如下：

x	6	11	15	21	27
y	6	9	6	14	15

(一) 試檢定 x 與 y 的相關係數是否顯著不等於 0？令顯著水準 $\alpha = 0.05$。

(二) 計算 y 對 x 的直線迴歸。

步驟一：相關係數的檢定，建立 ch11a 的資料集，見圖 ch11.1。

1. x 與 y 相關係數的計算，詳見個案分析範例 ch3c。

2. 在 E7 計算 t 檢定統計量，輸入公式 = F3/SQRT((1–F3^2)/(5–2))，

在 F7 計算 p-值,輸入公式 = TDIST (E7, 3, 2),

在 G7 計算 t 分配的右尾百分位數,輸入公式 = TINV (0.05, 3)。

3. 完成存檔。

步驟二:計算 y 對 x 的直線迴歸,開啟 ch11a 的資料集,見圖 ch11.1~4。

1. 選取工具 → 資料分析 → 迴歸。

2. 迴歸方塊中,設定 輸入 Y 範圍 C1:C6,X 範圍 B1:B6,→ 勾選「標記」,→ 勾選「信賴度」為 95%。

3. 設定輸出範圍於 A9,完成存檔。

	A	B	C	D	E	F	G
1	資料	x	y			x	y
2	1	6	6	x		1	
3	2	11	9	y		0.8740	1
4	3	15	6				
5	4	21	14				
6	5	27	15		t-檢定	p-值	臨界值
7					3.1156	0.0527	3.1824

圖 ch11.1

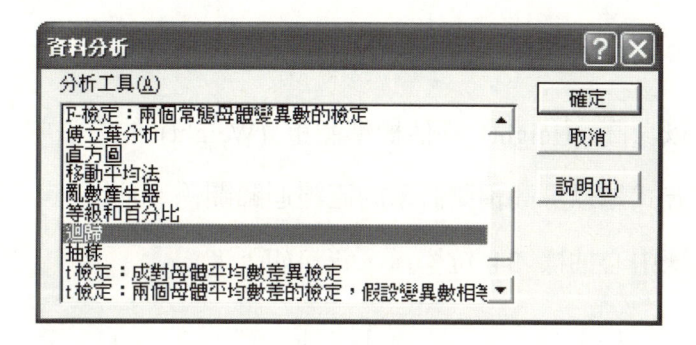

第十一章　簡單迴歸與相關分析　293

圖 ch11.2

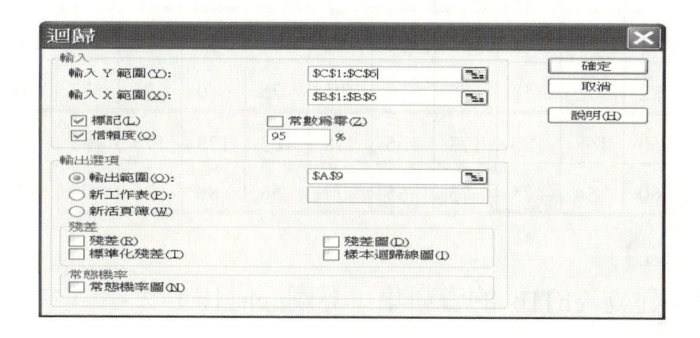

圖 ch11.3

	A	B	C	D	E	F	G
9	摘要輸出						
10							
11	迴歸統計						
12	R 的倍數	0.8740					
13	R 平方	0.7639					
14	調整的 R 平方	0.6852					
15	標準誤	2.4132					
16	觀察值個數	5					
17							
18	ANOVA						
19		自由度	SS	MS	F	顯著值	
20	迴歸	1	56.5294	56.5294	9.7071	0.0527	
21	殘差	3	17.4706	5.8235			
22	總和	4	74				
23							
24		係數	標準誤	t 統計	P-值	下限 95%	上限 95%
25	截距	2.7059	2.5779	1.0496	0.3710	-5.4982	10.9100
26	x	0.4559	0.1463	3.1156	0.0527	-0.0098	0.9215

圖 ch11.4

ch11b 直線迴歸

以身高 (Height) 評估標準體重 (Weight) 的方法中，最簡單的方式是以身高預測體重的直線迴歸關係。因此，自一體適能訓練中心抽樣 34 位學員，資料如下。

Height	175	173	174	175	173	165	185	172	175	179	175	178
Weight	76	70	75	77	70	58	85	84	85	73	82	70
Height	183	178	165	167	168	182	168	163	183	183	160	188
Weight	82	73	58	55	70	91	75	70	75	77	76	95
Height	160	168	180	173	165	178	163	173	175	185		
Weight	60	54	75	73	65	77	56	89	75	93		

步驟： 建立 ch11b 的資料集，見圖 ch11b.1~2。

1. 選取 工具 → 資料分析 → 迴歸。

圖 ch11b.1

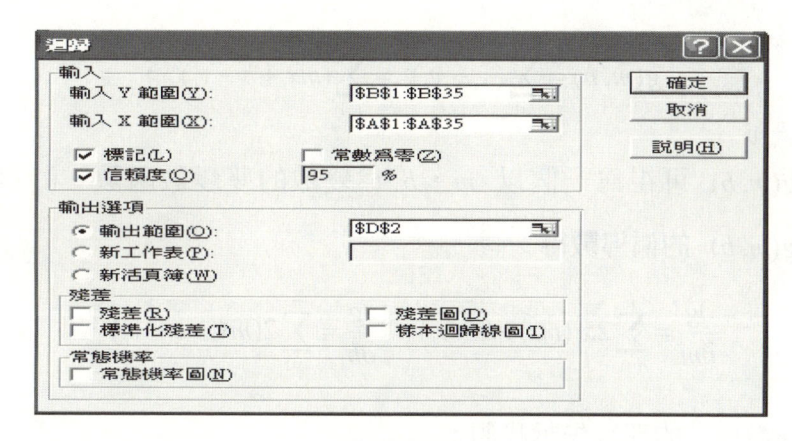

第十一章 簡單迴歸與相關分析　295

圖 ch11b.2

2. 迴歸方塊中，設定輸入 Y 範圍 B1:B35，輸入 X 範圍 A2：A35 → 勾選「標記」，→ 勾選「信賴度」為 95%。

3. 設定輸出範圍於 D2，完成存檔。

附錄

對一組資料 (x_1, x_2), $\cdots$, (x_n, y_n) 求一條直線 $y = mx + b$ 使得各個資料點到此直線的垂直方向距離平方之總和達到最小值，則此直線稱為此組資料的最佳配適線。我們利用微積分之理論來求此條直線。

令 $\hat{y}_i = mx_i + b$，$i = 1, \cdots, n$。則上面所謂的垂直方向距離(參考圖 11.1) 平方之總和可表為

$$g(m, b) = \sum_{i=1}^{n} (\hat{y}_i - y_i)^2 = \sum_{i=1}^{n} (mx_i + b - y_i)^2 \text{,}$$

$g(m, b)$ 可視為一個以 m，b 為變數的雙變數函數。計算 $g(m, b)$ 的偏導數得

$$\frac{\partial g}{\partial m} = \sum_{i=1}^{n} 2x_i(mx_i + b - y_i) \text{,} \quad \frac{\partial g}{\partial b} = \sum_{i=1}^{n} 2(mx_i + b - y_i) \text{。}$$

而微積分的理論告訴我們：

雙變數函數 g 的極小值必然發生在一階偏導數皆為 0 的地方，也就是 $\frac{\partial g}{\partial m} = 0 = \frac{\partial g}{\partial b}$。

解方程組 $\begin{cases} \frac{\partial g}{\partial m} = 0 \\ \frac{\partial g}{\partial b} = 0 \end{cases}$，即 $\begin{cases} \left(\sum_{i=1}^{n} x_i^2\right)m + \left(\sum_{i=1}^{n} x_i\right)b = \sum_{i=1}^{n} x_i y_i \\ \left(\sum_{i=1}^{n} x_i\right)m + nb = \sum_{i=1}^{n} y_i \end{cases}$

吾人可得 $\begin{cases} m = \dfrac{\sum_{i=1}^{n} x_i y_i - n\bar{x}\bar{y}}{\sum_{i=1}^{n} x_i^2 - n\bar{x}^2} = \dfrac{S_{xy}}{S_x^2} = \hat{b}_1 \\ b = \bar{y} - m\bar{x} = \hat{b}_0 \end{cases}$

以上求最佳配適線的方法稱為**最小平方法**。我們可藉由圖 11.1 來理解迴歸直線與最小平方法。

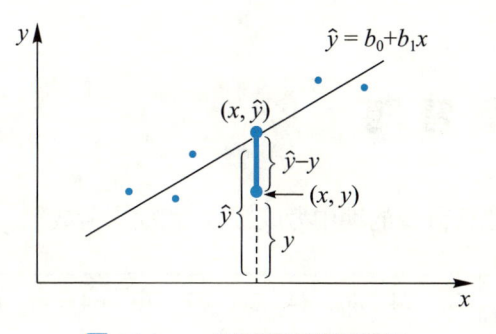

圖 11.1　y 的觀察值與預測值

本章習題

1. 10 位學生統計學的期中考成績 x 和期末考成績 y 列於下表：

| x | 70 | 74 | 80 | 84 | 80 | 67 | 70 | 64 | 74 | 82 |
| y | 87 | 79 | 88 | 98 | 96 | 73 | 83 | 79 | 91 | 94 |

(1) 利用上列資料求 y 對 x 之迴歸直線。

(2) 在 xy 平面上描繪出資料點 (x, y) 並畫出迴歸直線。

2. 美國聯邦政府對其國內 12 種品牌香煙檢測香煙中所含焦油及一氧化碳之毫克數。令 x 與 y 分別表示對 100 毫米濾器和含有薄荷腦的香煙測量所含焦油及一氧化碳的毫克數。所測得之樣本資料如下表：

香煙品牌	x	y
Capri	9	6
Carlton	4	6
Kent	14	14
Koal Milds	12	12
Marlboro Lights	10	12
Merit Ultras	5	7
Now	3	4
Salem	17	18
Triumph	6	8
True	7	8
Vantags	8	13
Virginia Slims	15	13

(1) 利用上列樣本資料求 y 對 x 之迴歸直線。

(2) 描繪樣本資料點數散布圖與迴歸直線。

3. 問卷調查 10 位大學生由家裡到學校的距離 x (單位：公里) 與時間 y (單位：分鐘)，得到下列樣本資料

x	1	3	5	5	7	7	8	10	10	12
y	5	10	15	20	15	25	20	25	35	35

(1) 利用上列樣本資料求 y 對 x 之迴歸直線。

(2) 描繪樣本資料點散布圖與迴歸直線。

4. 棉花纖維的強度 x 與細度 y 的關係為一項研究的主題，所收集到的樣本資料如下表所示：

x	76	69	71	76	83	72	78	74	80	82
y	4.4	4.6	4.6	4.1	4.0	4.1	4.9	4.8	4.2	4.4

(1) 利用上列樣本資料求 y 對 x 之迴歸直線。

(2) 描繪樣本資料點散布圖與迴歸直線。

5. 根據第 1 題之樣本資料，在顯著水準 $\alpha = 0.05$ 下，

(1) 檢定 H_0：(迴歸係數) $\beta_1 = 0$ 對 $H_a : \beta_1 \neq 0$。

(2) 當 $x = 68$ 時，求 $\mu_{y|x}$ 的一個 95% 信賴區間。

(3) 當 $x = 68$ 時，求 y 的一個 95% 預測區間。

6. 根據第 2 題之樣本資料，在顯著水準 $\alpha = 0.05$ 下，

(1) 檢定 $H_0 : \beta_1 = 0$ 對 $H_a : \beta_1 \neq 0$。

(2) 當 $x = 11$ 時，求 $\mu_{y|x}$ 的一個 95% 信賴區間。

(3) 當 $x = 11$ 時，求 y 的一個 95% 預測區間。

7. 根據第 3 題之樣本資料，在顯著水準 $\alpha = 0.05$ 下，

(1) 檢定 $H_0 : \beta_1 = 0$ 對 $H_a : \beta_1 \neq 0$。

(2) 當 $x = 6$ 時，求 $\mu_{y|x}$ 的一個 95% 信賴區間。

(3) 當 $x = 6$ 時，求 y 的一個 95% 預測區間。

8. 根據第 4 題之樣本資料，在顯著水準 $\alpha = 0.05$ 下，

(1) 檢定 $H_0 : \beta_1 = 0$ 對 $H_a : \beta_1 \neq 0$。

(2) 當 $x = 75$ 時，求 $\mu_{y|x}$ 的一個 95% 信賴區間。

(3) 當 $x = 75$ 時，求 y 的一個 95% 預測區間。

9. 下列分數資料是某人連續 6 次打兩局保齡球所得之樣本資料：

第一局分數 x：170　190　200　183　187　178

第二局分數 y：197　178　150　176　205　153

利用上列樣本資料在顯著水準 $\alpha = 0.05$ 時，檢定 H_0：(相關係數) $\rho = 0$ 對 $H_a : \rho \neq 0$。

10. 在某大學的保健計畫中，設 x 表示女性新生剛進大學時的體重 (公斤)，且 y 表示一學期後其體重的改變量。我們可以利用下列觀察到的 16 個點 (x, y) 資料來檢定 $H_0 : \rho = 0$ 對 $H_a : \rho \neq 0$。

(61.4, −3.2)　(62.9, 1.4)　(58.7, 1.3)　(49.3, 0.6)

(71.3, 0.2)　(81.5, −2.2)　(60.8, 0.9)　(50.2, 0.2)

(60.3, 2.0)　　(54.6, 0.3)　　(51.1, 3.7)　　(53.3, 0.2)
(81.0, −0.5)　　(67.6, −0.8)　　(71.4, −0.1)　　(72.1, −0.1)

(1) 若顯著水準 $\alpha = 0.01$，則結論為何？
(2) 若顯著水準 $\alpha = 0.05$，則結論為何？

第十二章 卡方檢定

12.1 類別資料之整理

12.2 適合度檢定

12.3 獨立性檢定

12.4 齊一性檢定

個案分析與 Excel 應用

12.1 類別資料之整理

在第一章我們談論過類別資料的意義,舉凡性別、職業別、地區別、喜歡程度、滿意程度、品質好壞程度、空氣污染程度、紫外線等級之樣本資料皆為類別資料。我們通常將此種資料依其類別細項整理成次數分配表,然後利用此表來分析資

料的特性。例如，研究某種資料的單一屬性，可將該屬性分成 k 種類別，並抽取 n 個樣本資料，然後計算樣本資料分布到各類別之次數，而得到次數分配表。

範例 12.1：單一屬性類別資料 —— 考生對聯考制度的看法

隨機抽取 1,000 個考生，問他 (她) 現行的聯考制度好不好，結果有 380 個人的答案為「好」，450 個人的答案為「不好」，170 個人的答案為「不知道或沒意見」。上面的「好」、「不好」、「不知道或沒意見」為三個類別，而 380、450、170 個人為三個類別的次數資料，我們可得下列次數分配表：

表 12.1　考生對聯考制度的看法之調查

考生對聯考制度的看法	人數
好	380
不好	450
不知道或沒意見	170

如果我們要研究類別資料的兩個屬性間是否有關係，可將一個屬性分成 r 類，而另一屬性分為 c 類，且隨機抽取 n 個資料並觀察兩種屬性。根據觀察結果可得一個 r 列 $\times c$ 行的次數分配表，稱 $r \times c$ 列聯表。我們可利用卡方分配來檢定此兩種屬性是否有關係。

範例 12.2：兩種屬性類別資料 —— 列聯表

假設我們想要研究男女性別與喜好電視節目類型是否有關聯。隨機抽取 1,000 個人，問其性別與喜好的電視節目類型，分別計數各類別的人數，記錄成一個列聯表如下：

表 12.2　男女性別對喜好電視節目類型之列聯表

性別	電視節目類型				
	新聞報導	戲劇	體育	綜藝	旅遊
男	110	50	180	90	120
女	60	150	70	80	90

12.2 適合度檢定

不管是自然的或人為的許多隨機實驗之可能結果都大於兩個，這種隨機實驗稱為多項實驗。如果我們執行 n 次互相獨立且條件相同的某個多項實驗，則可觀察每次實驗之結果，最後可得每種實驗結果之觀察次數 O，而理論上當 n 夠大時，每種實驗結果之觀察次數與其期望次數 E 會非常接近。以上這種結論其實是由大數法則得到的，而執行 n 次互相獨

立且條件相同的多項實驗所對應的機率分配即稱爲多項機率分配。而一個類別資料的次數分配表即是對應一個多項機率分配，當 n 很大時，每類資料出現次數與它的期望次數會相當接近。

所以**適合度檢定** (Goodness-of-fit Test) 就是利用樣本資料檢定母體之機率分配是否等於某一機率分配的統計方法。當我們不知道母體之機率分配時，我們設立母體具某特定的機率分配，然後檢定該假設。通常我們利用卡分配與下列統計量來做適合度檢定。

定理 12.1　適合度檢定統計量

令 k 表類別資料表中的組 (類別) 數，O_i 表第 i 組的樣本觀察次數 E_i 表第 i 組的期望次數，m 表估計的參數個數，$k-1-m$ 表自由度。則

$$\chi^2 = \sum_{i=1}^{k} \frac{(O_i - E_i)^2}{E_i}$$

爲適合度檢定統計量且其機率分配可視爲 $\chi^2(k-1-m)$，當樣本數 n 夠大時，且滿足條件 $E_i \geq 5$。

當 O_i 與 E_i 相差很大時，卡方值 χ^2 變大，代表樣本資料不足以支持虛無假設 H_0 (某特定分配的假設) 成立，應採棄

卻 H_0 之決策。請看下列之檢定法則：

定理 12.2　適合度檢定法則

(1) 若 $\chi^2 > \chi^2_\alpha(k-1-m)$，則棄卻 H_0。
(2) 若 $\chi^2 \leq \chi^2_\alpha(k-1-m)$，則不棄卻 H_0。
其中 α 為檢定之顯著水準。

範例 12.3

一個骰子有 6 面，上面寫上數字 1 至 6，丟擲這個骰子 60 次，記錄每面數字出現的次數如下表：

數字	1	2	3	4	5	6
觀察次數	7	12	10	12	8	11

我們可以利用上列樣本資料檢定虛無假設

H_0：這個骰子是公平的 (每個數字出現機率為 $\frac{1}{6}$)。

當 H_0 為真時，每個數字 i 的期望次數為

$$E_i = np_i = 60 \cdot \frac{1}{6} = 10，i = 1, 2, 3, 4, 5, 6。$$

下表展示了檢定統計量 χ^2 的計算程序：

表 12.3　χ^2 之計算

數字	O_i	E_i	$O_i - E_i$	$(O_i - E_i)^2$	$(O_i - E_i)^2/E$
1	7	10	−3	9	0.9
2	12	10	2	4	0.4
3	10	10	0	0	0
4	12	10	2	4	0.4
5	8	10	−2	4	0.4
6	11	10	1	1	0.1
總和	60	60	0		2.2

由上表可知 $X^2 = 2.2$。而檢定統計量具卡方分配且自由度為 $k - 4 = 6 - 1 = 5$，查閱表 6 可知 $\chi^2_{0.05}(5) = 11.1$。所以 $\chi^2 = 2.2 < \chi^2_{0.05}(5)$，根據定理 12.2 之適合度檢定法則，我們決定不棄卻 H_0，當顯著水準 $\alpha = 0.05$ 時。也就是說在 0.05 之顯著水準下，這顆骰子是公平的，其每面數字的觀察次數與期望次數並無顯著差異。

12.3

獨立性檢定 (Test of Independence)

在日常生活上我們時常會碰到兩個類別變數 (因子) 是否互相獨立的問題。例如教育程度與收入等級是否互相獨立，

性別與偏好節目類型是否相關,大學生就讀科系與其英文程度是否獨立等。而這種兩個類別變別的樣本資料通常以下列之列聯表來展示:

表 12.4 兩個類別變數 X 與 Y 的樣本資料列聯表

類別變數 X	類別變數 Y					總和
	1	$\cdots$	j	$\cdots$	c	
1	O_{11}	$\cdots$	O_{1j}	$\cdots$	O_{1c}	R_1
$\vdots$	$\vdots$		$\vdots$		$\vdots$	$\vdots$
i	O_{i1}	$\cdots$	O_{ij}	$\cdots$	O_{ic}	R_i
$\vdots$	$\vdots$		$\vdots$		$\vdots$	$\vdots$
r	O_{r1}	$\cdots$	O_{rj}	$\cdots$	O_{rc}	R_r
總和	C_1	$\cdots$	C_j	$\cdots$	C_c	n

其中 O_{ij} 表示同時具變數 X 第 i 類與變數 Y 第 j 類的樣本觀察次數。而要檢定變數 X 與 Y 互相獨立,我們設定虛無假設為

H_0:變數 X 與變數 Y 互相獨立 (或稱無關)。

而使用的檢定統計量與前一節相似,所以此種檢定方法亦稱為**卡方檢定** (χ^2 Test),請看下列定理。

定理 12.3　獨立性檢定之檢定統計量

檢定 H_0 時，我們使用下列統計量

$$\chi^2 = \sum_{i=1}^{r}\sum_{j=1}^{c} \frac{(O_{ij}-E_{ij})^2}{E_{ij}},$$

其中 $E_{ij}=R_iC_j/n$ 為 O_i 之期望次數。當 H_0 為真時，且 n 夠大使得每個 $E_{ij} \geq 5$，則 χ^2 之近似機率分配為 $\chi^2((r-1)(c-1))$。

定理 12.4　獨立性檢定法則

設顯著水準為 α，則檢定 H_0 之法則如下：
(1) 若 $\chi^2 > \chi_\alpha^2((r-1)(c-1))$，則棄卻 H_0。
(2) 若 $\chi^2 \leq \chi_\alpha^2((r-1)(c-1))$，則不棄卻 H_0。

接著我們來看一個範例。

範例 12.4

某文理學院學生之主修領域包含數學、社會學與人類學。該學院的 300 位學生被抽樣調查其性別與主修領域，所得樣本資料以下列之列聯表展示：

表 12.5　性別與主修領域觀察人數 O_{ij} 之列聯表

性別	主修領域 數學	社會學	人類學	總和
男生	37	41	44	122
女生	35	72	71	178
總和	72	113	115	300

由上表之樣本資料我們可以得到 O_{ij} 之期望值 E_{ij} 如下表：

表 12.6　性別與主修領域期望人數 E_{ij} 之列聯表

性別	主修領域 數學	社會學	人類學	總和
男生	29.28	45.95	46.77	122.00
女生	47.72	67.05	68.23	178.00
總和	72.00	113.00	115.00	300.00

其中 $E_{ij} = R_i C_j / n$，例如 $E_{ij} = 29.28 = (122)(72)/300$。我們可以利用卡方檢定來檢定學生之性別與主修領域是否有關聯。首先設立虛無假設

　　　　H_0：性別與主修領域互相獨立。

利用上列兩個列聯表之資料，我們計算檢定統計量 χ^2 的值如下：

$$\chi^2 = \frac{(37-29.28)^2}{29.28} + \frac{(41-45.95)^2}{45.95} + \frac{(44-46.77)^2}{46.77}$$
$$+ \frac{(35-42.72)^2}{42.72} + \frac{(72-67.05)^2}{67.05} + \frac{(71-68.23)^3}{68.23}$$
$$= 2.035 + 0.533 + 0.164 + 1.395 + 0.365 + 0.112$$
$$= 4.604$$

而檢定統計量之自由度為 $(r-1)(c-1) = (2-1)(3-1) = 2$，查閱表 6 得 $\chi^2_{0.05}(2) = 5.99$，所以 $\chi^2 < \chi^2_{0.05}(2)$。依照定理 12.4 之獨立性檢定法則，我們不棄卻 H_0 當顯著水準 $\alpha = 0.05$ 時。也就是說在 $\alpha = 0.05$ 下，樣本資料 (證據) 不讓我們拒絕「性別與主修領域互相獨立」的主張。

12.4 齊一性檢定

齊一性檢定 (Test of Homogeneity) 是檢定兩個或兩個以上的獨立母體在某一類別的比例分配是否一樣。由各個母體中分別抽出樣本資料，再依類別區分而做一個列聯表，再來依照定理 12.3 與定理 12.4 來做齊一性檢定。基本上齊一性檢定之方法與獨立性檢定是一樣的，唯一不同的是齊一性檢定的行總和或列總和是抽樣者 (實驗者) 事先設定的，而獨立性檢定

的行總和與列總和皆是隨機的。請看下列範例便可瞭解齊一性檢定。

範例 12.5

民意調查公司電話訪問 200 位都市居民，200 位郊區居民，與 100 位鄉下居民是否贊成一項水費調漲方案。該公司將訪問答案整理成下列的列聯表：

表 12.7　民意調查水費調漲方案之樣本觀察次數與期望次數

居住地類別	水費調漲方案 贊成	水費調漲方案 反對	總和
都市	143(101.6)	57(98.4)	200
郊區	98(101.6)	102(98.4)	200
鄉下	13(50.8)	87(49.2)	100
總和	254	246	500

上面列聯表中括號內之數字為期望次數。利用上表之樣本資料，我們可以計算得卡方檢定統計量之值

$$\chi^2 = \sum_{i=1}^{r}\sum_{j=1}^{c}\frac{(O_{ij}-E_{ij})^2}{E_{ij}}$$

$$= \frac{(143-101.6)^2}{101.6} + \frac{(57-98.4)^2}{98.4} + \frac{(98-101.6)^2}{101.6}$$

$$+ \frac{(102-98.4)^2}{98.4} + \frac{(13-50.8)^2}{50.8} + \frac{(87-49.2)^2}{49.2}$$

$$= 16.87 + 17.42 + 0.13 + 0.13 + 28.13 + 29.04$$
$$= 91.72$$

設立齊一性檢定之虛無假設為

H_0：對於三類居民而言，贊成水費調漲方案的比例是相同的。

當 H_0 為真時，檢定統計量 χ^2 具有卡方機率分配且自由度為 $(r-1)(c-1)=(3-1)(2-1)=2$。在顯著水準 $\alpha=0.05$ 下，查閱表 6 得 $\chi^2_{0.05}90=5.99$。因此 $\chi^2=91.72>\chi^2_{0.05}(2)$，依照檢定法則，我們將採取棄卻 H_0 之決策。也就是說，樣本資料提供證據讓我們主張三類居民對於水費調漲方案的贊成比例不盡相同。

個案分析與 Excel 應用

ch12a 適合度卡方檢定

在一家電量販店中隨機抽樣 100 位顧客所購買的電視品牌，資料如下。

品牌	A	B	C	D	E
觀察次數	27	17	15	22	19

試以適合度卡方檢定驗證顧客對電視品牌沒有特別偏好，令顯著水準為 5%。

步驟： 建立 ch12a 的資料集，見圖 ch12.1。

1. 在 B4 至 F4 設定虛無假設的機率 p_i。
2. 在 B5 計算品牌 A 的期望次數 E_i = B4*G2。
3. 在 B6 計算品牌 A 的細格卡方值 = (B2–B5)^2/B5。
4. 重複步驟 2 與步驟 3 的其它品牌。
5. 在 B8 中，計算檢定卡方值 = SUM (B6：F6)。
6. 在 B9 以卡方分配右尾機率函數 CHIDIST (B8, 4) 計算 p-值，其中自由度 = 4。

圖 ch12.1

ch12b 獨立性卡方檢定

在一大學的文理學院中抽樣 300 位學生，分別記錄他們的性別與主修領域，資料如下表。令顯著水準為 5%，檢定學生的性別與主修領域為相互獨立。

性別	主修領域 數學	社會	人類	合計
男	37	41	44	122
女	35	72	71	178
合計	72	113	115	300

步驟： 建立 ch12b 的資料集，見圖 ch12.2~3。

1. 計算每一細格的期望次數，例如，在 B9 中，計算男生主修數學的期望次數為行和 (B5) 與列和 (E3) 成績，再除以總和(E5)，亦即 B9 = B5*E3/E5。

2. 計算每一細格的卡方值，例如，在 B15 中計算男生主修數學的細格卡方值， 亦即 B15 = (B3−B9)^2/B9。

3. 將所有細格卡方值 B15：D16 加總在 B20，而得檢定卡方值。

4. 在 B21，以卡方右尾機率 CHIDIST (B20, 2) 計算 p-值。

Microsoft Excel - ch12b

樣本資料 Oij

性別	數學	社會	人類	合計
男	37	41	44	122
女	35	72	71	178
合計	72	113	115	300

圖 ch12.2

期望值 Eij　主修領域

性別	數學	社會	人類	合計
男	29.28	45.95	46.77	122
女	42.72	67.05	68.23	178
合計	72	113	115	300

細格卡方值　主修領域

性別	數學	社會	人類
男	2.04	0.53	0.16
女	1.40	0.37	0.11

卡方值＝ 4.6063　　臨界值＝ 5.9915
p-值＝ 0.0999

圖 ch12.3

ch12c　獨立性卡方檢定

在體適能教室中隨機抽樣 34 位學員，請每位學員填答一

份簡單的問卷，以瞭解學員對體適能訓練的興趣 (Int) 與效用 (Use)，請學生依照個人的同意程度，分別以 1 至 3 分填答，愈高分表示愈有興趣或覺得愈有效用，我們同時記錄學員的性別 (Gender)，令顯著水準為 5%，數據資料如下。

Int	2	1	3	1	1	2	1	2	3	3	2	1	1	1	2	2	3
Use	2	2	2	2	2	2	1	2	2	2	3	1	2	2	2	3	3
Int	3	3	2	3	3	2	1	3	1	3	1	2	1	1	1	3	2
Use	2	2	2	3	1	1	2	2	2	3	1	2	1	2	2	3	3

製作興趣與效用間的交叉表，並且驗證學員的興趣與效用之間是相互獨立的。

步驟：建立 ch12c 的資料集。

1. 參照範例 ch3a，以樞紐分析表先製作興趣與效用的交叉表。
2. 參照範例 ch12b，建立樣本資料交叉表。
3. 參照範例 ch12b 中步驟 1 至步驟 4，分別計算各細格的期望次數與細格卡方值，以及檢定卡方值。

本章習題

1. 某超級商店販賣七種品牌的鮮奶，某星期共賣出 119 瓶，老闆記錄了每種品牌鮮奶的銷售量 (單位：瓶)，得到下列樣本資料表

鮮奶品牌	1	2	3	4	5	6	7	總和
鮮奶瓶數	18	12	25	23	8	19	14	119

上列資料顯示顧客對於某種品牌的鮮奶有偏好嗎？或者顯示各品牌鮮奶之銷售率相同呢？令顯著水準 $\alpha = 0.05$。

2. 家樂福量販店會計整理了 100 位顧客購買其銷售的五種品牌電視機之樣本次數表如下：

電視機品牌	A	B	C	D	E	總和
購買台數	27	17	15	22	19	100

令虛無假設為 H_0：顧客對五種電視機沒有偏好。在顯著水準 $\alpha = 0.05$ 下，檢定虛無假設 H_0。

3. 某種花的種子能生長並開出紫紅色、淺綠色與黃土色等三色花且是一粒種子開一朵花，而此三種顏色花之數目比例依序為 6：3：1。100 粒這種花的種子植後全部發芽成長開花，產生了下列之樣本資料：

紫紅色	淺綠色	黃土色
52	36	12

(1) 若虛無假設 (6:3:1) 為真，則紫紅色花的期望數目為何？

(2) 檢定虛無假設之卡方檢定自由度是多少？

(3) 使用顯著水準 $\alpha = 0.1$ 來檢定虛無假設。

4. 一個製造亂數的程式在一部電腦上測試，且該程式製造了 100 個一位數亂數，而每個一位數出現的次數如下表所示：

整數	0	1	2	3	4	5	6	7	8	9
次數	11	8	7	7	10	10	8	11	14	14

在顯著水準 $\alpha = 0.05$ 下，我們有充分的理由相信這些整數不是被均勻製造的嗎？

5. 隨機抽樣調查 100 位投宿台北市飯店的旅客，記錄他們的性別與投宿飯店等級，整理為下列之列聯表：

旅客性別	飯店水準 高級	中級	低級	總和
女性	7	24	28	59
男性	8	26	7	41
總和	15	50	35	100

在顯著水準 $\alpha = 0.05$ 下，樣本資料顯示足夠的證據來棄卻虛無假設 "旅客性別與其投宿飯店水準互相獨立" 嗎？

6. 某品質管理師想要確定公司生產的某項產品之瑕疵率 (不良率) 是否與生產日子 (星期幾) 互相獨立。他收集了下列樣本資料：

	週一	週二	週三	週四	週五
良品	85	90	95	95	90
不良品	15	10	5	5	10

在顯著水準 $\alpha = 0.05$ 下，有充分的證據來棄卻 "不良率與產品製造日期無關 (獨立)" 這樣的虛無假設嗎？

7. 根據一項回收的問卷調查，將 400 位受訪者的政治參與態度分為保守的、普通的、積極的三類且其年齡亦分為三組，所得樣本資料如下：

政治態度	年齡層 20-35	36-50	50 以上	總和
保守的	20	40	20	80
普通的	80	85	45	210
積極的	40	25	45	110
總和	140	150	110	400

在顯著水準 $\alpha = 0.01$ 下，有足夠的證據可以棄卻虛無假設 "政治參與態度與年齡無關 (獨立)" 嗎？

8. 害怕黑暗是一種普遍的情緒反應。下列資料表來自於電話訪問五個年齡層 (200 人/層) 共 1000 人是否患有黑暗恐懼症。

年齡層	小學	國中	高中	大學	成人
黑暗恐懼症人數	83	72	49	36	114

在顯著水準 $\alpha = 0.01$ 下，我們有足夠的證據來棄卻 "每個年齡層患有黑暗恐懼症的比例相同" 之虛無假設嗎？

9. 某公司隨機選取 100 位員工記錄了過去一年缺席天數並記錄其性別與結婚狀況，得到下列資料表：

	已婚男性	單身男性	已婚女性	單身女性
員工數目	40	14	16	30
缺席天數	180	110	75	135

假設該公司一年工作上班 240 天，在 $\alpha = 0.01$ 下，上列樣本資料提供了足夠的證據來棄卻無虛假設 "四類員工之缺席率皆相同" 嗎？

10. 四種玉米粒被測試做成爆米花的比例。每種玉米粒隨機選取 100 顆來測試並記錄沒有爆開的數目 (請看下列資料表)。在 $\alpha = 0.05$ 下，我們可以棄卻 "此四種玉米有相同的爆開率" 這樣的虛無假設嗎？

玉米種類	A	B	C	D
沒有爆開數目	14	8	11	15

附　表

表 1　二項機率分配表

表 2　卜瓦松機率分配表

表 3　標準常態分配函數

表 4　標準常態右尾機率

表 5　指數分配函數

表 6　卡方分配之臨界值

表 7　t-分配表之臨界值

表 8　F-分配表之臨界值

表1 二項機率分配表 $P(X=x) = C_x^n p^x (1-p)^{n-x}$

n	x	0.01	0.05	0.10	0.20	0.30	0.40	0.50	0.60	0.70	0.80	0.90	0.95	0.99
5	0	0.9510	0.7738	0.5905	0.3277	0.1681	0.0778	0.0313	0.0102	0.0024	0.0003	0.0000	0.0000	0.0000
	1	0.0480	0.2036	0.3281	0.4096	0.3602	0.2592	0.1563	0.0768	0.0284	0.0064	0.0005	0.0000	0.0000
	2	0.0010	0.0214	0.0729	0.2048	0.3087	0.3456	0.3125	0.2304	0.1323	0.0512	0.0081	0.0011	0.0000
	3	0.0000	0.0011	0.0081	0.0512	0.1323	0.2304	0.3125	0.3456	0.3087	0.2048	0.0729	0.0214	0.0010
	4	0.0000	0.0000	0.0005	0.0064	0.0284	0.0768	0.1563	0.2592	0.3602	0.4096	0.3281	0.2036	0.0480
	5	0.0000	0.0000	0.0000	0.0003	0.0024	0.0102	0.0313	0.0778	0.1681	0.3277	0.5905	0.7738	0.9510
6	0	0.9415	0.7351	0.5314	0.2621	0.1176	0.0467	0.0156	0.0041	0.0007	0.0001	0.0000	0.0000	0.0000
	1	0.0571	0.2321	0.3543	0.3932	0.3025	0.1866	0.0938	0.0369	0.0102	0.0015	0.0001	0.0000	0.0000
	2	0.0014	0.0305	0.0984	0.2458	0.3241	0.3110	0.2344	0.1382	0.0595	0.0154	0.0012	0.0001	0.0000
	3	0.0000	0.0021	0.0146	0.0819	0.1852	0.2765	0.3125	0.2765	0.1852	0.0819	0.0146	0.0021	0.0000
	4	0.0000	0.0001	0.0012	0.0154	0.0595	0.1382	0.2344	0.3110	0.3241	0.2458	0.0984	0.0305	0.0014
	5	0.0000	0.0000	0.0001	0.0015	0.0102	0.0369	0.0938	0.1866	0.3025	0.3932	0.3543	0.2321	0.0571
	6	0.0000	0.0000	0.0000	0.0001	0.0007	0.0041	0.0156	0.0467	0.1176	0.2621	0.5314	0.7351	0.9415
7	0	0.9321	0.6983	0.4783	0.2097	0.0824	0.0280	0.0078	0.0016	0.0002	0.0000	0.0000	0.0000	0.0000
	1	0.0659	0.2573	0.3720	0.3670	0.2471	0.1306	0.0547	0.0172	0.0036	0.0004	0.0000	0.0000	0.0000
	2	0.0020	0.0406	0.1240	0.2753	0.3177	0.2613	0.1641	0.0774	0.0250	0.0043	0.0002	0.0000	0.0000
	3	0.0000	0.0036	0.0230	0.1147	0.2269	0.2903	0.2734	0.1935	0.0972	0.0287	0.0026	0.0002	0.0000
	4	0.0000	0.0002	0.0026	0.0287	0.0972	0.1935	0.2734	0.2903	0.2269	0.1147	0.0230	0.0036	0.0000
	5	0.0000	0.0000	0.0002	0.0043	0.0250	0.0774	0.1641	0.2613	0.3177	0.2753	0.1240	0.0406	0.0020
	6	0.0000	0.0000	0.0000	0.0004	0.0036	0.0172	0.0547	0.1306	0.2471	0.3670	0.3720	0.2573	0.0659
	7	0.0000	0.0000	0.0000	0.0000	0.0002	0.0016	0.0078	0.0280	0.0824	0.2097	0.4783	0.6983	0.9321
8	0	0.9227	0.6634	0.4305	0.1678	0.0576	0.0168	0.0039	0.0007	0.0001	0.0000	0.0000	0.0000	0.0000
	1	0.0746	0.2793	0.3826	0.3355	0.1977	0.0896	0.0313	0.0079	0.0012	0.0001	0.0000	0.0000	0.0000
	2	0.0026	0.0515	0.1488	0.2936	0.2965	0.2090	0.1094	0.0413	0.0100	0.0011	0.0000	0.0000	0.0000
	3	0.0001	0.0054	0.0331	0.1468	0.2541	0.2787	0.2188	0.1239	0.0467	0.0092	0.0004	0.0000	0.0000
	4	0.0000	0.0004	0.0046	0.0459	0.1361	0.2322	0.2734	0.2322	0.1361	0.0459	0.0046	0.0004	0.0000
	5	0.0000	0.0000	0.0004	0.0092	0.0467	0.1239	0.2188	0.2787	0.2541	0.1468	0.0331	0.0054	0.0001
	6	0.0000	0.0000	0.0000	0.0011	0.0100	0.0413	0.1094	0.2090	0.2965	0.2936	0.1488	0.0515	0.0026
	7	0.0000	0.0000	0.0000	0.0001	0.0012	0.0079	0.0313	0.0896	0.1977	0.3355	0.3826	0.2793	0.0746
	8	0.0000	0.0000	0.0000	0.0000	0.0001	0.0007	0.0039	0.0168	0.0576	0.1678	0.4305	0.6634	0.9227

表 1 (續)　二項機率分配表　$P(X=x) = C_x^n p^x (1-p)^{n-x}$

n	x	0.01	0.05	0.10	0.20	0.30	0.40	0.50	0.60	0.70	0.80	0.90	0.95	0.99
9	0	0.9135	0.6302	0.3874	0.1342	0.0404	0.0101	0.0020	0.0003	0.0000	0.0000	0.0000	0.0000	0.0000
	1	0.0830	0.2985	0.3874	0.3020	0.1556	0.0605	0.0176	0.0035	0.0004	0.0000	0.0000	0.0000	0.0000
	2	0.0034	0.0629	0.1722	0.3020	0.2668	0.1612	0.0703	0.0212	0.0039	0.0003	0.0000	0.0000	0.0000
	4	0.0000	0.0006	0.0074	0.0661	0.1715	0.2508	0.2461	0.1672	0.0735	0.0165	0.0008	0.0000	0.0000
	5	0.0000	0.0000	0.0008	0.0165	0.0735	0.1672	0.2461	0.2508	0.1715	0.0661	0.0074	0.0006	0.0000
	6	0.0000	0.0000	0.0001	0.0028	0.0210	0.0743	0.1641	0.2508	0.2668	0.1762	0.0446	0.0077	0.0001
	7	0.0000	0.0000	0.0000	0.0003	0.0039	0.0212	0.0703	0.1612	0.2668	0.3020	0.1722	0.0629	0.0034
	8	0.0000	0.0000	0.0000	0.0000	0.0004	0.0035	0.0176	0.0605	0.1556	0.3020	0.3874	0.2985	0.0830
	9	0.0000	0.0000	0.0000	0.0000	0.0000	0.0003	0.0020	0.0101	0.0404	0.1342	0.3874	0.6302	0.9135
10	0	0.9044	0.5987	0.3487	0.1074	0.0282	0.0060	0.0010	0.0001	0.0000	0.0000	0.0000	0.0000	0.0000
	1	0.0914	0.3151	0.3874	0.2684	0.1211	0.0403	0.0098	0.0016	0.0001	0.0000	0.0000	0.0000	0.0000
	2	0.0042	0.0746	0.1937	0.3020	0.2335	0.1209	0.0439	0.0106	0.0014	0.0001	0.0000	0.0000	0.0000
	3	0.0001	0.0105	0.0574	0.2013	0.2668	0.2150	0.1172	0.0425	0.0090	0.0008	0.0000	0.0000	0.0000
	4	0.0000	0.0010	0.0112	0.0881	0.2001	0.2508	0.2051	0.1115	0.0368	0.0055	0.0001	0.0000	0.0000
	5	0.0000	0.0001	0.0015	0.0264	0.1029	0.2007	0.2461	0.2007	0.1029	0.0264	0.0015	0.0001	0.0000
	6	0.0000	0.0000	0.0001	0.0055	0.0368	0.1115	0.2051	0.2508	0.2001	0.0881	0.0112	0.0010	0.0000
	7	0.0000	0.0000	0.0000	0.0008	0.0090	0.0425	0.1172	0.2150	0.2668	0.2013	0.0574	0.0105	0.0001
	8	0.0000	0.0000	0.0000	0.0001	0.0014	0.0106	0.0439	0.1209	0.2335	0.3020	0.1937	0.0746	0.0042
	9	0.0000	0.0000	0.0000	0.0000	0.0001	0.0016	0.0098	0.0403	0.1211	0.2684	0.3874	0.3151	0.0914
	10	0.0000	0.0000	0.0000	0.0000	0.0000	0.0001	0.0010	0.0060	0.0282	0.1074	0.3487	0.5987	0.9044
11	0	0.8953	0.5688	0.3138	0.0859	0.0198	0.0036	0.0005	0.0000	0.0000	0.0000	0.0000	0.0000	0.0000
	1	0.0995	0.3293	0.3835	0.2362	0.0932	0.0266	0.0054	0.0007	0.0000	0.0000	0.0000	0.0000	0.0000
	2	0.0050	0.0867	0.2131	0.2953	0.1998	0.0887	0.0269	0.0052	0.0005	0.0000	0.0000	0.0000	0.0000
	3	0.0002	0.0137	0.0710	0.2215	0.2568	0.1774	0.0806	0.0234	0.0037	0.0002	0.0000	0.0000	0.0000
	4	0.0000	0.0014	0.0158	0.1107	0.2201	0.2365	0.1611	0.0701	0.0173	0.0017	0.0000	0.0000	0.0000
	5	0.0000	0.0001	0.0025	0.0388	0.1321	0.2207	0.2256	0.1471	0.0566	0.0097	0.0003	0.0000	0.0000
	6	0.0000	0.0000	0.0003	0.0097	0.0566	0.1471	0.2256	0.2207	0.1321	0.0388	0.0025	0.0001	0.0000
	7	0.0000	0.0000	0.0000	0.0017	0.0173	0.0701	0.1611	0.2365	0.2201	0.1107	0.0158	0.0014	0.0000
	8	0.0000	0.0000	0.0000	0.0002	0.0037	0.0234	0.0806	0.1774	0.2568	0.2215	0.0710	0.0137	0.0002
	9	0.0000	0.0000	0.0000	0.0000	0.0005	0.0052	0.0269	0.0887	0.1998	0.2953	0.2131	0.0867	0.0050
	10	0.0000	0.0000	0.0000	0.0000	0.0000	0.0007	0.0054	0.0266	0.0932	0.2362	0.3835	0.3293	0.0995
	11	0.0000	0.0000	0.0000	0.0000	0.0000	0.0000	0.0005	0.0036	0.0198	0.0859	0.3138	0.5688	0.8953
12	0	0.8864	0.5404	0.2824	0.0687	0.0138	0.0022	0.0002	0.0000	0.0000	0.0000	0.0000	0.0000	0.0000
	1	0.1074	0.3413	0.3766	0.2062	0.0712	0.0174	0.0029	0.0003	0.0000	0.0000	0.0000	0.0000	0.0000

表 1 (續)　二項機率分配表 $P(X=x) = C_x^n p^x (1-p)^{n-x}$

n	x	0.01	0.05	0.10	0.20	0.30	0.40	0.50	0.60	0.70	0.80	0.90	0.95	0.99
12	2	0.006	0.0988	0.2301	0.2835	0.1678	0.0639	0.0161	0.0025	0.0002	0.0000	0.0000	0.0000	0.0000
	3	0.0002	0.0173	0.0852	0.2362	0.2397	0.1419	0.0537	0.0125	0.0015	0.0001	0.0000	0.0000	0.0000
	4	0.0000	0.0021	0.0213	0.1329	0.2311	0.2128	0.1208	0.0420	0.0078	0.0005	0.0000	0.0000	0.0000
	5	0.0000	0.0002	0.0038	0.0532	0.1585	0.2270	0.1934	0.1009	0.0291	0.0033	0.0000	0.0000	0.0000
	6	0.0000	0.0000	0.0005	0.0155	0.0792	0.1766	0.2256	0.1766	0.0792	0.0155	0.0005	0.0000	0.0000
	7	0.0000	0.0000	0.0000	0.0033	0.0291	0.1009	0.1934	0.2270	0.1585	0.0532	0.0038	0.0002	0.0000
	8	0.0000	0.0000	0.0000	0.0005	0.0078	0.0420	0.1208	0.2128	0.2311	0.1329	0.0213	0.0021	0.0000
	9	0.0000	0.0000	0.0000	0.0001	0.0015	0.0125	0.0537	0.1419	0.2397	0.2362	0.0852	0.0173	0.0002
	10	0.0000	0.0000	0.0000	0.0000	0.0002	0.0025	0.0161	0.0639	0.1678	0.2835	0.2301	0.0988	0.0060
	11	0.0000	0.0000	0.0000	0.0000	0.0000	0.0003	0.0029	0.0174	0.0712	0.2062	0.3766	0.3413	0.1074
	12	0.0000	0.0000	0.0000	0.0000	0.0000	0.0000	0.0002	0.0022	0.0138	0.0687	0.2824	0.5404	0.8864
13	0	0.8775	0.5133	0.2542	0.0550	0.0097	0.0013	0.0001	0.0000	0.0000	0.0000	0.0000	0.0000	0.0000
	1	0.1152	0.3512	0.3672	0.1787	0.0540	0.0113	0.0016	0.0001	0.0000	0.0000	0.0000	0.0000	0.0000
	2	0.007	0.1109	0.2448	0.2680	0.1388	0.0453	0.0095	0.0012	0.0001	0.0000	0.0000	0.0000	0.0000
	3	0.0003	0.0214	0.0997	0.2457	0.2181	0.1107	0.0349	0.0065	0.0006	0.0000	0.0000	0.0000	0.0000
	4	0.0000	0.0028	0.0277	0.1535	0.2337	0.1845	0.0873	0.0243	0.0034	0.0001	0.0000	0.0000	0.0000
	5	0.0000	0.0003	0.0055	0.0691	0.1803	0.2214	0.1571	0.0656	0.0142	0.0011	0.0000	0.0000	0.0000
	6	0.0000	0.0000	0.0008	0.0230	0.1030	0.1968	0.2095	0.1312	0.0442	0.0058	0.0001	0.0000	0.0000
	7	0.0000	0.0000	0.0001	0.0058	0.0442	0.1312	0.2095	0.1968	0.1030	0.0230	0.0008	0.0000	0.0000
	8	0.0000	0.0000	0.0000	0.0011	0.0142	0.0656	0.1571	0.2214	0.1803	0.0691	0.0055	0.0003	0.0000
	9	0.0000	0.0000	0.0000	0.0001	0.0034	0.0243	0.0873	0.1845	0.2337	0.1535	0.0277	0.0028	0.0000
	10	0.0000	0.0000	0.0000	0.0000	0.0006	0.0065	0.0349	0.1107	0.2181	0.2457	0.0997	0.0214	0.0003
	11	0.0000	0.0000	0.0000	0.0000	0.0001	0.0012	0.0095	0.0453	0.1388	0.2680	0.2448	0.1109	0.0070
	12	0.0000	0.0000	0.0000	0.0000	0.0000	0.0001	0.0016	0.0113	0.0540	0.1787	0.3672	0.3512	0.1152
	13	0.0000	0.0000	0.0000	0.0000	0.0000	0.0000	0.0001	0.0013	0.0097	0.0550	0.2542	0.5133	0.8775
14	0	0.8687	0.4877	0.2288	0.0440	0.0068	0.0008	0.0001	0.0000	0.0000	0.0000	0.0000	0.0000	0.0000
	1	0.1229	0.3593	0.3559	0.1539	0.0407	0.0073	0.0009	0.0001	0.0000	0.0000	0.0000	0.0000	0.0000
	2	0.0081	0.1229	0.2570	0.2501	0.1134	0.0317	0.0056	0.0005	0.0000	0.0000	0.0000	0.0000	0.0000
	3	0.0003	0.0259	0.1142	0.2501	0.1943	0.0845	0.0222	0.0033	0.0002	0.0000	0.0000	0.0000	0.0000
	4	0	0.0037	0.0349	0.1720	0.2290	0.1549	0.0611	0.0136	0.0014	0.0000	0.0000	0.0000	0.0000
	5	0	0.0004	0.0078	0.0860	0.1963	0.2066	0.1222	0.0408	0.0066	0.0003	0.0000	0.0000	0.0000
	6	0	0	0.0013	0.0322	0.1262	0.2066	0.1833	0.0918	0.0232	0.0020	0.0000	0.0000	0.0000
	7	0	0	0.0002	0.0092	0.0618	0.1574	0.2095	0.1574	0.0618	0.0092	0.0002	0.0000	0.0000
	8	0	0	0.0000	0.0020	0.0232	0.0918	0.1833	0.2066	0.1262	0.0322	0.0013	0.0000	0.0000

表 1 (續)　二項機率分配表 $P(X=x) = C_x^n p^x (1-p)^{n-x}$

n	x	0.01	0.05	0.10	0.20	0.30	0.40	0.50	0.60	0.70	0.80	0.90	0.95	0.99
14	9	0	0	0.0000	0.0003	0.0066	0.0408	0.1222	0.2066	0.1963	0.0860	0.0078	0.0004	0.0000
	10	0	0	0.0000	0.0000	0.0014	0.0136	0.0611	0.1549	0.2290	0.1720	0.0349	0.0037	0.0000
	11	0	0	0.0000	0.0000	0.0002	0.0033	0.0222	0.0845	0.1943	0.2501	0.1142	0.0259	0.0003
	12	0	0	0.0000	0.0000	0.0000	0.0005	0.0056	0.0317	0.1134	0.2501	0.2570	0.1229	0.0081
	13	0	0	0.0000	0.0000	0.0000	0.0001	0.0009	0.0073	0.0407	0.1539	0.3559	0.3593	0.1229
	14	0	0	0.0000	0.0000	0.0000	0.0000	0.0001	0.0008	0.0068	0.0440	0.2288	0.4877	0.8687
15	0	0.8601	0.4633	0.2059	0.0352	0.0047	0.0005	0.0000	0.0000	0.0000	0.0000	0.0000	0.0000	0.0000
	1	0.1303	0.3658	0.3432	0.1319	0.0305	0.0047	0.0005	0.0000	0.0000	0.0000	0.0000	0.0000	0.0000
	2	0.0092	0.1348	0.2669	0.2309	0.0916	0.0219	0.0032	0.0003	0.0000	0.0000	0.0000	0.0000	0.0000
	3	0.0004	0.0307	0.1285	0.2501	0.1700	0.0634	0.0139	0.0016	0.0001	0.0000	0.0000	0.0000	0.0000
	4	0.0000	0.0049	0.0428	0.1876	0.2186	0.1268	0.0417	0.0074	0.0006	0.0000	0.0000	0.0000	0.0000
	5	0.0000	0.0006	0.0105	0.1032	0.2061	0.1859	0.0916	0.0245	0.0030	0.0001	0.0000	0.0000	0.0000
	6	0.0000	0.0000	0.0019	0.0430	0.1472	0.2066	0.1527	0.0612	0.0116	0.0007	0.0000	0.0000	0.0000
	7	0.0000	0.0000	0.0003	0.0138	0.0811	0.1771	0.1964	0.1181	0.0348	0.0035	0.0000	0.0000	0.0000
	8	0.0000	0.0000	0.0000	0.0035	0.0348	0.1181	0.1964	0.1771	0.0811	0.0138	0.0003	0.0000	0.0000
	9	0.0000	0.0000	0.0000	0.0007	0.0116	0.0612	0.1527	0.2066	0.1472	0.0430	0.0019	0.0000	0.0000
	10	0.0000	0.0000	0.0000	0.0001	0.0030	0.0245	0.0916	0.1859	0.2061	0.1032	0.0105	0.0006	0.0000
	11	0.0000	0.0000	0.0000	0.0000	0.0006	0.0074	0.0417	0.1268	0.2186	0.1876	0.0428	0.0049	0.0000
	12	0.0000	0.0000	0.0000	0.0000	0.0001	0.0016	0.0139	0.0634	0.1700	0.2501	0.1285	0.0307	0.0004
	13	0.0000	0.0000	0.0000	0.0000	0.0000	0.0003	0.0032	0.0219	0.0916	0.2309	0.2669	0.1348	0.0092
	14	0.0000	0.0000	0.0000	0.0000	0.0000	0.0000	0.0005	0.0047	0.0305	0.1319	0.3432	0.3658	0.1303
	15	0.0000	0.0000	0.0000	0.0000	0.0000	0.0000	0.0000	0.0005	0.0047	0.0352	0.2059	0.4633	0.8601
16	0	0.8515	0.4401	0.1853	0.0281	0.0033	0.0003	0.0000	0.0000	0.0000	0.0000	0.0000	0.0000	0.0000
	1	0.1376	0.3706	0.3294	0.1126	0.0228	0.0030	0.0002	0.0000	0.0000	0.0000	0.0000	0.0000	0.0000
	2	0.0104	0.1463	0.2745	0.2111	0.0732	0.0150	0.0018	0.0001	0.0000	0.0000	0.0000	0.0000	0.0000
	3	0.0005	0.0359	0.1423	0.2463	0.1465	0.0468	0.0085	0.0008	0.0000	0.0000	0.0000	0.0000	0.0000
	4	0.0000	0.0061	0.0514	0.2001	0.2040	0.1014	0.0278	0.0040	0.0002	0.0000	0.0000	0.0000	0.0000
	5	0.0000	0.0008	0.0137	0.1201	0.2099	0.1623	0.0667	0.0142	0.0013	0.0000	0.0000	0.0000	0.0000
	6	0.0000	0.0001	0.0028	0.0550	0.1649	0.1983	0.1222	0.0392	0.0056	0.0002	0.0000	0.0000	0.0000
	7	0.0000	0.0000	0.0004	0.0197	0.1010	0.1889	0.1746	0.0840	0.0185	0.0012	0.0000	0.0000	0.0000
	8	0.0000	0.0000	0.0001	0.0055	0.0487	0.1417	0.1964	0.1417	0.0487	0.0055	0.0001	0.0000	0.0000
	9	0.0000	0.0000	0.0000	0.0012	0.0185	0.0840	0.1746	0.1889	0.1010	0.0197	0.0004	0.0000	0.0000
	10	0.0000	0.0000	0.0000	0.0002	0.0056	0.0392	0.1222	0.1983	0.1649	0.0550	0.0028	0.0001	0.0000
	11	0.0000	0.0000	0.0000	0.0000	0.0013	0.0142	0.0667	0.1623	0.2099	0.1201	0.0137	0.0008	0.0000

表 1 (續)　二項機率分配表 $P(X = x) = C_x^n p^x (1-p)^{n-x}$

n	x	0.01	0.05	0.10	0.20	0.30	0.40	0.50	0.60	0.70	0.80	0.90	0.95	0.99
16	12	0.0000	0.0000	0.0000	0.0000	0.0002	0.0040	0.0278	0.1014	0.2040	0.2001	0.0514	0.0061	0.0000
	13	0.0000	0.0000	0.0000	0.0000	0.0000	0.0008	0.0085	0.0468	0.1465	0.2463	0.1423	0.0359	0.0005
	14	0.0000	0.0000	0.0000	0.0000	0.0000	0.0001	0.0018	0.0150	0.0732	0.2111	0.2745	0.1463	0.0104
	15	0.0000	0.0000	0.0000	0.0000	0.0000	0.0000	0.0002	0.0030	0.0228	0.1126	0.3294	0.3706	0.1376
	16	0.0000	0.0000	0.0000	0.0000	0.0000	0.0000	0.0000	0.0003	0.0033	0.0281	0.1853	0.4401	0.8515
17	0	0.8429	0.4181	0.1668	0.0225	0.0023	0.0002	0.0000	0.0000	0.0000	0.0000	0.0000	0.0000	0.0000
	1	0.1447	0.3741	0.3150	0.0957	0.0169	0.0019	0.0001	0.0000	0.0000	0.0000	0.0000	0.0000	0.0000
	2	0.0117	0.1575	0.2800	0.1914	0.0581	0.0102	0.0010	0.0001	0.0000	0.0000	0.0000	0.0000	0.0000
	3	0.0006	0.0415	0.1556	0.2393	0.1245	0.0341	0.0052	0.0004	0.0000	0.0000	0.0000	0.0000	0.0000
	4	0	0.0076	0.0605	0.2093	0.1868	0.0796	0.0182	0.0021	0.0001	0.0000	0.0000	0.0000	0.0000
	5	0	0.001	0.0175	0.1361	0.2081	0.1379	0.0472	0.0081	0.0006	0.0000	0.0000	0.0000	0.0000
	6	0	0.0001	0.0039	0.0680	0.1784	0.1839	0.0944	0.0242	0.0026	0.0001	0.0000	0.0000	0.0000
	7	0	0	0.0007	0.0267	0.1201	0.1927	0.1484	0.0571	0.0095	0.0004	0.0000	0.0000	0.0000
	8	0	0	0.0001	0.0084	0.0644	0.1606	0.1855	0.1070	0.0276	0.0021	0.0000	0.0000	0.0000
	9	0	0	0.0000	0.0021	0.0276	0.1070	0.1855	0.1606	0.0644	0.0084	0.0001	0.0000	0.0000
	10	0	0	0.0000	0.0004	0.0095	0.0571	0.1484	0.1927	0.1201	0.0267	0.0007	0.0000	0.0000
	11	0	0	0.0000	0.0001	0.0026	0.0242	0.0944	0.1839	0.1784	0.0680	0.0039	0.0001	0.0000
	12	0	0	0.0000	0.0000	0.0006	0.0081	0.0472	0.1379	0.2081	0.1361	0.0175	0.0010	0.0000
	13	0	0	0.0000	0.0000	0.0001	0.0021	0.0182	0.0796	0.1868	0.2093	0.0605	0.0076	0.0000
	14	0	0	0.0000	0.0000	0.0000	0.0004	0.0052	0.0341	0.1245	0.2393	0.1556	0.0415	0.0006
	15	0	0	0.0000	0.0000	0.0000	0.0001	0.0010	0.0102	0.0581	0.1914	0.2800	0.1575	0.0117
	16	0	0	0.0000	0.0000	0.0000	0.0000	0.0001	0.0019	0.0169	0.0957	0.3150	0.3741	0.1447
	17	0	0	0.0000	0.0000	0.0000	0.0000	0.0000	0.0002	0.0023	0.0225	0.1668	0.4181	0.8429
18	0	0.8345	0.3972	0.1501	0.0180	0.0016	0.0001	0.0000	0.0000	0.0000	0.0000	0.0000	0.0000	0.0000
	1	0.1517	0.3763	0.3002	0.0811	0.0126	0.0012	0.0001	0.0000	0.0000	0.0000	0.0000	0.0000	0.0000
	2	0.013	0.1683	0.2835	0.1723	0.0458	0.0069	0.0006	0.0000	0.0000	0.0000	0.0000	0.0000	0.0000
	3	0.0007	0.0473	0.1680	0.2297	0.1046	0.0246	0.0031	0.0002	0.0000	0.0000	0.0000	0.0000	0.0000
	4	0	0.0093	0.0700	0.2153	0.1681	0.0614	0.0117	0.0011	0.0000	0.0000	0.0000	0.0000	0.0000
	5	0	0.0014	0.0218	0.1507	0.2017	0.1146	0.0327	0.0045	0.0002	0.0000	0.0000	0.0000	0.0000
	6	0	0.0002	0.0052	0.0816	0.1873	0.1655	0.0708	0.0145	0.0012	0.0000	0.0000	0.0000	0.0000
	7	0	0	0.0010	0.0350	0.1376	0.1892	0.1214	0.0374	0.0046	0.0001	0.0000	0.0000	0.0000
	8	0	0	0.0002	0.0120	0.0811	0.1734	0.1669	0.0771	0.0149	0.0008	0.0000	0.0000	0.0000
	9	0	0	0.0000	0.0033	0.0386	0.1284	0.1855	0.1284	0.0386	0.0033	0.0000	0.0000	0.0000
	10	0	0	0.0000	0.0008	0.0149	0.0771	0.1669	0.1734	0.0811	0.0120	0.0002	0.0000	0.0000

表 1 (續)　二項機率分配表 $P(X = x) = C_x^n p^x (1-p)^{n-x}$

n	x	0.01	0.05	0.10	0.20	0.30	0.40	0.50	0.60	0.70	0.80	0.90	0.95	0.99
18	11	0	0	0.0000	0.0001	0.0046	0.0374	0.1214	0.1892	0.1376	0.0350	0.0010	0.0000	0.0000
	12	0	0	0.0000	0.0000	0.0012	0.0145	0.0708	0.1655	0.1873	0.0816	0.0052	0.0002	0.0000
	13	0	0	0.0000	0.0000	0.0002	0.0045	0.0327	0.1146	0.2017	0.1507	0.0218	0.0014	0.0000
	14	0	0	0.0000	0.0000	0.0000	0.0011	0.0117	0.0614	0.1681	0.2153	0.0700	0.0093	0.0000
	15	0	0	0.0000	0.0000	0.0000	0.0002	0.0031	0.0246	0.1046	0.2297	0.1680	0.0473	0.0007
	16	0	0	0.0000	0.0000	0.0000	0.0000	0.0006	0.0069	0.0458	0.1723	0.2835	0.1683	0.0130
	17	0	0	0.0000	0.0000	0.0000	0.0000	0.0001	0.0012	0.0126	0.0811	0.3002	0.3763	0.1517
	18	0	0	0.0000	0.0000	0.0000	0.0000	0.0000	0.0001	0.0016	0.0180	0.1501	0.3972	0.8345
19	0	0.8262	0.3774	0.1351	0.0144	0.0011	0.0001	0.0000	0.0000	0.0000	0.0000	0.0000	0.0000	0.0000
	1	0.1586	0.3774	0.2852	0.0685	0.0093	0.0008	0.0000	0.0000	0.0000	0.0000	0.0000	0.0000	0.0000
	2	0.0144	0.1787	0.2852	0.1540	0.0358	0.0046	0.0003	0.0000	0.0000	0.0000	0.0000	0.0000	0.0000
	3	0.0008	0.0533	0.1796	0.2182	0.0869	0.0175	0.0018	0.0001	0.0000	0.0000	0.0000	0.0000	0.0000
	4	0	0.0112	0.0798	0.2182	0.1491	0.0467	0.0074	0.0005	0.0000	0.0000	0.0000	0.0000	0.0000
	5	0	0.0018	0.0266	0.1636	0.1916	0.0933	0.0222	0.0024	0.0001	0.0000	0.0000	0.0000	0.0000
	6	0	0.0002	0.0069	0.0955	0.1916	0.1451	0.0518	0.0085	0.0005	0.0000	0.0000	0.0000	0.0000
	7	0	0	0.0014	0.0443	0.1525	0.1797	0.0961	0.0237	0.0022	0.0000	0.0000	0.0000	0.0000
	8	0	0	0.0002	0.0166	0.0981	0.1797	0.1442	0.0532	0.0077	0.0003	0.0000	0.0000	0.0000
	9	0	0	0.0000	0.0051	0.0514	0.1464	0.1762	0.0976	0.0220	0.0013	0.0000	0.0000	0.0000
	10	0	0	0.0000	0.0013	0.0220	0.0976	0.1762	0.1464	0.0514	0.0051	0.0000	0.0000	0.0000
	11	0	0	0.0000	0.0003	0.0077	0.0532	0.1442	0.1797	0.0981	0.0166	0.0002	0.0000	0.0000
	12	0	0	0.0000	0.0000	0.0022	0.0237	0.0961	0.1797	0.1525	0.0443	0.0014	0.0000	0.0000
	13	0	0	0.0000	0.0000	0.0005	0.0085	0.0518	0.1451	0.1916	0.0955	0.0069	0.0002	0.0000
	14	0	0	0.0000	0.0000	0.0001	0.0024	0.0222	0.0933	0.1916	0.1636	0.0266	0.0018	0.0000
	15	0	0	0.0000	0.0000	0.0000	0.0005	0.0074	0.0467	0.1491	0.2182	0.0798	0.0112	0.0000
	16	0	0	0.0000	0.0000	0.0000	0.0001	0.0018	0.0175	0.0869	0.2182	0.1796	0.0533	0.0008
	17	0	0	0.0000	0.0000	0.0000	0.0000	0.0003	0.0046	0.0358	0.1540	0.2852	0.1787	0.0144
	18	0	0	0.0000	0.0000	0.0000	0.0000	0.0000	0.0008	0.0093	0.0685	0.2852	0.3774	0.1586
	19	0	0	0.0000	0.0000	0.0000	0.0000	0.0000	0.0001	0.0011	0.0144	0.1351	0.3774	0.8262
20	0	0.8179	0.3585	0.1216	0.0115	0.0008	0.0000	0.0000	0.0000	0.0000	0.0000	0.0000	0.0000	0.0000
	1	0.1652	0.3774	0.2702	0.0576	0.0068	0.0005	0.0000	0.0000	0.0000	0.0000	0.0000	0.0000	0.0000
	2	0.0159	0.1887	0.2852	0.1369	0.0278	0.0031	0.0002	0.0000	0.0000	0.0000	0.0000	0.0000	0.0000
	3	0.0010	0.0596	0.1901	0.2054	0.0716	0.0123	0.0011	0.0000	0.0000	0.0000	0.0000	0.0000	0.0000
	4	0.0000	0.0133	0.0898	0.2182	0.1304	0.0350	0.0046	0.0003	0.0000	0.0000	0.0000	0.0000	0.0000
	5	0.0000	0.0022	0.0319	0.1746	0.1789	0.0746	0.0148	0.0013	0.0000	0.0000	0.0000	0.0000	0.0000

表 1 (續) 二項機率分配表 $P(X = x) = C_x^n p^x (1-p)^{n-x}$

n	x	p=0.01	0.05	0.10	0.20	0.30	0.40	0.50	0.60	0.70	0.80	0.90	0.95	0.99
20	6	0.0000	0.0003	0.0089	0.1091	0.1916	0.1244	0.0370	0.0049	0.0002	0.0000	0.0000	0.0000	0.0000
	7	0.0000	0.0000	0.0020	0.0545	0.1643	0.1659	0.0739	0.0146	0.0010	0.0000	0.0000	0.0000	0.0000
	8	0.0000	0.0000	0.0004	0.0222	0.1144	0.1797	0.1201	0.0355	0.0039	0.0001	0.0000	0.0000	0.0000
	9	0.0000	0.0000	0.0001	0.0074	0.0654	0.1597	0.1602	0.0710	0.0120	0.0005	0.0000	0.0000	0.0000
	10	0.0000	0.0000	0.0000	0.0020	0.0308	0.1171	0.1762	0.1171	0.0308	0.0020	0.0000	0.0000	0.0000
	11	0.0000	0.0000	0.0000	0.0005	0.0120	0.0710	0.1602	0.1597	0.0654	0.0074	0.0001	0.0000	0.0000
	12	0.0000	0.0000	0.0000	0.0001	0.0039	0.0355	0.1201	0.1797	0.1144	0.0222	0.0004	0.0000	0.0000
	13	0.0000	0.0000	0.0000	0.0000	0.0010	0.0146	0.0739	0.1659	0.1643	0.0545	0.0020	0.0000	0.0000
	14	0.0000	0.0000	0.0000	0.0000	0.0002	0.0049	0.0370	0.1244	0.1916	0.1091	0.0089	0.0003	0.0000
	15	0.0000	0.0000	0.0000	0.0000	0.0000	0.0013	0.0148	0.0746	0.1789	0.1746	0.0319	0.0022	0.0000
	16	0.0000	0.0000	0.0000	0.0000	0.0000	0.0003	0.0046	0.0350	0.1304	0.2182	0.0898	0.0133	0.0000
	17	0.0000	0.0000	0.0000	0.0000	0.0000	0.0000	0.0011	0.0123	0.0716	0.2054	0.1901	0.0596	0.0010
	18	0.0000	0.0000	0.0000	0.0000	0.0000	0.0000	0.0002	0.0031	0.0278	0.1369	0.2852	0.1887	0.0159
	19	0.0000	0.0000	0.0000	0.0000	0.0000	0.0000	0.0000	0.0005	0.0068	0.0576	0.2702	0.3774	0.1652
	20	0.0000	0.0000	0.0000	0.0000	0.0000	0.0000	0.0000	0.0000	0.0008	0.0115	0.1216	0.3585	0.8179

表 2 卜瓦松機率分配表 $P(X = x) = \dfrac{e^{-\lambda} \lambda^x}{x!}$

x	λ=0.10	0.50	1.00	1.50	2.00	2.50	3.00	3.50	4.00	4.50	5.00
0	0.9048	0.6065	0.3679	0.2231	0.1353	0.0821	0.0498	0.0302	0.0183	0.0111	0.0067
1	0.0905	0.3033	0.3679	0.3347	0.2707	0.2052	0.1494	0.1057	0.0733	0.0500	0.0337
2	0.0045	0.0758	0.1839	0.2510	0.2707	0.2565	0.2240	0.1850	0.1465	0.1125	0.0842
3	0.0002	0.0126	0.0613	0.1255	0.1804	0.2138	0.2240	0.2158	0.1954	0.1687	0.1404
4	0.0000	0.0016	0.0153	0.0471	0.0902	0.1336	0.1680	0.1888	0.1954	0.1898	0.1755
5	0.0000	0.0002	0.0031	0.0141	0.0361	0.0668	0.1008	0.1322	0.1563	0.1708	0.1755
6	0.0000	0.0000	0.0005	0.0035	0.0120	0.0278	0.0504	0.0771	0.1042	0.1281	0.1462
7	0.0000	0.0000	0.0001	0.0008	0.0034	0.0099	0.0216	0.0385	0.0595	0.0824	0.1044
8	0.0000	0.0000	0.0000	0.0001	0.0009	0.0031	0.0081	0.0169	0.0298	0.0463	0.0653
9	0.0000	0.0000	0.0000	0.0000	0.0002	0.0009	0.0027	0.0066	0.0132	0.0232	0.0363
10	0.0000	0.0000	0.0000	0.0000	0.0000	0.0002	0.0008	0.0023	0.0053	0.0104	0.0181
11	0.0000	0.0000	0.0000	0.0000	0.0000	0.0000	0.0002	0.0007	0.0019	0.0043	0.0082
12	0.0000	0.0000	0.0000	0.0000	0.0000	0.0000	0.0001	0.0002	0.0006	0.0016	0.0034
13	0.0000	0.0000	0.0000	0.0000	0.0000	0.0000	0.0000	0.0001	0.0002	0.0006	0.0013
14	0.0000	0.0000	0.0000	0.0000	0.0000	0.0000	0.0000	0.0000	0.0001	0.0002	0.0005
15	0.0000	0.0000	0.0000	0.0000	0.0000	0.0000	0.0000	0.0000	0.0000	0.0001	0.0002
16	0.0000	0.0000	0.0000	0.0000	0.0000	0.0000	0.0000	0.0000	0.0000	0.0000	0.0000

表2(續) 卜瓦松機率分配表 $P(X=x) = \dfrac{e^{-\lambda}\lambda^x}{x!}$

x	λ 5.50	6.00	6.50	7.00	7.50	8.00	8.50	9.00	9.50	10.00
0	0.0041	0.0025	0.0015	0.0009	0.0006	0.0003	0.0002	0.0001	0.0001	0.0000
1	0.0225	0.0149	0.0098	0.0064	0.0041	0.0027	0.0017	0.0011	0.0007	0.0005
2	0.0618	0.0446	0.0318	0.0223	0.0156	0.0107	0.0074	0.0050	0.0034	0.0023
3	0.1133	0.0892	0.0688	0.0521	0.0389	0.0286	0.0208	0.0150	0.0107	0.0076
4	0.1558	0.1339	0.1118	0.0912	0.0729	0.0573	0.0443	0.0337	0.0254	0.0189
5	0.1714	0.1606	0.1454	0.1277	0.1094	0.0916	0.0752	0.0607	0.0483	0.0378
6	0.1571	0.1606	0.1575	0.1490	0.1367	0.1221	0.1066	0.0911	0.0764	0.0631
7	0.1234	0.1377	0.1462	0.1490	0.1465	0.1396	0.1294	0.1171	0.1037	0.0901
8	0.0849	0.1033	0.1188	0.1304	0.1373	0.1396	0.1375	0.1318	0.1232	0.1126
9	0.0519	0.0688	0.0858	0.1014	0.1144	0.1241	0.1299	0.1318	0.1300	0.1251
10	0.0285	0.0413	0.0558	0.0710	0.0858	0.0993	0.1104	0.1186	0.1235	0.1251
11	0.0143	0.0225	0.0330	0.0452	0.0585	0.0722	0.0853	0.0970	0.1067	0.1137
12	0.0065	0.0113	0.0179	0.0263	0.0366	0.0481	0.0604	0.0728	0.0844	0.0948
13	0.0028	0.0052	0.0089	0.0142	0.0211	0.0296	0.0395	0.0504	0.0617	0.0729
14	0.0011	0.0022	0.0041	0.0071	0.0113	0.0169	0.0240	0.0324	0.0419	0.0521
15	0.0004	0.0009	0.0018	0.0033	0.0057	0.0090	0.0136	0.0194	0.0265	0.0347
16	0.0001	0.0003	0.0007	0.0014	0.0026	0.0045	0.0072	0.0109	0.0157	0.0217
17	0.0000	0.0001	0.0003	0.0006	0.0012	0.0021	0.0036	0.0058	0.0088	0.0128
18	0.0000	0.0000	0.0001	0.0002	0.0005	0.0009	0.0017	0.0029	0.0046	0.0071
19	0.0000	0.0000	0.0000	0.0001	0.0002	0.0004	0.0008	0.0014	0.0023	0.0037
20	0.0000	0.0000	0.0000	0.0000	0.0001	0.0002	0.0003	0.0006	0.0011	0.0019
21	0.0000	0.0000	0.0000	0.0000	0.0000	0.0001	0.0001	0.0003	0.0005	0.0009
22	0.0000	0.0000	0.0000	0.0000	0.0000	0.0000	0.0001	0.0001	0.0002	0.0004
23	0.0000	0.0000	0.0000	0.0000	0.0000	0.0000	0.0000	0.0000	0.0001	0.0002
24	0.0000	0.0000	0.0000	0.0000	0.0000	0.0000	0.0000	0.0000	0.0000	0.0001
25	0.0000	0.0000	0.0000	0.0000	0.0000	0.0000	0.0000	0.0000	0.0000	0.0000

表 2 (續)　卜瓦松機率分配表 $P(X = x) = \dfrac{e^{-\lambda} \lambda^x}{x!}$

x	λ 11.00	12.00	13.00	14.00	15.00	16.00	17.00	18.00	19.00	20.00
0	0.0000	0.0000	0.0000	0.0000	0.0000	0.0000	0.0000	0.0000	0.0000	0.0000
1	0.0002	0.0001	0.0000	0.0000	0.0000	0.0000	0.0000	0.0000	0.0000	0.0000
2	0.0010	0.0004	0.0002	0.0001	0.0000	0.0000	0.0000	0.0000	0.0000	0.0000
3	0.0037	0.0018	0.0008	0.0004	0.0002	0.0001	0.0000	0.0000	0.0000	0.0000
4	0.0102	0.0053	0.0027	0.0013	0.0006	0.0003	0.0001	0.0001	0.0000	0.0000
5	0.0224	0.0127	0.0070	0.0037	0.0019	0.0010	0.0005	0.0002	0.0001	0.0001
6	0.0411	0.0255	0.0152	0.0087	0.0048	0.0026	0.0014	0.0007	0.0004	0.0002
7	0.0646	0.0437	0.0281	0.0174	0.0104	0.0060	0.0034	0.0019	0.0010	0.0005
8	0.0888	0.0655	0.0457	0.0304	0.0194	0.0120	0.0072	0.0042	0.0024	0.0013
9	0.1085	0.0874	0.0661	0.0473	0.0324	0.0213	0.0135	0.0083	0.0050	0.0029
10	0.1194	0.1048	0.0859	0.0663	0.0486	0.0341	0.0230	0.0150	0.0095	0.0058
11	0.1194	0.1144	0.1015	0.0844	0.0663	0.0496	0.0355	0.0245	0.0164	0.0106
12	0.1094	0.1144	0.1099	0.0984	0.0829	0.0661	0.0504	0.0368	0.0259	0.0176
13	0.0926	0.1056	0.1099	0.1060	0.0956	0.0814	0.0658	0.0509	0.0378	0.0271
14	0.0728	0.0905	0.1021	0.1060	0.1024	0.0930	0.0800	0.0655	0.0514	0.0387
15	0.0534	0.0724	0.0885	0.0989	0.1024	0.0992	0.0906	0.0786	0.0650	0.0516
16	0.0367	0.0543	0.0719	0.0866	0.0960	0.0992	0.0963	0.0884	0.0772	0.0646
17	0.0237	0.0383	0.0550	0.0713	0.0847	0.0934	0.0963	0.0936	0.0863	0.0760
18	0.0145	0.0255	0.0397	0.0554	0.0706	0.0830	0.0909	0.0936	0.0911	0.0844
19	0.0084	0.0161	0.0272	0.0409	0.0557	0.0699	0.0814	0.0887	0.0911	0.0888
20	0.0046	0.0097	0.0177	0.0286	0.0418	0.0559	0.0692	0.0798	0.0866	0.0888
21	0.0024	0.0055	0.0109	0.0191	0.0299	0.0426	0.0560	0.0684	0.0783	0.0846
22	0.0012	0.0030	0.0065	0.0121	0.0204	0.0310	0.0433	0.0560	0.0676	0.0769
23	0.0006	0.0016	0.0037	0.0074	0.0133	0.0216	0.0320	0.0438	0.0559	0.0669
24	0.0003	0.0008	0.0020	0.0043	0.0083	0.0144	0.0226	0.0328	0.0442	0.0557
25	0.0001	0.0004	0.0010	0.0024	0.0050	0.0092	0.0154	0.0237	0.0336	0.0446
26	0.0000	0.0002	0.0005	0.0013	0.0029	0.0057	0.0101	0.0164	0.0246	0.0343
27	0.0000	0.0001	0.0002	0.0007	0.0016	0.0034	0.0063	0.0109	0.0173	0.0254
28	0.0000	0.0000	0.0001	0.0003	0.0009	0.0019	0.0038	0.0070	0.0117	0.0181
29	0.0000	0.0000	0.0001	0.0002	0.0004	0.0011	0.0023	0.0044	0.0077	0.0125
30	0.0000	0.0000	0.0000	0.0001	0.0002	0.0006	0.0013	0.0026	0.0049	0.0083
31	0.0000	0.0000	0.0000	0.0000	0.0001	0.0003	0.0007	0.0015	0.0030	0.0054
32	0.0000	0.0000	0.0000	0.0000	0.0001	0.0001	0.0004	0.0009	0.0018	0.0034
33	0.0000	0.0000	0.0000	0.0000	0.0000	0.0001	0.0002	0.0005	0.0010	0.0020
34	0.0000	0.0000	0.0000	0.0000	0.0000	0.0000	0.0001	0.0002	0.0006	0.0012
35	0.0000	0.0000	0.0000	0.0000	0.0000	0.0000	0.0000	0.0001	0.0003	0.0007
36	0.0000	0.0000	0.0000	0.0000	0.0000	0.0000	0.0000	0.0001	0.0002	0.0004
37	0.0000	0.0000	0.0000	0.0000	0.0000	0.0000	0.0000	0.0000	0.0001	0.0002
38	0.0000	0.0000	0.0000	0.0000	0.0000	0.0000	0.0000	0.0000	0.0000	0.0001
39	0.0000	0.0000	0.0000	0.0000	0.0000	0.0000	0.0000	0.0000	0.0000	0.0001
40	0.0000	0.0000	0.0000	0.0000	0.0000	0.0000	0.0000	0.0000	0.0000	0.0000

表3　標準常態分配函數

$$P(Z \leq z) = \Phi(z) = \int_{-\infty}^{z} \frac{1}{\sqrt{2\pi}} e^{-w^2/2} dw$$

$$[\Phi(-z) = 1 - \Phi(z)]$$

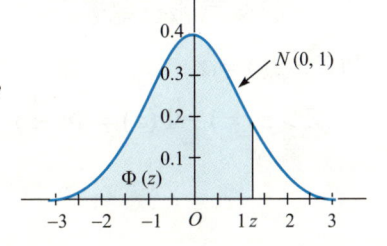

z	0.00	0.01	0.02	0.03	0.04	0.05	0.06	0.07	0.08	0.09
0.0	0.5000	0.5040	0.5080	0.5120	0.5160	0.5199	0.5239	0.5279	0.5319	0.5359
0.1	0.5398	0.5438	0.5478	0.5517	0.5557	0.5596	0.5636	0.5675	0.5714	0.5753
0.2	0.5793	0.5832	0.5871	0.5910	0.5948	0.5987	0.6026	0.6064	0.6103	0.6141
0.3	0.6179	0.6217	0.6255	0.6293	0.6331	0.6368	0.6406	0.6443	0.6480	0.6517
0.4	0.6554	0.6591	0.6628	0.6664	0.6700	0.6736	0.6772	0.6808	0.6844	0.6879
0.5	0.6915	0.6950	0.6985	0.7019	0.7054	0.7088	0.7123	0.7157	0.7190	0.7224
0.6	0.7257	0.7291	0.7324	0.7357	0.7389	0.7422	0.7454	0.7486	0.7517	0.7549
0.7	0.7580	0.7611	0.7642	0.7673	0.7703	0.7734	0.7764	0.7794	0.7823	0.7852
0.8	0.7881	0.7910	0.7939	0.7967	0.7995	0.8023	0.8051	0.8078	0.8106	0.8133
0.9	0.8159	0.8186	0.8212	0.8238	0.8264	0.8289	0.8315	0.8340	0.8365	0.8389
1.0	0.8413	0.8438	0.8461	0.8485	0.8508	0.8531	0.8554	0.8577	0.8599	0.8621
1.1	0.8643	0.8665	0.8686	0.8708	0.8729	0.8749	0.8770	0.8790	0.8810	0.8830
1.2	0.8849	0.8869	0.8888	0.8907	0.8925	0.8944	0.8962	0.8980	0.8997	0.9015
1.3	0.9032	0.9049	0.9066	0.9082	0.9099	0.9115	0.9131	0.9147	0.9162	0.9177
1.4	0.9192	0.9207	0.9222	0.9236	0.9251	0.9265	0.9279	0.9292	0.9306	0.9319
1.5	0.9332	0.9345	0.9357	0.9370	0.9382	0.9394	0.9406	0.9418	0.9429	0.9441
1.6	0.9452	0.9463	0.9474	0.9484	0.9495	0.9505	0.9515	0.9525	0.9535	0.9545
1.7	0.9554	0.9564	0.9573	0.9582	0.9591	0.9599	0.9608	0.9616	0.9625	0.9633
1.8	0.9641	0.9649	0.9656	0.9664	0.9671	0.9678	0.9686	0.9693	0.9699	0.9706
1.9	0.9713	0.9719	0.9726	0.9732	0.9738	0.9744	0.9750	0.9756	0.9761	0.9767
2.0	0.9772	0.9778	0.9783	0.9788	0.9793	0.9798	0.9803	0.9808	0.9812	0.9817
2.1	0.9821	0.9826	0.9830	0.9834	0.9838	0.9842	0.9846	0.9850	0.9854	0.9857
2.2	0.9861	0.9864	0.9868	0.9871	0.9875	0.9878	0.9881	0.9884	0.9887	0.9890
2.3	0.9893	0.9896	0.9898	0.9901	0.9904	0.9906	0.9909	0.9911	0.9913	0.9916
2.4	0.9918	0.9920	0.9922	0.9925	0.9927	0.9929	0.9931	0.9932	0.9934	0.9936
2.5	0.9938	0.9940	0.9941	0.9943	0.9945	0.9946	0.9948	0.9949	0.9951	0.9952
2.6	0.9953	0.9955	0.9956	0.9957	0.9959	0.9960	0.9961	0.9962	0.9963	0.9964
2.7	0.9965	0.9966	0.9967	0.9968	0.9969	0.9970	0.9971	0.9972	0.9973	0.9974
2.8	0.9974	0.9975	0.9976	0.9977	0.9977	0.9978	0.9979	0.9979	0.9980	0.9981
2.9	0.9981	0.9982	0.9982	0.9983	0.9984	0.9984	0.9985	0.9985	0.9986	0.9986
3.0	0.9987	0.9987	0.9987	0.9988	0.9988	0.9989	0.9989	0.9989	0.9990	0.9990

α	0.400	0.300	0.200	0.100	0.050	0.025	0.010	0.005	0.001
z_α	0.253	0.524	0.842	1.282	1.654	1.960	2.326	2.576	3.090
$z_{\alpha/2}$	0.842	1.036	1.282	1.645	1.960	2.240	2.576	2.807	3.291

表 4　標準常態右尾機率

$$P(Z > z_\alpha) = \alpha$$

$$P(Z > z) = 1 - \Phi(z) = \Phi(-z)$$

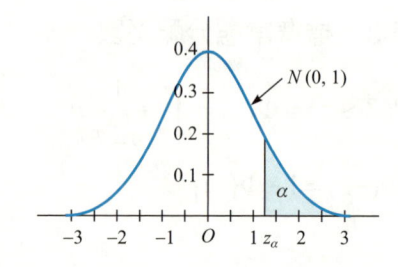

z	0.00	0.01	0.02	0.03	0.04	0.05	0.06	0.07	0.08	0.09
0.0	0.5000	0.4960	0.4920	0.4880	0.4840	0.4801	0.4761	0.4721	0.4681	0.4641
0.1	0.4602	0.4562	0.4522	0.4483	0.4443	0.4404	0.4364	0.4325	0.4286	0.4247
0.2	0.4207	0.4168	0.4129	0.4090	0.4052	0.4013	0.3974	0.3936	0.3897	0.3859
0.3	0.3821	0.3783	0.3745	0.3707	0.3669	0.3632	0.3594	0.3557	0.3520	0.3483
0.4	0.3446	0.3409	0.3372	0.3336	0.3300	0.3264	0.3228	0.3192	0.3156	0.3121
0.5	0.3085	0.3050	0.3015	0.2981	0.2946	0.2912	0.2877	0.2843	0.2810	0.2776
0.6	0.2743	0.2709	0.2676	0.2643	0.2611	0.2578	0.2546	0.2514	0.2483	0.2451
0.7	0.2420	0.2389	0.2358	0.2327	0.2296	0.2266	0.2236	0.2206	0.2177	0.2148
0.8	0.2119	0.2090	0.2061	0.2033	0.2005	0.1977	0.1949	0.1922	0.1894	0.1867
0.9	0.1841	0.1814	0.1788	0.1762	0.1736	0.1711	0.1685	0.1660	0.1635	0.1611
1.0	0.1587	0.1562	0.1539	0.1515	0.1492	0.1469	0.1446	0.1423	0.1401	0.1379
1.1	0.1357	0.1335	0.1314	0.1292	0.1271	0.1251	0.1230	0.1210	0.1190	0.117
1.2	0.1151	0.1131	0.1112	0.1093	0.1075	0.1056	0.1038	0.1020	0.1003	0.0985
1.3	0.0968	0.0951	0.0934	0.0918	0.0901	0.0885	0.0869	0.0853	0.0838	0.0823
1.4	0.0808	0.0793	0.0778	0.0764	0.0749	0.0735	0.0721	0.0708	0.0694	0.0681
1.5	0.0668	0.0655	0.0643	0.0630	0.0618	0.0606	0.0594	0.0582	0.0571	0.0559
1.6	0.0548	0.0537	0.0526	0.0516	0.0505	0.0495	0.0485	0.0475	0.0465	0.0455
1.7	0.0446	0.0436	0.0427	0.0418	0.0409	0.0401	0.0392	0.0384	0.0375	0.0367
1.8	0.0359	0.0351	0.0344	0.0336	0.0329	0.0322	0.0314	0.0307	0.0301	0.0294
1.9	0.0287	0.0281	0.0274	0.0268	0.0262	0.0256	0.0250	0.0244	0.0239	0.0233
2.0	0.0228	0.0222	0.0217	0.0212	0.0207	0.0202	0.0197	0.0192	0.0188	0.0183
2.1	0.0179	0.0174	0.0170	0.0166	0.0162	0.0158	0.0154	0.0150	0.0146	0.0143
2.2	0.0139	0.0136	0.0132	0.0129	0.0125	0.0122	0.0119	0.0116	0.0113	0.011
2.3	0.0107	0.0104	0.0102	0.0099	0.0096	0.0094	0.0091	0.0089	0.0087	0.0084
2.4	0.0082	0.0080	0.0078	0.0075	0.0073	0.0071	0.0069	0.0068	0.0066	0.0064
2.5	0.0062	0.0060	0.0059	0.0057	0.0055	0.0054	0.0052	0.0051	0.0049	0.0048
2.6	0.0047	0.0045	0.0044	0.0043	0.0041	0.0040	0.0039	0.0038	0.0037	0.0036
2.7	0.0035	0.0034	0.0033	0.0032	0.0031	0.0030	0.0029	0.0028	0.0027	0.0026
2.8	0.0026	0.0025	0.0024	0.0023	0.0023	0.0022	0.0021	0.0021	0.0020	0.0019
2.9	0.0019	0.0018	0.0018	0.0017	0.0016	0.0016	0.0015	0.0015	0.0014	0.0014
3.0	0.0013	0.0013	0.0013	0.0012	0.0012	0.0011	0.0011	0.0011	0.0010	0.001
3.1	0.0010	0.0009	0.0009	0.0009	0.0008	0.0008	0.0008	0.0008	0.0007	0.0007
3.2	0.0007	0.0007	0.0006	0.0006	0.0006	0.0006	0.0006	0.0005	0.0005	0.0005
3.3	0.0005	0.0005	0.0005	0.0004	0.0004	0.0004	0.0004	0.0004	0.0004	0.0003
3.4	0.0003	0.0003	0.0003	0.0003	0.0003	0.0003	0.0003	0.0003	0.0003	0.0002

表 5　指數分配函數

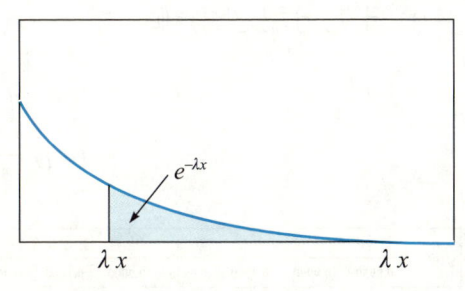

λx	$e^{-\lambda x}$	λx	$e^{-\lambda x}$	λx	$e^{-\lambda x}$	λx	$e^{-\lambda x}$
0.0	1.000	2.5	0.082	5.0	0.0067	7.5	0.0006
0.1	0.905	2.6	0.074	5.1	0.0061	7.6	0.0005
0.2	0.819	2.7	0.067	5.2	0.0055	7.7	0.0005
0.3	0.741	2.8	0.061	5.3	0.0050	7.8	0.0004
0.4	0.670	2.9	0.055	5.4	0.0045	7.9	0.0004
0.5	0.607	3.0	0.050	5.5	0.0041	8.0	0.0003
0.6	0.549	3.1	0.045	5.6	0.0037	8.1	0.0003
0.7	0.497	3.2	0.041	5.7	0.0033	8.2	0.0003
0.8	0.449	3.3	0.037	5.8	0.0030	8.3	0.0002
0.9	0.407	3.4	0.033	5.9	0.0027	8.4	0.0002
1.0	0.368	3.5	0.030	6.0	0.0025	8.5	0.0002
1.1	0.333	3.6	0.027	6.1	0.0022	8.6	0.0002
1.2	0.301	3.7	0.025	6.2	0.0020	8.7	0.0002
1.3	0.273	3.8	0.022	6.3	0.0018	8.8	0.0002
1.4	0.247	3.9	0.020	6.4	0.0017	8.9	0.0001
1.5	0.223	4.0	0.018	6.5	0.0015	9.0	0.0001
1.6	0.202	4.1	0.017	6.6	0.0014	9.1	0.0001
1.7	0.183	4.2	0.015	6.7	0.0012	9.2	0.0001
1.8	0.165	4.3	0.014	6.8	0.0011	9.3	0.0001
1.9	0.150	4.4	0.012	6.9	0.0010	9.4	0.0001
2.0	0.135	4.5	0.011	7.0	0.0009	9.5	0.0001
2.1	0.122	4.6	0.010	7.1	0.0008	9.6	0.0001
2.2	0.111	4.7	0.009	7.2	0.0007	9.7	0.0001
2.3	0.100	4.8	0.008	7.3	0.0007	9.8	0.0001
2.4	0.091	4.9	0.007	7.4	0.0006	9.9	0.0001

表6 卡方分配之臨界值

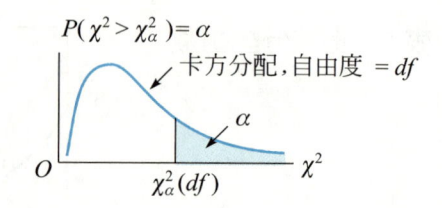

$$P(\chi^2 > \chi_\alpha^2) = \alpha$$

卡方分配，自由度 $= df$

df	\multicolumn{11}{c}{α}
	0.9950	0.9900	0.9750	0.9500	0.9000	0.1000	0.0500	0.0250	0.0100	0.0050	0.0010	0.0005
1	0.0000	0.0002	0.0010	0.0039	0.0158	2.7055	3.8415	5.0239	6.6349	7.8794	10.8274	12.1153
2	0.0100	0.0201	0.0506	0.1026	0.2107	4.6052	5.9915	7.3778	9.2104	10.5965	13.8150	15.2014
3	0.0717	0.1148	0.2158	0.3518	0.5844	6.2514	7.8147	9.3484	11.3449	12.8381	16.2660	17.7311
4	0.2070	0.2971	0.4844	0.7107	1.0636	7.7794	9.4877	11.1433	13.2767	14.8602	18.4662	19.9977
5	0.4118	0.5543	0.8312	1.1455	1.6103	9.2363	11.0705	12.8325	15.0863	16.7496	20.5147	22.1057
6	0.6757	0.8721	1.2373	1.6354	2.2041	10.6446	12.5916	14.4494	16.8119	18.5475	22.4575	24.1016
7	0.9893	1.2390	1.6899	2.1673	2.8331	12.0170	14.0671	16.0128	18.4753	20.2777	24.3213	26.0179
8	1.3444	1.6465	2.1797	2.7326	3.4895	13.3616	15.5073	17.5345	20.0902	21.9549	26.1239	27.8674
9	1.7349	2.0879	2.7004	3.3251	4.1682	14.6837	16.9190	19.0228	21.6660	23.5893	27.8767	29.6669
10	2.1558	2.5582	3.2470	3.9403	4.8652	15.9872	18.3070	20.4832	23.2093	25.1881	29.5879	31.4195
11	2.6032	3.0535	3.8157	4.5748	5.5778	17.2750	19.6752	21.9200	24.7250	26.7569	31.2635	33.1382
12	3.0738	3.5706	4.4038	5.2260	6.3038	18.5493	21.0261	23.3367	26.2170	28.2997	32.9092	34.8211
13	3.5650	4.1069	5.0087	5.8919	7.0415	19.8119	22.3620	24.7356	27.6882	29.8193	34.5274	36.4768
14	4.0747	4.6604	5.6287	6.5706	7.7895	21.0641	23.6848	26.1189	29.1412	31.3194	36.1239	38.1085
15	4.6009	5.2294	6.2621	7.2609	8.5468	22.3071	24.9958	27.4884	30.5780	32.8015	37.6978	39.7173
16	5.1422	5.8122	6.9077	7.9616	9.3122	23.5418	26.2962	28.8453	31.9999	34.2671	39.2518	41.3077
17	5.6973	6.4077	7.5642	8.6718	10.0852	24.7690	27.5871	30.1910	33.4087	35.7184	40.7911	42.8808
18	6.2648	7.0149	8.2307	9.3904	10.8649	25.9894	28.8693	31.5264	34.8052	37.1564	42.3119	44.4337
19	6.8439	7.6327	8.9065	10.1170	11.6509	27.2036	30.1435	32.8523	36.1908	38.5821	43.8194	45.9738
20	7.4338	8.2604	9.5908	10.8508	12.4426	28.4120	31.4104	34.1696	37.5663	39.9969	45.3142	47.4977
21	8.0336	8.8972	10.2829	11.5913	13.2396	29.6151	32.6706	35.4789	38.9322	41.4009	46.7963	49.0096
22	8.6427	9.5425	10.9823	12.3380	14.0415	30.8133	33.9245	36.7807	40.2894	42.7957	48.2676	50.5105
23	9.2604	10.1957	11.6885	13.0905	14.8480	32.0069	35.1725	38.0756	41.6383	44.1814	49.7276	51.9995
24	9.8862	10.8563	12.4011	13.8484	15.6587	33.1962	36.4150	39.3641	42.9798	45.5584	51.1790	53.4776
25	10.5196	11.5240	13.1197	14.6114	16.4734	34.3816	37.6525	40.6465	44.3140	46.9280	52.6187	54.9475
26	11.1602	12.1982	13.8439	15.3792	17.2919	35.5632	38.8851	41.9231	45.6416	48.2898	54.0511	56.4068
27	11.8077	12.8785	14.5734	16.1514	18.1139	36.7412	40.1133	43.1945	46.9628	49.6450	55.4751	57.8556
28	12.4613	13.5647	15.3079	16.9279	18.9392	37.9159	41.3372	44.4608	48.2782	50.9936	56.8918	59.2990
29	13.1211	14.2564	16.0471	17.7084	19.7677	39.0875	42.5569	45.7223	49.5878	52.3355	58.3006	60.7342
30	13.7867	14.9535	16.7908	18.4927	20.5992	40.2560	43.7730	46.9792	50.8922	53.6719	59.7022	62.1600
40	20.7066	22.1642	24.4331	26.5093	29.0505	51.8050	55.7585	59.3417	63.6908	66.7660	73.4029	76.0963
50	27.9908	29.7067	32.3574	34.7642	37.6886	63.1671	67.5048	71.4202	76.1538	79.4898	86.6603	89.5597
60	35.5344	37.4848	40.4817	43.1880	46.4589	74.3970	79.0820	83.2977	88.3794	91.9518	99.6078	102.6971
80	51.1719	53.5400	57.1532	60.3915	64.2778	96.5782	101.8795	106.6285	112.3288	116.3209	124.8389	128.2636
100	67.3275	70.0650	74.2219	77.9294	82.3581	118.4980	124.3421	129.5613	135.8069	140.1697	149.4488	153.1638

表 7　t-分配表之臨界值

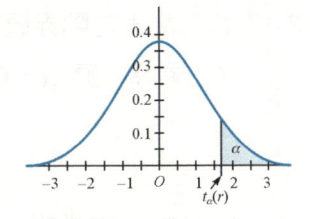

$$[P(T \leq -t) = 1 - P(T \leq t)]$$

df	α						
	0.1000	0.0500	0.0250	0.0100	0.0050	0.0010	0.0005
1	3.0777	6.3137	12.7062	31.8210	63.6559	318.2888	636.5776
2	1.8856	2.9200	4.3027	6.9645	9.9250	22.3285	31.5998
3	1.6377	2.3534	3.1824	4.5407	5.8408	10.2143	12.9244
4	1.5332	2.1318	2.7765	3.7469	4.6041	7.1729	8.6101
5	1.4759	2.0150	2.5706	3.3649	4.0321	5.8935	6.8685
6	1.4398	1.9432	2.4469	3.1427	3.7074	5.2075	5.9587
7	1.4149	1.8946	2.3646	2.9979	3.4995	4.7853	5.4081
8	1.3968	1.8595	2.3060	2.8965	3.3554	4.5008	5.0414
9	1.3830	1.8331	2.2622	2.8214	3.2498	4.2969	4.7809
10	1.3722	1.8125	2.2281	2.7638	3.1693	4.1437	4.5868
11	1.3634	1.7959	2.2010	2.7181	3.1058	4.0248	4.4369
12	1.3562	1.7823	2.1788	2.6810	3.0545	3.9296	4.3178
13	1.3502	1.7709	2.1604	2.6503	3.0123	3.8520	4.2209
14	1.3450	1.7613	2.1448	2.6245	2.9768	3.7874	4.1403
15	1.3406	1.7531	2.1315	2.6025	2.9467	3.7329	4.0728
16	1.3368	1.7459	2.1199	2.5835	2.9208	3.6861	4.0149
17	1.3334	1.7396	2.1098	2.5669	2.8982	3.6458	3.9651
18	1.3304	1.7341	2.1009	2.5524	2.8784	3.6105	3.9217
19	1.3277	1.7291	2.0930	2.5395	2.8609	3.5793	3.8833
20	1.3253	1.7247	2.0860	2.5280	2.8453	3.5518	3.8496
25	1.3163	1.7081	2.0595	2.4851	2.7874	3.4502	3.7251
30	1.3104	1.6973	2.0423	2.4573	2.7500	3.3852	3.6460
40	1.3031	1.6839	2.0211	2.4233	2.7045	3.3069	3.5510
50	1.2987	1.6759	2.0086	2.4033	2.6778	3.2614	3.4960
100	1.2901	1.6602	1.9840	2.3642	2.6259	3.1738	3.3905
∞	1.2816	1.6449	1.9600	2.3263	2.5758	3.0902	3.2905

表 8-1　F-分配表之臨界值（右尾機率值 $\alpha = 0.1$）

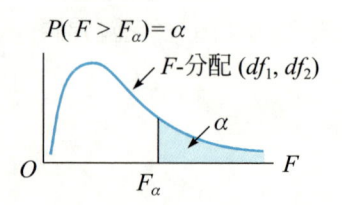

$P(F > F_\alpha) = \alpha$

F-分配 (df_1, df_2)

分母的自由度 df_2 \ 分子的自由度 df_1	1	2	3	4	5	6	7	8	9	10	11	12	13	14	15	16	17
1	39.864	49.500	53.593	55.833	57.240	58.204	58.906	59.439	59.857	60.195	60.473	60.705	60.902	61.073	61.220	61.350	61.465
2	8.526	9.000	9.162	9.243	9.293	9.326	9.349	9.367	9.381	9.392	9.401	9.408	9.415	9.420	9.425	9.429	9.433
3	5.538	5.462	5.391	5.343	5.309	5.285	5.266	5.252	5.240	5.230	5.222	5.216	5.210	5.205	5.200	5.196	5.193
4	4.545	4.325	4.191	4.107	4.051	4.010	3.979	3.955	3.936	3.920	3.907	3.896	3.886	3.878	3.870	3.864	3.858
5	4.060	3.780	3.619	3.520	3.453	3.405	3.368	3.339	3.316	3.297	3.282	3.268	3.257	3.247	3.238	3.230	3.223
6	3.776	3.463	3.289	3.181	3.108	3.055	3.014	2.983	2.958	2.937	2.920	2.905	2.892	2.881	2.871	2.863	2.855
7	3.589	3.257	3.074	2.961	2.883	2.827	2.785	2.752	2.725	2.703	2.684	2.668	2.654	2.643	2.632	2.623	2.615
8	3.458	3.113	2.924	2.806	2.726	2.668	2.624	2.589	2.561	2.538	2.519	2.502	2.488	2.475	2.464	2.454	2.446
9	3.360	3.006	2.813	2.693	2.611	2.551	2.505	2.469	2.440	2.416	2.396	2.379	2.364	2.351	2.340	2.330	2.320
10	3.285	2.924	2.728	2.605	2.522	2.461	2.414	2.377	2.347	2.323	2.302	2.284	2.269	2.255	2.244	2.233	2.224
11	3.225	2.860	2.660	2.536	2.451	2.389	2.342	2.304	2.274	2.248	2.227	2.209	2.193	2.179	2.167	2.156	2.147
12	3.177	2.807	2.606	2.480	2.394	2.331	2.283	2.245	2.214	2.188	2.166	2.147	2.131	2.117	2.105	2.094	2.084
13	3.136	2.763	2.560	2.434	2.347	2.283	2.234	2.195	2.164	2.138	2.116	2.097	2.080	2.066	2.053	2.042	2.032
14	3.102	2.726	2.522	2.395	2.307	2.243	2.193	2.154	2.122	2.095	2.073	2.054	2.037	2.022	2.010	1.998	1.988
15	3.073	2.695	2.490	2.361	2.273	2.208	2.158	2.119	2.086	2.059	2.037	2.017	2.000	1.985	1.972	1.961	1.950
16	3.048	2.668	2.462	2.333	2.244	2.178	2.128	2.088	2.055	2.028	2.005	1.985	1.968	1.953	1.940	1.928	1.917
17	3.026	2.645	2.437	2.308	2.218	2.152	2.102	2.061	2.028	2.001	1.978	1.958	1.940	1.925	1.912	1.900	1.889
18	3.007	2.624	2.416	2.286	2.196	2.130	2.079	2.038	2.005	1.977	1.954	1.933	1.916	1.900	1.887	1.875	1.864
19	2.990	2.606	2.397	2.266	2.176	2.109	2.058	2.017	1.984	1.956	1.932	1.912	1.894	1.878	1.865	1.852	1.841
20	2.975	2.589	2.380	2.249	2.158	2.091	2.040	1.999	1.965	1.937	1.913	1.892	1.875	1.859	1.845	1.833	1.821
21	2.961	2.575	2.365	2.233	2.142	2.075	2.023	1.982	1.948	1.920	1.896	1.875	1.857	1.841	1.827	1.815	1.803
22	2.949	2.561	2.351	2.219	2.128	2.060	2.008	1.967	1.933	1.904	1.880	1.859	1.841	1.825	1.811	1.798	1.787
23	2.937	2.549	2.339	2.207	2.115	2.047	1.995	1.953	1.919	1.890	1.866	1.845	1.827	1.811	1.796	1.784	1.772
24	2.927	2.538	2.327	2.195	2.103	2.035	1.983	1.941	1.906	1.877	1.853	1.832	1.814	1.797	1.783	1.770	1.759
25	2.918	2.528	2.317	2.184	2.092	2.024	1.971	1.929	1.895	1.866	1.841	1.820	1.802	1.785	1.771	1.758	1.746
26	2.909	2.519	2.307	2.174	2.082	2.014	1.961	1.919	1.884	1.855	1.830	1.809	1.790	1.774	1.760	1.747	1.735
27	2.901	2.511	2.299	2.165	2.073	2.005	1.952	1.909	1.874	1.845	1.820	1.799	1.780	1.764	1.749	1.736	1.724
28	2.894	2.503	2.291	2.157	2.064	1.996	1.943	1.900	1.865	1.836	1.811	1.790	1.771	1.754	1.740	1.726	1.715
29	2.887	2.495	2.283	2.149	2.057	1.988	1.935	1.892	1.857	1.827	1.802	1.781	1.762	1.745	1.731	1.717	1.705
30	2.881	2.489	2.276	2.142	2.049	1.980	1.927	1.884	1.849	1.819	1.794	1.773	1.754	1.737	1.722	1.709	1.697
40	2.835	2.440	2.226	2.091	1.997	1.927	1.873	1.829	1.793	1.763	1.737	1.715	1.695	1.678	1.662	1.649	1.636
50	2.809	2.412	2.197	2.061	1.966	1.895	1.840	1.796	1.760	1.729	1.703	1.680	1.660	1.643	1.627	1.613	1.600
100	2.756	2.356	2.139	2.002	1.906	1.834	1.778	1.732	1.695	1.663	1.636	1.612	1.592	1.573	1.557	1.542	1.528
∞	2.706	2.303	2.084	1.945	1.847	1.774	1.717	1.670	1.632	1.599	1.571	1.546	1.524	1.505	1.487	1.471	1.457

表 8-1(續)　F-分配表之臨界值

分母的自由度 df_2	\multicolumn{13}{c}{分子的自由度 (df_1)}
	18	19	20	21	22	23	24	25	26	27	28	29	30	40	50	100	∞
1	61.566	61.658	61.740	61.815	61.883	61.945	62.002	62.055	62.103	62.148	62.189	62.229	62.265	62.529	62.688	63.007	63.325
2	9.436	9.439	9.441	9.444	9.446	9.448	9.450	9.451	9.453	9.454	9.456	9.457	9.458	9.466	9.471	9.481	9.491
3	5.190	5.187	5.184	5.182	5.180	5.178	5.176	5.175	5.173	5.172	5.170	5.169	5.168	5.160	5.155	5.144	5.134
4	3.853	3.848	3.844	3.841	3.837	3.834	3.831	3.828	3.826	3.823	3.821	3.819	3.817	3.804	3.795	3.778	3.761
5	3.217	3.212	3.207	3.202	3.198	3.194	3.191	3.187	3.184	3.181	3.179	3.176	3.174	3.157	3.147	3.126	3.105
6	2.848	2.842	2.836	2.831	2.827	2.822	2.818	2.815	2.811	2.808	2.805	2.803	2.800	2.781	2.770	2.746	2.722
7	2.607	2.601	2.595	2.589	2.584	2.580	2.575	2.571	2.568	2.564	2.561	2.558	2.555	2.535	2.523	2.497	2.471
8	2.438	2.431	2.425	2.419	2.414	2.409	2.404	2.400	2.396	2.392	2.389	2.386	2.383	2.361	2.348	2.321	2.293
9	2.312	2.305	2.298	2.292	2.287	2.282	2.277	2.272	2.268	2.265	2.261	2.258	2.255	2.232	2.218	2.189	2.160
10	2.215	2.208	2.201	2.194	2.189	2.183	2.178	2.174	2.170	2.166	2.162	2.159	2.155	2.132	2.117	2.087	2.056
11	2.138	2.130	2.123	2.117	2.111	2.105	2.100	2.095	2.091	2.087	2.083	2.080	2.076	2.052	2.036	2.005	1.972
12	2.075	2.067	2.060	2.053	2.047	2.041	2.036	2.031	2.027	2.022	2.019	2.015	2.011	1.986	1.970	1.938	1.904
13	2.023	2.014	2.007	2.000	1.994	1.988	1.983	1.978	1.973	1.969	1.965	1.961	1.958	1.931	1.915	1.882	1.847
14	1.978	1.970	1.962	1.955	1.949	1.943	1.938	1.933	1.928	1.923	1.919	1.916	1.912	1.885	1.869	1.834	1.798
15	1.941	1.932	1.924	1.917	1.911	1.905	1.899	1.894	1.889	1.885	1.880	1.876	1.873	1.845	1.828	1.793	1.755
16	1.908	1.899	1.891	1.884	1.877	1.871	1.866	1.860	1.855	1.851	1.847	1.843	1.839	1.811	1.793	1.757	1.719
17	1.879	1.870	1.862	1.855	1.848	1.842	1.836	1.831	1.826	1.821	1.817	1.813	1.809	1.781	1.763	1.726	1.686
18	1.854	1.845	1.837	1.829	1.823	1.816	1.810	1.805	1.800	1.795	1.791	1.787	1.783	1.754	1.736	1.698	1.657
19	1.831	1.822	1.814	1.807	1.800	1.793	1.787	1.782	1.777	1.772	1.767	1.763	1.759	1.730	1.711	1.673	1.631
20	1.811	1.802	1.794	1.786	1.779	1.773	1.767	1.761	1.756	1.751	1.746	1.742	1.738	1.708	1.690	1.650	1.608
21	1.793	1.784	1.776	1.768	1.761	1.754	1.748	1.742	1.737	1.732	1.728	1.723	1.719	1.689	1.670	1.630	1.587
22	1.777	1.768	1.759	1.751	1.744	1.737	1.731	1.726	1.720	1.715	1.711	1.706	1.702	1.671	1.652	1.611	1.567
23	1.762	1.753	1.744	1.736	1.729	1.722	1.716	1.710	1.705	1.700	1.695	1.691	1.686	1.655	1.636	1.594	1.550
24	1.748	1.739	1.730	1.722	1.715	1.708	1.702	1.696	1.691	1.686	1.681	1.676	1.672	1.641	1.621	1.579	1.533
25	1.736	1.726	1.718	1.710	1.702	1.695	1.689	1.683	1.678	1.672	1.668	1.663	1.659	1.627	1.607	1.565	1.518
26	1.724	1.715	1.706	1.698	1.690	1.683	1.677	1.671	1.666	1.660	1.656	1.651	1.647	1.615	1.594	1.551	1.504
27	1.714	1.704	1.695	1.687	1.680	1.673	1.666	1.660	1.655	1.649	1.645	1.640	1.636	1.603	1.583	1.539	1.491
28	1.704	1.694	1.685	1.677	1.669	1.662	1.656	1.650	1.644	1.639	1.634	1.630	1.625	1.592	1.572	1.528	1.479
29	1.695	1.685	1.676	1.668	1.660	1.653	1.647	1.640	1.635	1.630	1.625	1.620	1.616	1.583	1.562	1.517	1.468
30	1.686	1.676	1.667	1.659	1.651	1.644	1.638	1.632	1.626	1.621	1.616	1.611	1.606	1.573	1.552	1.507	1.457
40	1.625	1.615	1.605	1.596	1.588	1.581	1.574	1.568	1.562	1.556	1.551	1.546	1.541	1.506	1.483	1.434	1.378
50	1.588	1.578	1.568	1.559	1.551	1.543	1.536	1.529	1.523	1.517	1.512	1.507	1.502	1.465	1.441	1.388	1.327
100	1.516	1.505	1.494	1.485	1.476	1.468	1.460	1.453	1.446	1.440	1.434	1.428	1.423	1.382	1.355	1.293	1.215
∞	1.444	1.432	1.421	1.410	1.401	1.392	1.383	1.375	1.368	1.361	1.354	1.348	1.342	1.295	1.263	1.185	1.008

表 8-2　F-分配表之臨界值（$\alpha = 0.05$）

df_2 \ df_1	1	2	3	4	5	6	7	8	9	10	11	12	13	14	15	16	17
1	161.446	199.499	215.707	224.583	230.160	233.988	236.767	238.884	240.543	241.882	242.981	243.905	244.690	245.363	245.949	246.466	246.917
2	18.513	19.000	19.164	19.247	19.296	19.329	19.353	19.371	19.385	19.396	19.405	19.412	19.419	19.424	19.429	19.433	19.437
3	10.128	9.552	9.277	9.117	9.013	8.941	8.887	8.845	8.812	8.785	8.763	8.745	8.729	8.715	8.703	8.692	8.683
4	7.709	6.944	6.591	6.388	6.256	6.163	6.094	6.041	5.999	5.964	5.936	5.912	5.891	5.873	5.858	5.844	5.832
5	6.608	5.786	5.409	5.192	5.050	4.950	4.876	4.818	4.772	4.735	4.704	4.678	4.655	4.636	4.619	4.604	4.590
6	5.987	5.143	4.757	4.534	4.387	4.284	4.207	4.147	4.099	4.060	4.027	4.000	3.976	3.956	3.938	3.922	3.908
7	5.591	4.737	4.347	4.120	3.972	3.866	3.787	3.726	3.677	3.637	3.603	3.575	3.550	3.529	3.511	3.494	3.480
8	5.318	4.459	4.066	3.838	3.688	3.581	3.500	3.438	3.388	3.347	3.313	3.284	3.259	3.237	3.218	3.202	3.187
9	5.117	4.256	3.863	3.633	3.482	3.374	3.293	3.230	3.179	3.137	3.102	3.073	3.048	3.025	3.006	2.989	2.974
10	4.965	4.103	3.708	3.478	3.326	3.217	3.135	3.072	3.020	2.978	2.943	2.913	2.887	2.865	2.845	2.828	2.812
11	4.844	3.982	3.587	3.357	3.204	3.095	3.012	2.948	2.896	2.854	2.818	2.788	2.761	2.739	2.719	2.701	2.685
12	4.747	3.885	3.490	3.259	3.106	2.996	2.913	2.849	2.796	2.753	2.717	2.687	2.660	2.637	2.617	2.599	2.583
13	4.667	3.806	3.411	3.179	3.025	2.915	2.832	2.767	2.714	2.671	2.635	2.604	2.577	2.554	2.533	2.515	2.499
14	4.600	3.739	3.344	3.112	2.958	2.848	2.764	2.699	2.646	2.602	2.565	2.534	2.507	2.484	2.463	2.445	2.428
15	4.543	3.682	3.287	3.056	2.901	2.790	2.707	2.641	2.588	2.544	2.507	2.475	2.448	2.424	2.403	2.385	2.368
16	4.494	3.634	3.239	3.007	2.852	2.741	2.657	2.591	2.538	2.494	2.456	2.425	2.397	2.373	2.352	2.333	2.317
17	4.451	3.592	3.197	2.965	2.810	2.699	2.614	2.548	2.494	2.450	2.413	2.381	2.353	2.329	2.308	2.289	2.272
18	4.414	3.555	3.160	2.928	2.773	2.661	2.577	2.510	2.456	2.412	2.374	2.342	2.314	2.290	2.269	2.250	2.233
19	4.381	3.522	3.127	2.895	2.740	2.628	2.544	2.477	2.423	2.378	2.340	2.308	2.280	2.256	2.234	2.215	2.198
20	4.351	3.493	3.098	2.866	2.711	2.599	2.514	2.447	2.393	2.348	2.310	2.278	2.250	2.225	2.203	2.184	2.167
21	4.325	3.467	3.072	2.840	2.685	2.573	2.488	2.420	2.366	2.321	2.283	2.250	2.222	2.197	2.176	2.156	2.139
22	4.301	3.443	3.049	2.817	2.661	2.549	2.464	2.397	2.342	2.297	2.259	2.226	2.198	2.173	2.151	2.131	2.114
23	4.279	3.422	3.028	2.796	2.640	2.528	2.442	2.375	2.320	2.275	2.236	2.204	2.175	2.150	2.128	2.109	2.091
24	4.260	3.403	3.009	2.776	2.621	2.508	2.423	2.355	2.300	2.255	2.216	2.183	2.155	2.130	2.108	2.088	2.070
25	4.242	3.385	2.991	2.759	2.603	2.490	2.405	2.337	2.282	2.236	2.198	2.165	2.136	2.111	2.089	2.069	2.051
26	4.225	3.369	2.975	2.743	2.587	2.474	2.388	2.321	2.265	2.220	2.181	2.148	2.119	2.094	2.072	2.052	2.034
27	4.210	3.354	2.960	2.728	2.572	2.459	2.373	2.305	2.250	2.204	2.166	2.132	2.103	2.078	2.056	2.036	2.018
28	4.196	3.340	2.947	2.714	2.558	2.445	2.359	2.291	2.236	2.190	2.151	2.118	2.089	2.064	2.041	2.021	2.003
29	4.183	3.328	2.934	2.701	2.545	2.432	2.346	2.278	2.223	2.177	2.138	2.104	2.075	2.050	2.027	2.007	1.989
30	4.171	3.316	2.922	2.690	2.534	2.421	2.334	2.266	2.211	2.165	2.126	2.092	2.063	2.037	2.015	1.995	1.976
40	4.085	3.232	2.839	2.606	2.449	2.336	2.249	2.180	2.124	2.077	2.038	2.003	1.974	1.948	1.924	1.904	1.885
50	4.034	3.183	2.790	2.557	2.400	2.286	2.199	2.130	2.073	2.026	1.986	1.952	1.921	1.895	1.871	1.850	1.831
100	3.936	3.087	2.696	2.463	2.305	2.191	2.103	2.032	1.975	1.927	1.886	1.850	1.819	1.792	1.768	1.746	1.726
∞	3.842	2.996	2.605	2.372	2.214	2.099	2.010	1.939	1.880	1.831	1.789	1.752	1.720	1.692	1.666	1.644	1.623

表 8-2 (續) F-分配表之臨界值

df_2	18	19	20	21	22	23	24	25	26	27	28	29	30	40	50	100	∞
1	247.324	247.688	248.016	248.307	248.579	248.823	249.052	249.260	249.453	249.631	249.798	249.951	250.096	251.144	251.774	253.043	254.317
2	19.440	19.443	19.446	19.448	19.450	19.452	19.454	19.456	19.457	19.459	19.460	19.461	19.463	19.471	19.476	19.486	19.496
3	8.675	8.667	8.660	8.654	8.648	8.643	8.638	8.634	8.630	8.626	8.623	8.620	8.617	8.594	8.581	8.554	8.526
4	5.821	5.811	5.803	5.795	5.787	5.781	5.774	5.769	5.763	5.759	5.754	5.750	5.746	5.717	5.699	5.664	5.628
5	4.579	4.568	4.558	4.549	4.541	4.534	4.527	4.521	4.515	4.510	4.505	4.500	4.496	4.464	4.444	4.405	4.365
6	3.896	3.884	3.874	3.865	3.856	3.849	3.841	3.835	3.829	3.823	3.818	3.813	3.808	3.774	3.754	3.712	3.669
7	3.467	3.455	3.445	3.435	3.426	3.418	3.410	3.404	3.397	3.391	3.386	3.381	3.376	3.340	3.319	3.275	3.230
8	3.173	3.161	3.150	3.140	3.131	3.123	3.115	3.108	3.102	3.095	3.090	3.084	3.079	3.043	3.020	2.975	2.928
9	2.960	2.948	2.936	2.926	2.917	2.908	2.900	2.893	2.886	2.880	2.874	2.869	2.864	2.826	2.803	2.756	2.707
10	2.798	2.785	2.774	2.764	2.754	2.745	2.737	2.730	2.723	2.716	2.710	2.705	2.700	2.661	2.637	2.588	2.538
11	2.671	2.658	2.646	2.636	2.626	2.617	2.609	2.601	2.594	2.588	2.582	2.576	2.570	2.531	2.507	2.457	2.404
12	2.568	2.555	2.544	2.533	2.523	2.514	2.505	2.498	2.491	2.484	2.478	2.472	2.466	2.426	2.401	2.350	2.296
13	2.484	2.471	2.459	2.448	2.438	2.429	2.420	2.412	2.405	2.398	2.392	2.386	2.380	2.339	2.314	2.261	2.206
14	2.413	2.400	2.388	2.377	2.367	2.357	2.349	2.341	2.333	2.326	2.320	2.314	2.308	2.266	2.241	2.187	2.131
15	2.353	2.340	2.328	2.316	2.306	2.297	2.288	2.280	2.272	2.265	2.259	2.253	2.247	2.204	2.178	2.123	2.066
16	2.302	2.288	2.276	2.264	2.254	2.244	2.235	2.227	2.220	2.212	2.206	2.200	2.194	2.151	2.124	2.068	2.010
17	2.257	2.243	2.230	2.219	2.208	2.199	2.190	2.181	2.174	2.167	2.160	2.154	2.148	2.104	2.077	2.020	1.960
18	2.217	2.203	2.191	2.179	2.168	2.159	2.150	2.141	2.134	2.126	2.119	2.113	2.107	2.063	2.035	1.978	1.917
19	2.182	2.168	2.155	2.144	2.133	2.123	2.114	2.106	2.098	2.090	2.084	2.077	2.071	2.026	1.999	1.940	1.878
20	2.151	2.137	2.124	2.112	2.102	2.092	2.082	2.074	2.066	2.059	2.052	2.045	2.039	1.994	1.966	1.907	1.843
21	2.123	2.109	2.096	2.084	2.073	2.063	2.054	2.045	2.037	2.030	2.023	2.016	2.010	1.965	1.936	1.876	1.812
22	2.098	2.084	2.071	2.059	2.048	2.038	2.028	2.020	2.012	2.004	1.997	1.990	1.984	1.938	1.909	1.849	1.783
23	2.075	2.061	2.048	2.036	2.025	2.014	2.005	1.996	1.988	1.981	1.973	1.967	1.961	1.914	1.885	1.823	1.757
24	2.054	2.040	2.027	2.015	2.003	1.993	1.984	1.975	1.967	1.959	1.952	1.945	1.939	1.892	1.863	1.800	1.733
25	2.035	2.021	2.007	1.995	1.984	1.974	1.964	1.955	1.947	1.939	1.932	1.926	1.919	1.872	1.842	1.779	1.711
26	2.018	2.003	1.990	1.978	1.966	1.956	1.946	1.938	1.929	1.921	1.914	1.907	1.901	1.853	1.823	1.760	1.691
27	2.002	1.987	1.974	1.961	1.950	1.940	1.930	1.921	1.913	1.905	1.898	1.891	1.884	1.836	1.806	1.742	1.672
28	1.987	1.972	1.959	1.946	1.935	1.924	1.915	1.906	1.897	1.889	1.882	1.875	1.869	1.820	1.790	1.725	1.654
29	1.973	1.958	1.945	1.932	1.921	1.910	1.901	1.891	1.883	1.875	1.868	1.861	1.854	1.806	1.775	1.710	1.638
30	1.960	1.945	1.932	1.919	1.908	1.897	1.887	1.878	1.870	1.862	1.854	1.847	1.841	1.792	1.761	1.695	1.622
40	1.868	1.853	1.839	1.826	1.814	1.803	1.793	1.783	1.775	1.766	1.759	1.751	1.744	1.693	1.660	1.589	1.509
50	1.814	1.798	1.784	1.771	1.759	1.748	1.737	1.727	1.718	1.710	1.702	1.694	1.687	1.634	1.599	1.525	1.438
100	1.708	1.691	1.676	1.663	1.650	1.638	1.627	1.616	1.607	1.598	1.589	1.581	1.573	1.515	1.477	1.392	1.283
∞	1.604	1.587	1.571	1.556	1.542	1.529	1.517	1.506	1.496	1.486	1.476	1.468	1.459	1.394	1.350	1.244	1.010

分子的自由度 (df_1)

表 8-3　F-分配表之臨界值 ($\alpha = 0.025$)

df_2	分子的自由度 (df_1)																
	1	2	3	4	5	6	7	8	9	10	11	12	13	14	15	16	17
1	647.793	799.482	864.151	899.599	921.835	937.114	948.203	956.643	963.279	968.634	973.028	976.725	979.839	982.545	984.874	986.911	988.715
2	38.506	39.000	39.166	39.248	39.298	39.331	39.356	39.373	39.387	39.398	39.407	39.415	39.421	39.427	39.431	39.436	39.439
3	17.443	16.044	15.439	15.101	14.885	14.735	14.624	14.540	14.473	14.419	14.374	14.337	14.305	14.277	14.253	14.232	14.213
4	12.218	10.649	9.979	9.604	9.364	9.197	9.074	8.980	8.905	8.844	8.794	8.751	8.715	8.684	8.657	8.633	8.611
5	10.007	8.434	7.764	7.388	7.146	6.978	6.853	6.757	6.681	6.619	6.568	6.525	6.488	6.456	6.428	6.403	6.381
6	8.813	7.260	6.599	6.227	5.988	5.820	5.695	5.600	5.523	5.461	5.410	5.366	5.329	5.297	5.269	5.244	5.222
7	8.073	6.542	5.890	5.523	5.285	5.119	4.995	4.899	4.823	4.761	4.709	4.666	4.628	4.596	4.568	4.543	4.521
8	7.571	6.059	5.416	5.053	4.817	4.652	4.529	4.433	4.357	4.295	4.243	4.200	4.162	4.130	4.101	4.076	4.054
9	7.209	5.715	5.078	4.718	4.484	4.320	4.197	4.102	4.026	3.964	3.912	3.868	3.831	3.798	3.769	3.744	3.722
10	6.937	5.456	4.826	4.468	4.236	4.072	3.950	3.855	3.779	3.717	3.665	3.621	3.583	3.550	3.522	3.496	3.474
11	6.724	5.256	4.630	4.275	4.044	3.881	3.759	3.664	3.588	3.526	3.474	3.430	3.392	3.359	3.330	3.304	3.282
12	6.554	5.096	4.474	4.121	3.891	3.728	3.607	3.512	3.436	3.374	3.321	3.277	3.239	3.206	3.177	3.152	3.129
13	6.414	4.965	4.347	3.996	3.767	3.604	3.483	3.388	3.312	3.250	3.197	3.153	3.115	3.082	3.053	3.027	3.004
14	6.298	4.857	4.242	3.892	3.663	3.501	3.380	3.285	3.209	3.147	3.095	3.050	3.012	2.979	2.949	2.923	2.900
15	6.200	4.765	4.153	3.804	3.576	3.415	3.293	3.199	3.123	3.060	3.008	2.963	2.925	2.891	2.862	2.836	2.813
16	6.115	4.687	4.077	3.729	3.502	3.341	3.219	3.125	3.049	2.986	2.934	2.889	2.851	2.817	2.788	2.761	2.738
17	6.042	4.619	4.011	3.665	3.438	3.277	3.156	3.061	2.985	2.922	2.870	2.825	2.786	2.753	2.723	2.697	2.673
18	5.978	4.560	3.954	3.608	3.382	3.221	3.100	3.005	2.929	2.866	2.814	2.769	2.730	2.696	2.667	2.640	2.617
19	5.922	4.508	3.903	3.559	3.333	3.172	3.051	2.956	2.880	2.817	2.765	2.720	2.681	2.647	2.617	2.591	2.567
20	5.871	4.461	3.859	3.515	3.289	3.128	3.007	2.913	2.837	2.774	2.721	2.676	2.637	2.603	2.573	2.547	2.523
21	5.827	4.420	3.819	3.475	3.250	3.090	2.969	2.874	2.798	2.735	2.682	2.637	2.598	2.564	2.534	2.507	2.483
22	5.786	4.383	3.783	3.440	3.215	3.055	2.934	2.839	2.763	2.700	2.647	2.602	2.563	2.528	2.498	2.472	2.448
23	5.750	4.349	3.750	3.408	3.183	3.023	2.902	2.808	2.731	2.668	2.615	2.570	2.531	2.497	2.466	2.440	2.416
24	5.717	4.319	3.721	3.379	3.155	2.995	2.874	2.779	2.703	2.640	2.586	2.541	2.502	2.468	2.437	2.411	2.386
25	5.686	4.291	3.694	3.353	3.129	2.969	2.848	2.753	2.677	2.613	2.560	2.515	2.476	2.441	2.411	2.384	2.360
26	5.659	4.265	3.670	3.329	3.105	2.945	2.824	2.729	2.653	2.590	2.536	2.491	2.452	2.417	2.387	2.360	2.335
27	5.633	4.242	3.647	3.307	3.083	2.923	2.802	2.707	2.631	2.568	2.514	2.469	2.429	2.395	2.364	2.337	2.313
28	5.610	4.221	3.626	3.286	3.063	2.903	2.782	2.687	2.611	2.547	2.494	2.448	2.409	2.374	2.344	2.317	2.292
29	5.588	4.201	3.607	3.267	3.044	2.884	2.763	2.669	2.592	2.529	2.475	2.430	2.390	2.355	2.325	2.298	2.273
30	5.568	4.182	3.589	3.250	3.026	2.867	2.746	2.651	2.575	2.511	2.458	2.412	2.372	2.338	2.307	2.280	2.255
40	5.424	4.051	3.463	3.126	2.904	2.744	2.624	2.529	2.452	2.388	2.334	2.288	2.248	2.213	2.182	2.154	2.129
50	5.340	3.975	3.390	3.054	2.833	2.674	2.553	2.458	2.381	2.317	2.263	2.216	2.176	2.140	2.109	2.081	2.056
100	5.179	3.828	3.250	2.917	2.696	2.537	2.417	2.321	2.244	2.179	2.124	2.077	2.036	2.000	1.968	1.939	1.913
∞	5.024	3.689	3.116	2.786	2.567	2.408	2.288	2.192	2.114	2.048	1.993	1.945	1.903	1.866	1.833	1.803	1.776

表 8-3 (續)　F-分配表之臨界值

df_2	18	19	20	21	22	23	24	25	26	27	28	29	30	40	50	100	∞
1	990.345	991.800	993.081	994.303	995.351	996.341	997.272	998.087	998.843	999.542	1000.240	1000.823	1001.405	1005.596	1008.098	1013.163	1018.256
2	39.442	39.446	39.448	39.450	39.452	39.455	39.457	39.458	39.459	39.461	39.462	39.463	39.465	39.473	39.478	39.488	39.498
3	14.196	14.181	14.167	14.155	14.144	14.134	14.124	14.115	14.107	14.100	14.093	14.086	14.081	14.036	14.010	13.956	13.902
4	8.592	8.575	8.560	8.546	8.533	8.522	8.511	8.501	8.492	8.483	8.475	8.468	8.461	8.411	8.381	8.319	8.257
5	6.362	6.344	6.329	6.314	6.301	6.289	6.278	6.268	6.258	6.250	6.242	6.234	6.227	6.175	6.144	6.080	6.015
6	5.202	5.184	5.168	5.154	5.141	5.128	5.117	5.107	5.097	5.088	5.080	5.072	5.065	5.012	4.980	4.915	4.849
7	4.501	4.483	4.467	4.452	4.439	4.426	4.415	4.405	4.395	4.386	4.378	4.370	4.362	4.309	4.276	4.210	4.142
8	4.034	4.016	3.999	3.985	3.971	3.959	3.947	3.937	3.927	3.918	3.909	3.901	3.894	3.840	3.807	3.739	3.670
9	3.701	3.683	3.667	3.652	3.638	3.626	3.614	3.604	3.594	3.584	3.576	3.568	3.560	3.505	3.472	3.403	3.333
10	3.453	3.435	3.419	3.403	3.390	3.377	3.365	3.355	3.345	3.335	3.327	3.319	3.311	3.255	3.221	3.152	3.080
11	3.261	3.243	3.226	3.211	3.197	3.184	3.173	3.162	3.152	3.142	3.133	3.125	3.118	3.061	3.027	2.956	2.883
12	3.108	3.090	3.073	3.057	3.043	3.031	3.019	3.008	2.998	2.988	2.979	2.971	2.963	2.906	2.871	2.800	2.725
13	2.983	2.965	2.948	2.932	2.918	2.905	2.893	2.882	2.872	2.862	2.853	2.845	2.837	2.780	2.744	2.671	2.595
14	2.879	2.861	2.844	2.828	2.814	2.801	2.789	2.778	2.767	2.758	2.749	2.740	2.732	2.674	2.638	2.565	2.487
15	2.792	2.773	2.756	2.740	2.726	2.713	2.701	2.689	2.679	2.669	2.660	2.652	2.644	2.585	2.549	2.474	2.395
16	2.717	2.698	2.681	2.665	2.651	2.637	2.625	2.614	2.603	2.594	2.584	2.576	2.568	2.509	2.472	2.396	2.316
17	2.652	2.633	2.616	2.600	2.585	2.572	2.560	2.548	2.538	2.528	2.519	2.510	2.502	2.442	2.405	2.329	2.247
18	2.596	2.576	2.559	2.543	2.529	2.515	2.503	2.491	2.481	2.471	2.461	2.453	2.445	2.384	2.347	2.269	2.187
19	2.546	2.526	2.509	2.493	2.478	2.465	2.452	2.441	2.430	2.420	2.411	2.402	2.394	2.333	2.295	2.217	2.133
20	2.501	2.482	2.464	2.448	2.434	2.420	2.408	2.396	2.385	2.375	2.366	2.357	2.349	2.287	2.249	2.170	2.085
21	2.462	2.442	2.425	2.409	2.394	2.380	2.368	2.356	2.345	2.335	2.325	2.317	2.308	2.246	2.208	2.128	2.042
22	2.426	2.407	2.389	2.373	2.358	2.344	2.332	2.320	2.309	2.299	2.289	2.280	2.272	2.210	2.171	2.090	2.003
23	2.394	2.374	2.357	2.340	2.325	2.312	2.299	2.287	2.276	2.266	2.256	2.247	2.239	2.176	2.137	2.056	1.968
24	2.365	2.345	2.327	2.311	2.296	2.282	2.269	2.257	2.246	2.236	2.226	2.217	2.209	2.146	2.107	2.024	1.935
25	2.338	2.318	2.300	2.284	2.269	2.255	2.242	2.230	2.219	2.209	2.199	2.190	2.182	2.118	2.079	1.996	1.906
26	2.314	2.294	2.276	2.259	2.244	2.230	2.217	2.205	2.194	2.184	2.174	2.165	2.157	2.093	2.053	1.969	1.878
27	2.291	2.271	2.253	2.237	2.222	2.208	2.195	2.183	2.171	2.161	2.151	2.142	2.133	2.069	2.029	1.945	1.853
28	2.270	2.251	2.232	2.216	2.201	2.187	2.174	2.161	2.150	2.140	2.130	2.121	2.112	2.048	2.007	1.922	1.829
29	2.251	2.231	2.213	2.196	2.181	2.167	2.154	2.142	2.131	2.120	2.110	2.101	2.092	2.028	1.987	1.901	1.807
30	2.233	2.213	2.195	2.178	2.163	2.149	2.136	2.124	2.112	2.102	2.092	2.083	2.074	2.009	1.968	1.882	1.787
40	2.107	2.086	2.068	2.051	2.035	2.020	2.007	1.994	1.983	1.972	1.962	1.952	1.943	1.875	1.832	1.741	1.637
50	2.033	2.012	1.993	1.976	1.960	1.945	1.931	1.919	1.907	1.895	1.885	1.875	1.866	1.796	1.752	1.656	1.545
100	1.890	1.868	1.849	1.830	1.814	1.798	1.784	1.770	1.758	1.746	1.735	1.725	1.715	1.640	1.592	1.483	1.347
∞	1.752	1.729	1.709	1.690	1.672	1.656	1.640	1.626	1.613	1.600	1.588	1.577	1.566	1.484	1.429	1.029	1.010

表 8-4　F-分配表之臨界值 ($\alpha = 0.01$)

df_2	\multicolumn{17}{c}{分子的自由度 (df_1)}
	1	2	3	4	5	6	7	8	9	10	11	12	13	14	15	16	17
1	4052.1845	4999.3396	5403.5336	5624.2570	5763.9554	5858.9503	5928.3338	5980.9536	6022.3974	6055.9250	6083.3991	6106.6821	6125.7742	6143.0037	6156.9735	6170.0121	6181.1879
2	98.5019	99.0003	99.1640	99.2513	99.3023	99.3314	99.3568	99.3750	99.3896	99.3969	99.4078	99.4187	99.4223	99.4260	99.4332	99.4369	99.4405
3	34.1161	30.8164	29.4567	28.7100	28.2371	27.9106	27.6714	27.4895	27.3449	27.2285	27.1320	27.0520	26.9829	26.9238	26.8719	26.8265	26.7864
4	21.1976	17.9998	16.6942	15.9771	15.5219	15.2068	14.9757	14.7988	14.6592	14.5460	14.4523	14.3737	14.3064	14.2486	14.1981	14.1540	14.1144
5	16.2581	13.2741	12.0599	11.3919	10.9671	10.6722	10.4556	10.2893	10.1577	10.0511	9.9626	9.8883	9.8248	9.7700	9.7223	9.6802	9.6429
6	13.7452	10.9249	9.7796	9.1484	8.7459	8.4660	8.2600	8.1017	7.9760	7.8742	7.7896	7.7183	7.6575	7.6050	7.5590	7.5186	7.4826
7	12.2463	9.5465	8.4513	7.8467	7.4604	7.1914	6.9929	6.8401	6.7188	6.6201	6.5381	6.4691	6.4100	6.3590	6.3144	6.2751	6.2400
8	11.2586	8.6491	7.5910	7.0061	6.6318	6.3707	6.1776	6.0288	5.9106	5.8143	5.7343	5.6667	5.6089	5.5588	5.5152	5.4765	5.4423
9	10.5615	8.0215	6.9920	6.4221	6.0569	5.8018	5.6128	5.4671	5.3511	5.2565	5.1779	5.1115	5.0545	5.0052	4.9621	4.9240	4.8902
10	10.0442	7.5595	6.5523	5.9944	5.6364	5.3858	5.2001	5.0567	4.9424	4.8491	4.7716	4.7058	4.6496	4.6008	4.5582	4.5204	4.4869
11	9.6461	7.2057	6.2167	5.6683	5.3160	5.0692	4.8860	4.7445	4.6315	4.5393	4.4624	4.3974	4.3416	4.2933	4.2509	4.2135	4.1802
12	9.3303	6.9266	5.9525	5.4119	5.0644	4.8205	4.6395	4.4994	4.3875	4.2961	4.2198	4.1553	4.0998	4.0517	4.0096	3.9724	3.9392
13	9.0738	6.7009	5.7394	5.2053	4.8616	4.6203	4.4410	4.3021	4.1911	4.1003	4.0245	3.9603	3.9052	3.8573	3.8154	3.7783	3.7452
14	8.8617	6.5149	5.5639	5.0354	4.6950	4.4558	4.2779	4.1400	4.0297	3.9394	3.8640	3.8002	3.7452	3.6976	3.6557	3.6187	3.5857
15	8.6832	6.3588	5.4170	4.8932	4.5556	4.3183	4.1416	4.0044	3.8948	3.8049	3.7299	3.6662	3.6115	3.5639	3.5222	3.4852	3.4523
16	8.5309	6.2263	5.2922	4.7726	4.4374	4.2016	4.0259	3.8896	3.7804	3.6909	3.6162	3.5527	3.4981	3.4506	3.4090	3.3721	3.3392
17	8.3998	6.1121	5.1850	4.6689	4.3360	4.1015	3.9267	3.7909	3.6823	3.5931	3.5185	3.4552	3.4007	3.3533	3.3117	3.2748	3.2419
18	8.2855	6.0129	5.0919	4.5790	4.2479	4.0146	3.8406	3.7054	3.5971	3.5081	3.4338	3.3706	3.3162	3.2689	3.2273	3.1905	3.1575
19	8.1850	5.9259	5.0103	4.5002	4.1708	3.9386	3.7653	3.6305	3.5225	3.4338	3.3596	3.2965	3.2422	3.1949	3.1533	3.1165	3.0836
20	8.0960	5.8490	4.9382	4.4307	4.1027	3.8714	3.6987	3.5644	3.4567	3.3682	3.2941	3.2311	3.1769	3.1296	3.0880	3.0512	3.0183
21	8.0166	5.7804	4.8740	4.3688	4.0421	3.8117	3.6396	3.5056	3.3982	3.3098	3.2359	3.1729	3.1187	3.0715	3.0300	2.9931	2.9602
22	7.9453	5.7190	4.8166	4.3134	3.9880	3.7583	3.5866	3.4530	3.3458	3.2576	3.1837	3.1209	3.0667	3.0195	2.9779	2.9411	2.9082
23	7.8811	5.6637	4.7648	4.2635	3.9392	3.7102	3.5390	3.4057	3.2986	3.2106	3.1368	3.0740	3.0199	2.9727	2.9311	2.8942	2.8613
24	7.8229	5.6136	4.7181	4.2185	3.8951	3.6667	3.4959	3.3629	3.2560	3.1681	3.0944	3.0316	2.9775	2.9303	2.8887	2.8519	2.8189
25	7.7698	5.5680	4.6755	4.1774	3.8550	3.6272	3.4568	3.3239	3.2172	3.1294	3.0558	2.9931	2.9389	2.8917	2.8502	2.8133	2.7803
26	7.7213	5.5263	4.6365	4.1400	3.8183	3.5911	3.4210	3.2884	3.1818	3.0941	3.0205	2.9578	2.9038	2.8566	2.8150	2.7781	2.7451
27	7.6767	5.4881	4.6009	4.1056	3.7847	3.5580	3.3882	3.2558	3.1494	3.0618	2.9882	2.9256	2.8715	2.8243	2.7827	2.7458	2.7127
28	7.6357	5.4529	4.5681	4.0740	3.7539	3.5276	3.3581	3.2259	3.1195	3.0320	2.9585	2.8959	2.8418	2.7946	2.7530	2.7160	2.6830
29	7.5977	5.4205	4.5378	4.0449	3.7254	3.4995	3.3303	3.1982	3.0920	3.0045	2.9311	2.8685	2.8144	2.7672	2.7256	2.6886	2.6555
30	7.5624	5.3903	4.5097	4.0179	3.6990	3.4735	3.3045	3.1726	3.0665	2.9791	2.9057	2.8431	2.7890	2.7418	2.7002	2.6632	2.6301
40	7.3142	5.1785	4.3126	3.8283	3.5138	3.2910	3.1238	2.9930	2.8876	2.8005	2.7273	2.6648	2.6107	2.5634	2.5216	2.4844	2.4511
50	7.1706	5.0566	4.1994	3.7195	3.4077	3.1864	3.0202	2.8900	2.7850	2.6981	2.6250	2.5625	2.5083	2.4609	2.4190	2.3816	2.3481
100	6.8953	4.8239	3.9837	3.5127	3.2059	2.9877	2.8233	2.6943	2.5898	2.5033	2.4302	2.3676	2.3132	2.2654	2.2230	2.1852	2.1511
∞	2.7057	2.3027	2.0839	1.9450	1.8474	1.7743	1.7169	1.6703	1.6317	1.5989	1.5706	1.5459	1.5242	1.5048	1.4873	1.4715	1.4572

表 8-4 (續)　F-分配表之臨界值

df_2	18	19	20	21	22	23	24	25	26	27	28	29	30	40	50	100	∞
1	6191.432	6200.746	6208.662	6216.113	6223.097	6228.685	6234.273	6239.861	6244.518	6249.174	6252.900	6257.091	6260.350	6286.427	6302.260	6333.925	6365.590
2	99.444	99.448	99.448	99.451	99.455	99.455	99.459	99.462	99.462	99.462	99.462	99.466	99.477	99.477	99.491	99.499	
3	26.751	26.719	26.690	26.664	26.639	26.617	26.597	26.579	26.562	26.546	26.531	26.517	26.504	26.411	26.354	26.241	26.125
4	14.079	14.048	14.019	13.994	13.970	13.949	13.929	13.911	13.894	13.878	13.864	13.850	13.838	13.745	13.690	13.577	13.463
5	9.609	9.580	9.553	9.528	9.506	9.485	9.466	9.449	9.433	9.418	9.404	9.391	9.379	9.291	9.238	9.130	9.020
6	7.451	7.422	7.396	7.372	7.351	7.331	7.313	7.296	7.281	7.266	7.253	7.240	7.229	7.143	7.091	6.987	6.880
7	6.209	6.181	6.155	6.132	6.111	6.092	6.074	6.058	6.043	6.029	6.016	6.003	5.992	5.908	5.858	5.755	5.650
8	5.412	5.384	5.359	5.336	5.316	5.297	5.279	5.263	5.248	5.234	5.221	5.209	5.198	5.116	5.065	4.963	4.859
9	4.860	4.833	4.808	4.786	4.765	4.746	4.729	4.713	4.698	4.684	4.672	4.660	4.649	4.567	4.517	4.415	4.311
10	4.457	4.430	4.405	4.383	4.363	4.344	4.327	4.311	4.296	4.283	4.270	4.258	4.247	4.165	4.115	4.014	3.909
11	4.150	4.123	4.099	4.077	4.057	4.038	4.021	4.005	3.990	3.977	3.964	3.952	3.941	3.860	3.810	3.708	3.602
12	3.910	3.883	3.858	3.836	3.816	3.798	3.780	3.765	3.750	3.736	3.724	3.712	3.701	3.619	3.569	3.467	3.361
13	3.716	3.689	3.665	3.643	3.622	3.604	3.587	3.571	3.556	3.543	3.530	3.518	3.507	3.425	3.375	3.272	3.165
14	3.556	3.529	3.505	3.483	3.463	3.444	3.427	3.412	3.397	3.383	3.371	3.359	3.348	3.266	3.215	3.112	3.004
15	3.423	3.396	3.372	3.350	3.330	3.311	3.294	3.278	3.264	3.250	3.237	3.225	3.214	3.132	3.081	2.977	2.868
16	3.310	3.283	3.259	3.237	3.216	3.198	3.181	3.165	3.150	3.137	3.124	3.112	3.101	3.018	2.967	2.863	2.753
17	3.212	3.186	3.162	3.139	3.119	3.101	3.083	3.068	3.053	3.039	3.026	3.014	3.003	2.920	2.869	2.764	2.653
18	3.128	3.101	3.077	3.055	3.035	3.016	2.999	2.983	2.968	2.955	2.942	2.930	2.919	2.835	2.784	2.678	2.566
19	3.054	3.027	3.003	2.981	2.961	2.942	2.925	2.909	2.894	2.880	2.868	2.855	2.844	2.761	2.709	2.602	2.489
20	2.989	2.962	2.938	2.916	2.895	2.877	2.859	2.843	2.829	2.815	2.802	2.790	2.778	2.695	2.643	2.535	2.421
21	2.931	2.904	2.880	2.857	2.837	2.818	2.801	2.785	2.770	2.756	2.743	2.731	2.720	2.636	2.584	2.476	2.360
22	2.879	2.852	2.827	2.805	2.785	2.766	2.749	2.733	2.718	2.704	2.691	2.679	2.667	2.583	2.531	2.422	2.306
23	2.832	2.805	2.780	2.758	2.738	2.719	2.702	2.686	2.671	2.657	2.644	2.632	2.620	2.536	2.483	2.373	2.256
24	2.789	2.762	2.738	2.716	2.695	2.676	2.659	2.643	2.628	2.614	2.601	2.589	2.577	2.492	2.440	2.329	2.211
25	2.751	2.724	2.699	2.677	2.657	2.638	2.620	2.604	2.589	2.575	2.562	2.550	2.538	2.453	2.400	2.289	2.169
26	2.715	2.688	2.664	2.642	2.621	2.602	2.585	2.569	2.554	2.540	2.526	2.514	2.503	2.417	2.364	2.252	2.132
27	2.683	2.656	2.632	2.609	2.589	2.570	2.552	2.536	2.521	2.507	2.494	2.481	2.470	2.384	2.330	2.218	2.097
28	2.653	2.626	2.602	2.579	2.559	2.540	2.522	2.506	2.491	2.477	2.464	2.451	2.440	2.354	2.300	2.187	2.064
29	2.626	2.599	2.574	2.552	2.531	2.512	2.495	2.478	2.463	2.449	2.436	2.423	2.412	2.325	2.271	2.158	2.034
30	2.600	2.573	2.549	2.526	2.506	2.487	2.469	2.453	2.437	2.423	2.410	2.398	2.386	2.299	2.245	2.131	2.006
40	2.421	2.394	2.369	2.346	2.325	2.306	2.288	2.271	2.256	2.241	2.228	2.215	2.203	2.114	2.058	1.938	1.805
50	2.318	2.290	2.265	2.242	2.221	2.202	2.183	2.167	2.151	2.136	2.123	2.110	2.098	2.007	1.949	1.825	1.683
100	2.120	2.092	2.067	2.043	2.021	2.001	1.983	1.965	1.949	1.934	1.919	1.906	1.893	1.797	1.735	1.598	1.427
∞	1.934	1.905	1.878	1.854	1.831	1.810	1.791	1.773	1.756	1.739	1.724	1.710	1.696	1.592	1.523	1.358	1.009

表 8-5　F-分配表之臨界值 ($\alpha = 0.005$)

df_2	\multicolumn{12}{c}{分子的自由度 (df_1)}
	1	2	3	4	5	6	7	8	9	10	11	12
1	16212.463	19997.358	21614.134	22500.753	23055.822	23439.527	23715.198	23923.814	24091.452	24221.838	24333.596	24426.728
2	198.503	199.012	199.158	199.245	199.303	199.332	199.361	199.376	199.390	199.390	199.419	199.419
3	55.552	49.800	47.468	46.195	45.391	44.838	44.434	44.125	43.881	43.685	43.525	43.387
4	31.332	26.284	24.260	23.154	22.456	21.975	21.622	21.352	21.138	20.967	20.824	20.705
5	22.785	18.314	16.530	15.556	14.939	14.513	14.200	13.961	13.772	13.618	13.491	13.385
6	18.635	14.544	12.917	12.028	11.464	11.073	10.786	10.566	10.391	10.250	10.133	10.034
7	16.235	12.404	10.883	10.050	9.522	9.155	8.885	8.678	8.514	8.380	8.270	8.176
8	14.688	11.043	9.597	8.805	8.302	7.952	7.694	7.496	7.339	7.211	7.105	7.015
9	13.614	10.107	8.717	7.956	7.471	7.134	6.885	6.693	6.541	6.417	6.314	6.227
10	12.827	9.427	8.081	7.343	6.872	6.545	6.303	6.116	5.968	5.847	5.746	5.661
11	12.226	8.912	7.600	6.881	6.422	6.102	5.865	5.682	5.537	5.418	5.320	5.236
12	11.754	8.510	7.226	6.521	6.071	5.757	5.524	5.345	5.202	5.085	4.988	4.906
13	11.374	8.186	6.926	6.233	5.791	5.482	5.253	5.076	4.935	4.820	4.724	4.643
14	11.060	7.922	6.680	5.998	5.562	5.257	5.031	4.857	4.717	4.603	4.508	4.428
15	10.798	7.701	6.476	5.803	5.372	5.071	4.847	4.674	4.536	4.424	4.329	4.250
16	10.576	7.514	6.303	5.638	5.212	4.913	4.692	4.521	4.384	4.272	4.179	4.099
17	10.384	7.354	6.156	5.497	5.075	4.779	4.559	4.389	4.254	4.142	4.050	3.971
18	10.218	7.215	6.028	5.375	4.956	4.663	4.445	4.276	4.141	4.030	3.938	3.860
19	10.073	7.093	5.916	5.268	4.853	4.561	4.345	4.177	4.043	3.933	3.841	3.763
20	9.944	6.987	5.818	5.174	4.762	4.472	4.257	4.090	3.956	3.847	3.756	3.678
21	9.829	6.891	5.730	5.091	4.681	4.393	4.179	4.013	3.880	3.771	3.680	3.602
22	9.727	6.806	5.652	5.017	4.609	4.322	4.109	3.944	3.812	3.703	3.612	3.535
23	9.635	6.730	5.582	4.950	4.544	4.259	4.047	3.882	3.750	3.642	3.551	3.474
24	9.551	6.661	5.519	4.890	4.486	4.202	3.991	3.826	3.695	3.587	3.497	3.420
25	9.475	6.598	5.462	4.835	4.433	4.150	3.939	3.776	3.645	3.537	3.447	3.370
26	9.406	6.541	5.409	4.785	4.384	4.103	3.893	3.730	3.599	3.492	3.402	3.325
27	9.342	6.489	5.361	4.740	4.340	4.059	3.850	3.687	3.557	3.450	3.360	3.284
28	9.284	6.440	5.317	4.698	4.300	4.020	3.811	3.649	3.519	3.412	3.322	3.246
29	9.230	6.396	5.276	4.659	4.262	3.983	3.775	3.613	3.483	3.376	3.287	3.211
30	9.180	6.355	5.239	4.623	4.228	3.949	3.742	3.580	3.451	3.344	3.255	3.179
40	8.828	6.066	4.976	4.374	3.986	3.713	3.509	3.350	3.222	3.117	3.028	2.953
50	8.626	5.902	4.826	4.232	3.849	3.579	3.376	3.219	3.092	2.988	2.900	2.825
100	8.241	5.589	4.542	3.963	3.589	3.325	3.127	2.972	2.847	2.744	2.657	2.583
∞	7.880	5.298	4.279	3.715	3.350	3.091	2.897	2.744	2.621	2.519	2.433	2.358

表 8-5 (續)　F-分配表之臨界值

df_2	13	14	15	16	17	18	19	20	21	22	23	24
	\multicolumn{12}{c}{分子的自由度 (df_1)}
1	24504.960	24572.015	24631.619	24683.774	24728.477	24765.730	24802.983	24836.510	24862.587	24892.390	24914.742	24937.093
2	199.419	199.419	199.434	199.449	199.449	199.449	199.449	199.449	199.449	199.449	199.449	199.449
3	43.270	43.172	43.085	43.008	42.939	42.881	42.826	42.779	42.732	42.692	42.655	42.623
4	20.603	20.515	20.438	20.371	20.311	20.258	20.211	20.167	20.128	20.093	20.060	20.030
5	13.293	13.215	13.146	13.086	13.033	12.985	12.942	12.903	12.868	12.837	12.807	12.780
6	9.950	9.878	9.814	9.758	9.709	9.664	9.625	9.589	9.556	9.527	9.499	9.474
7	8.097	8.028	7.968	7.915	7.868	7.826	7.788	7.754	7.723	7.695	7.669	7.645
8	6.938	6.872	6.814	6.763	6.718	6.678	6.641	6.608	6.578	6.551	6.526	6.503
9	6.153	6.089	6.032	5.983	5.939	5.899	5.864	5.832	5.803	5.776	5.752	5.729
10	5.589	5.526	5.471	5.422	5.379	5.340	5.306	5.274	5.245	5.219	5.195	5.173
11	5.165	5.103	5.049	5.001	4.959	4.921	4.886	4.855	4.827	4.801	4.778	4.756
12	4.836	4.775	4.721	4.674	4.632	4.595	4.561	4.530	4.502	4.476	4.453	4.431
13	4.573	4.513	4.460	4.413	4.372	4.334	4.301	4.270	4.243	4.217	4.194	4.173
14	4.359	4.299	4.247	4.201	4.159	4.122	4.089	4.059	4.031	4.006	3.983	3.961
15	4.181	4.122	4.070	4.024	3.983	3.946	3.913	3.883	3.855	3.830	3.807	3.786
16	4.031	3.972	3.920	3.875	3.834	3.797	3.764	3.734	3.707	3.682	3.659	3.638
17	3.903	3.844	3.793	3.747	3.707	3.670	3.637	3.607	3.580	3.555	3.532	3.511
18	3.793	3.734	3.683	3.637	3.597	3.560	3.527	3.498	3.471	3.446	3.423	3.402
19	3.696	3.638	3.587	3.541	3.501	3.464	3.432	3.402	3.375	3.350	3.327	3.306
20	3.611	3.553	3.502	3.457	3.416	3.380	3.348	3.318	3.291	3.266	3.243	3.222
21	3.536	3.478	3.427	3.382	3.342	3.305	3.273	3.243	3.216	3.191	3.168	3.147
22	3.469	3.411	3.360	3.315	3.275	3.239	3.206	3.176	3.149	3.125	3.102	3.081
23	3.408	3.351	3.300	3.255	3.215	3.179	3.146	3.116	3.089	3.065	3.042	3.021
24	3.354	3.296	3.246	3.201	3.161	3.125	3.092	3.062	3.035	3.011	2.988	2.967
25	3.304	3.247	3.196	3.152	3.111	3.075	3.043	3.013	2.986	2.961	2.939	2.918
26	3.259	3.202	3.151	3.107	3.067	3.031	2.998	2.968	2.941	2.917	2.894	2.873
27	3.218	3.161	3.110	3.066	3.026	2.990	2.957	2.927	2.900	2.876	2.853	2.832
28	3.180	3.123	3.073	3.028	2.988	2.952	2.919	2.890	2.863	2.838	2.815	2.794
29	3.145	3.088	3.038	2.993	2.953	2.917	2.885	2.855	2.828	2.803	2.780	2.759
30	3.113	3.056	3.006	2.961	2.921	2.885	2.853	2.823	2.796	2.771	2.748	2.727
40	2.888	2.831	2.781	2.737	2.697	2.661	2.628	2.598	2.571	2.546	2.523	2.502
50	2.760	2.703	2.653	2.609	2.569	2.533	2.500	2.470	2.443	2.418	2.395	2.373
100	2.518	2.461	2.411	2.367	2.326	2.290	2.257	2.227	2.199	2.174	2.150	2.128
∞	2.294	2.237	2.187	2.142	2.101	2.064	2.031	2.000	1.972	1.945	1.921	1.898

表 8-5 (續) F-分配表之臨界值

df_2	分子的自由度(df_1)									
	25	26	27	28	29	30	40	50	100	∞
1	24959.445	24981.797	24996.698	25011.599	25026.500	25041.401	25145.710	25212.765	25339.425	25466.084
2	199.449	199.463	199.463	199.463	199.463	199.478	199.478	199.478	199.478	199.507
3	42.590	42.561	42.535	42.510	42.488	42.466	42.310	42.211	42.022	41.829
4	20.003	19.977	19.953	19.931	19.911	19.892	19.751	19.667	19.497	19.325
5	12.756	12.732	12.711	12.691	12.673	12.656	12.530	12.454	12.300	12.144
6	9.451	9.430	9.410	9.391	9.374	9.358	9.241	9.170	9.026	8.879
7	7.623	7.603	7.584	7.566	7.550	7.534	7.422	7.354	7.217	7.076
8	6.482	6.462	6.444	6.427	6.411	6.396	6.288	6.222	6.087	5.951
9	5.708	5.689	5.671	5.655	5.639	5.625	5.519	5.454	5.322	5.188
10	5.153	5.134	5.116	5.100	5.085	5.071	4.966	4.902	4.772	4.639
11	4.736	4.717	4.700	4.684	4.668	4.654	4.551	4.488	4.359	4.226
12	4.412	4.393	4.376	4.360	4.345	4.331	4.228	4.165	4.037	3.904
13	4.153	4.134	4.117	4.101	4.087	4.073	3.970	3.908	3.780	3.647
14	3.942	3.923	3.906	3.891	3.876	3.862	3.760	3.697	3.569	3.436
15	3.766	3.748	3.731	3.715	3.701	3.687	3.585	3.523	3.394	3.260
16	3.618	3.600	3.583	3.567	3.553	3.539	3.437	3.375	3.246	3.112
17	3.492	3.473	3.457	3.441	3.426	3.412	3.311	3.248	3.119	2.984
18	3.382	3.364	3.347	3.332	3.317	3.303	3.201	3.139	3.009	2.873
19	3.287	3.269	3.252	3.236	3.221	3.208	3.106	3.043	2.913	2.776
20	3.203	3.184	3.168	3.152	3.137	3.123	3.022	2.959	2.828	2.690
21	3.128	3.110	3.093	3.077	3.063	3.049	2.947	2.884	2.753	2.614
22	3.061	3.043	3.026	3.011	2.996	2.982	2.880	2.817	2.685	2.546
23	3.001	2.983	2.966	2.951	2.936	2.922	2.820	2.756	2.624	2.484
24	2.947	2.929	2.912	2.897	2.882	2.868	2.765	2.702	2.569	2.428
25	2.898	2.880	2.863	2.847	2.833	2.819	2.716	2.652	2.519	2.377
26	2.853	2.835	2.818	2.802	2.788	2.774	2.671	2.607	2.473	2.330
27	2.812	2.794	2.777	2.761	2.747	2.733	2.630	2.565	2.431	2.287
28	2.775	2.756	2.739	2.724	2.709	2.695	2.592	2.527	2.392	2.247
29	2.740	2.722	2.705	2.689	2.674	2.660	2.557	2.492	2.357	2.210
30	2.708	2.689	2.672	2.657	2.642	2.628	2.524	2.459	2.323	2.176
40	2.482	2.464	2.447	2.431	2.416	2.401	2.296	2.230	2.088	1.932
50	2.353	2.335	2.317	2.301	2.286	2.272	2.164	2.097	1.951	1.786
100	2.108	2.089	2.071	2.054	2.039	2.024	1.912	1.840	1.681	1.485
∞	1.877	1.857	1.839	1.821	1.805	1.789	1.669	1.590	1.402	1.009

索　引

ch01

統計 (Statistics) 　3
推論統計
　(Inferential Statistics) 　4
敘述統計
(Descriptive Statistics) 　4
母體 (Population) 　5
樣本 (Sample) 　5
變數 (Variable) 　5
參數 (Parameter) 　6
統計量 (Statistic) 　6
實驗 (Experiment) 　6
數量或數值變數
　(Quantitative Variable) 　7
屬性或類別變數
　(Categorical Variable) 　7
連續變數
　(Continuous Variable) 　8
離散變數
　(Discrete Variable) 　8

抽樣 (收集資料) 方法
　(Sampling Method) 　9
抽樣設計
　(Sampling Design) 　10

ch02

圓餅圖 (Pie Diagram) 　18
長條圖 (Bar Chart) 　19
柏拉圖 (Pareto Diagram) 　21
分配 (Distribution) 　22
點圖展示
　(Dotplot Display) 　22
莖葉展示 (Stem and Leaf
　Displays) 　23
次數分配表 (Frequency
　Distribution Table) 　24
直方圖 (Histogram) 　26
累積次數分配 (Cumulative
　Frequency Distribution) 　27
肩形曲線 (Ogive Curve) 　29

中位數 (Median)	30	
半全距 (Midrange)	30	
平均數 (Mean)	30	
眾數 (Mode)	30	
集中趨勢 (Central Tendency)	30	
最大值 (Max)	32	
最小值 (Min)	32	
離勢 (Dispersion)	32	
全距 (Range)	33	
樣本平均數 (Sample Mean)	33	
樣本變異數 (Sample Variance)	33	
樣本標準差 (Sample Standard Deviation)	34	
位置 (Position)	37	
四分位數 (Quartiles)	38	
百分位數 (Percentiles)	38	
中四分位數 (Midquartile)	39	
四分位距 (Interquartile Range)	40	
盒形圖展示 (Boxplot Display)	41	
五數摘要 (5-Number Summary)	41	
時間 (time)	47	

ch03

雙變量資料 (Bivariate Data)	55
列聯表 (Contingency Table)	56
散布圖 (Scatter Plot)	60
線性相關 (Linear Correlation)	61
皮耳森相關係數 (Pearson's Correlation Coefficient)	63

ch04

排列 (Permutation)	81
乘法原理 (The Principle of Multiplication)	82
組合 (Combination)	85
二項式定理 (Binomial Theorem)	87

樣本空間 (Sample Space) 88
樣本點與事件 (Sample Point and Event) 88
隨機實驗 (Random Experiment) 88
拉普拉斯 (Lapalace) 90
柯莫果夫 (Komogorov) 91
機率之性質 (The Properties of Probability) 91
條件機率 (Conditional Probability) 95
相關事件 (Dependent Events) 98
獨立事件 (Independent Events) 98
分割 (Partition) 102
總機率法則 (The Rule of Total Probability) 102
貝氏定理 (Bayes Theorem) 104

ch05

隨機變數 (Random Variable) 112
連續隨機變數 (Continuous Random Variable) 113
離散隨機變數 (Discrete Random Variable) 113
離散機率分配 (Discrete Probability Distribution) 114
離散均勻機率分配 (Discrete Uniform Probability) 119
柏努利機率分配 (Bernoulli Probability Distribution) 121
二項機率分配 (Binomial Probability Distribution) 122
卜瓦松機率分配 (Poisson Probability Distribution) 124
幾何機率分配 (Geometric Probability Distribution) 125
負二項機率分配 (Negatine Binomial Probability) 127
超幾何機率分配 (Hypergeometric Probability) 128
動差 (Moment) 133

數學期望值 (Mathematical Expectation) 132

ch06

機率密度函數 (Probability Density Function) 140

分配函數 (Distribution Function) 141

均勻隨機變數 (Uniform Random Variable) 141

累積分配函數 (Cumulative Distribution Function) 141

均勻機率分配 (Uniform Probability Distribution) 146

常態分配 (Normal Distribution) 148

指數機率分配 (Exponential Probability Distribution) 154

伽瑪函數 (Gama Function) 157

t 分配 (t Distribution) 158

卡方分配 (χ^2 Distribution) 157

F 分配 (F Distribution) 160

ch07

不歸還抽樣 (Sampling Without Replacement) 178

隨機樣本 (Random Sample) 178

歸還抽樣 (Sampling With Replacement) 178

母體參數 (Population Parameter) 180

樣本統計量與抽樣分配 (Sample Statistic and Sampling Distribution) 180

中央極限定理 (Central Limit Theorem) 182

大數法則 (Law of Large Numbers) 186

ch08

檢定力 1 - b (Test Power 1 - b) 205

信賴水準 1-a (Confidence

Level 1 - a) 201
不偏估計量
　(Unbiased Estimator) 196
有偏估計量
　(Biased Estimator) 196
點估計 (Point Estimation) 196
一致估計量
　(Consistent Estimator) 197
區間估計
　(Interval Estimation) 200
信賴區間
　(Confidence Interval) 201
假設 (Hypothesis) 203
統計假設檢定 (Statisical
　Hypothesis Testing) 204
虛無假設
　(Null Hypothesis) 204
對立假設
　(Alternative Hypothesis) 204
顯著水準 a
　(Significance Level a) 205
棄卻域
　(Rejection Region) 206

檢定統計量
　(Test Statistics) 206
臨界值 (Critical Value) 206

ch10

變異數分析 (Analysis of
　Variance) 245
實驗設計 (Experimental
　Designs) 251
完全隨機設計 (Completely
　Randomized Design) 251
隨機區集設計 (Randomized
　Block Design) 257

ch11

一條最佳配適線 (A Best
　Fitting Line) 280
定義線性迴歸模型 (Linear
　Regression Model) 280
最小平方法 (Least Squares
　Method) 280
簡單迴歸分析 (Simple
　Regression Analysis) 280

迴歸直線 (Regression Line)
　或最佳配適線　　281
相關分析
　(Correlation Analysis)　286
相關係數
　(Correlation Coefficient) 287
樣本相關係數 (Sample Correlation Coefficient) 287

ch12

適合度檢定 (Goodness-of-fit Test)　306
獨立性檢定 (Test of Independence)　308
卡方檢定 (χ^2 Test)　309
齊一性檢定 (Test of Homogeneity)　312